Peter Schwarz (Hrsg.) – Wissenschaft oder Kriegspropaganda?

Peter Schwarz (Hrsg.)

Wissenschaft oder Kriegspropaganda?

Die Wiederkehr des deutschen Militarismus
und die Auseinandersetzung
an der Berliner Humboldt-Universität

Mehring Verlag

Bibliografische Information der Deutschen Nationalbibliothek
Die Deutsche Bibliothek verzeichnet diese Publikation in der Deutschen Nationalbibliografie; detaillierte bibliografische Daten sind im Internet über http://dnb.ddb.de abrufbar.

Titelbild: David North stellt am 13. März 2015 im Rahmen der Leipziger Buchmesse in der Universität Leipzig sein Buch »Die Russische Revolution und das unvollendete Zwanzigste Jahrhundert« vor.

1. Auflage August 2015

www.mehring-verlag.de

Satz und Gestaltung:
Klartext Medienwerkstatt GmbH, Essen
www.k-mw.de

Druck und Bindung:
CPI books GmbH, Leck

ISBN 978-3-88634-133-7

Dieses Buch ist auch erhältlich als:
ISBN 978-3-88634-833-6 (Epub)
ISBN 978-3-88634-733-9 (PDF)
ISBN 978-3-88634-933-3 (Kindle)

Inhalt

Vorwort

Das Thema dieses Buches geht weit über die Auseinandersetzung an der Berliner Humboldt-Universität (HU) hinaus. Es handelt von der Beziehung zwischen Wissenschaft und Politik in Zeiten des Militarismus, internationaler Konflikte und scharfer sozialer Spannungen. Es dreht sich um die Frage: Bleiben die Universitäten Zentren der Wissenschaft und der freien Auseinandersetzung? Oder werden sie wieder, wie schon früher in der deutschen Geschichte, zu staatlich gelenkten Kaderschmieden für rechte und militaristische Ideologien?

Die Geschichte, und insbesondere die deutsche Geschichte, kennt zahlreiche Beispiele für die Prostitution der Wissenschaft für reaktionäre politische Zwecke. Berüchtigt ist die Rede, mit der Martin Heidegger am 27. Mai 1933 das Rektorat der Universität Freiburg antrat.

Unter dem zynischen Titel »Die Selbstbehauptung der deutschen Universität« setzte sich der bekannte Philosoph für die Unterordnung der Universität unter das Führerprinzip ein. Ein halbes Jahr später legten dann nicht nur Heidegger, sondern hunderte weitere Gelehrte ein schriftliches »Bekenntnis der Professoren an den deutschen Universitäten und Hochschulen zu Adolf Hitler und dem nationalsozialistischen Staat« ab.

An der Friedrich-Wilhelms-Universität, wie die Humboldt-Universität damals hieß, machte sich der Staatsrechtler Carl Schmitt als »Kronjurist des Dritten Reiches« einen Namen. Das Institut für Agrarwesen und Agrarpolitik der Universität war maßgeblich an der Ausarbeitung des »Generalplans Ost« beteiligt, der Blaupause für den Vernichtungskrieg im Osten.

Die Gleichschaltung lief nicht nur in Freiburg und Berlin, sondern auch an allen anderen Universitäten weitgehend reibungslos ab. Der Publizist Sebastian Haffner, damals Referendar am Berliner Kammergericht, hat in einem autobiografischen Buch anschaulich geschildert, wie die Anpassung, insbesondere der gebildeten Stände, vonstatten ging: »Der Verrat war durchgehend, allgemein und ausnahmslos, von links bis rechts.«[1]

Leo Trotzki beschrieb die Gleichschaltung der Universitäten in seinem meisterhaften »Porträt des Nationalsozialismus«:

> *Die Armseligkeit der nationalsozialistischen Philosophie hat die Universitätsprofessoren selbstverständlich nicht gehindert, mit vollen Segeln in Hitlers Fahrwasser einzulenken – als sein Sieg außer Frage stand. Die Jahre der Weimarer Ordnung waren für die Mehrheit des Professorenpöbels eine Zeit der Verwirrung und Unruhe. Die Historiker, Ökonomen, Juristen und Philosophen ergingen sich in Vermutungen darüber, welches der einander bekämpfenden Wahrheitskriterien das echte sei, das heißt, welches Lager sich zu guter Letzt als Sieger erweisen werde. Die faschistische Diktatur beseitigt die Zweifel der Fauste und das Schwanken der Hamlets vom Universitätskatheder. Aus der Dämmerung der parlamentarischen Relativität tritt die Wissenschaft wiederum in das Reich des Absoluten ein. Einstein musste Deutschland verlassen.*[2]

Diese Fragen, so schien es, waren lange Zeit Geschichte. Garantierte nicht das Grundgesetz die Freiheit der Meinung und der Lehre? Hatte nicht die 1968er Studentenrevolte den »Muff von tausend Jahren unter den Talaren« gründlich ausgelüftet? Doch nun hat die Bundesregierung verkündet, die Zeit der militärischen Zurückhaltung sei vorbei, Deutschland müsse in Europa und in der Welt wieder eine Rolle spielen, die seiner Größe und seinem Einfluss tatsächlich entspreche, und die Fragen werden wieder aktuell.

Militarismus und Freiheit vertragen sich nicht – nicht in der Politik, nicht in der Wissenschaft und schon gar nicht in den Geisteswissenschaften. Das lehren die Erfahrungen des Kaiserreichs und der Weimarer Republik. Der Militarismus findet in der Gesellschaft kaum Unterstützung, umso mehr dafür bei den Eliten in Wirtschaft, Politik und Medien und einem kleinen, privilegierten Teil der Mittelschichten.

1 Sebastian Haffner, *Geschichte eines Deutschen*, Stuttgart/München 2000, S. 126.
2 Leo Trotzki, *Porträt des Nationalsozialismus*, Essen 1999, S. 305.

Der Widerwille gegen Militäreinsätze hat tiefe Wurzeln. Es gibt kaum eine Familie, die von den traumatischen Erlebnissen des Zweiten Weltkriegs verschont geblieben ist. Und im Schulunterricht haben mehrere Generationen gelernt, welch grauenhafte Verbrechen SS und Wehrmacht im Zweiten Weltkrieg verübt hatten. Um diese Wurzeln auszurotten, genügen die Werbekampagnen des Verteidigungsministeriums und die Propaganda der Medien nicht. Erforderlich ist ein neues Narrativ des zwanzigsten Jahrhunderts, eine Verfälschung der Geschichte, die die Verbrechen des deutschen Imperialismus verniedlicht und rechtfertigt. Bei diesem Unterfangen spielen die Humboldt-Universität – und hier vor allem der Politikwissenschaftler Herfried Münkler und der Historiker Jörg Baberowski – eine führende Rolle.

Münkler, der sich permanent in Interviews, Artikeln, Vorträgen, Debatten und Büchern zu Wort meldet, zählt zu den lautstärksten Befürwortern einer aggressiveren deutschen Außenpolitik. Er setzt sich offen dafür ein, dass Deutschland die Rolle des Hegemons in Europa übernimmt und sich vom »Zahlmeister« zum »Zuchtmeister« aufschwingt.[3] Er berät in dieser Frage die Bundeswehr, die Bundesregierung und politische Parteien. Gleichzeitig betätigt er sich als Historiker. Obwohl nicht vom Fach, hat Münkler einen 900-seitigen Wälzer über den Ersten Weltkrieg verfasst und den Historiker Fritz Fischer (1908–1999) denunziert, dessen Standardwerk »Griff nach der Weltmacht« (1961) belegt, dass Deutschland eine Hauptverantwortung für den Ausbruch des Ersten Weltkriegs trägt.

Baberowski hat die wesentlich schwierigere Aufgabe übernommen, die Kriegsverbrechen der Nazis zu verharmlosen. Er stützt sich dabei auf Ernst Nolte, der 1986 den Historikerstreit ausgelöst hatte, den bekanntesten Nazi-Apologeten unter den deutschen Historikern. In Baberowskis Arbeiten zum Stalinismus findet sich eine Kernthese Noltes wieder: Die Behauptung, Hitlers Verbrechen seien vom Bolschewismus provoziert worden und hätten der Selbstverteidigung gedient.

3 Zu: Herfried Münkler, *Macht in der Mitte*, Hamburg 2015, siehe ab S. 77 in diesem Buch.

Im Februar 2014 veröffentlichte »Der Spiegel« einen Artikel, der im »Geschichtsjahr 2014: 100 Jahre Ausbruch Erster Weltkrieg, 75 Jahre Ausbruch Zweiter Weltkrieg, 25 Jahre Fall der Mauer« die Frage »nach der deutschen Schuld« neu stellte. Er führte Münkler, Baberowski und Nolte als Kronzeugen für einen »Wandel« der Geschichte an. Münkler nannte Fritz Fischers Forschung »im Prinzip hanebüchen«. Baberowski bescheinigte Nolte, er habe recht gehabt, und Hitler, er sei nicht grausam gewesen. Nolte selbst verkündete, England und Polen hätten eine Mitschuld am deutschen Überfall auf Polen, und die Juden hätten einen »eigenen Anteil am ›GULag‹« gehabt, weil einige Bolschewisten Juden waren.[4]

Solche historische Fälschungen kannte man bisher nur aus ultrarechten und faschistischen Kreisen. Sie stehen in engem Zusammenhang mit den Bemühungen der Bundesregierung, den deutschen Militarismus wieder zu beleben. Der »Spiegel«-Artikel erschien zehn Tage nach der Münchener Sicherheitskonferenz, auf der Außenminister Frank-Walter Steinmeier und Verteidigungsministerin Ursula von der Leyen verkündet hatten, Deutschland sei »zu groß und zu wichtig«, als dass es sich noch länger aus den Krisengebieten und Brennpunkten der Welt heraushalten könne. Und er erschien zehn Tage vor dem Umsturz in Kiew, der mit massiver Unterstützung Berlins und Washingtons ein rechtes, antirussisches Regime an die Macht brachte.

Die Vierte Internationale verstand den Zusammenhang zwischen den historischen Lügen über das zwanzigste Jahrhundert und dem Bemühen, Deutschland wieder zu einer militärischen Großmacht zu machen, die ihre eigenen globalen und geopolitischen Interessen verfolgt. »Man kann sagen, dass die Entlarvung und Widerlegung von Lügen die wichtigste Form war, in der die trotzkistische Bewegung jahrzehntelang gegen den stalinistischen Verrat an der Oktoberrevolution kämpfte«, heißt es in einem Beitrag in diesem Buch. »Die Lüge, schrieb Trotzki einst, dient als ideologischer Kitt für das Fundament der bürgerlichen Gesell-

4 Dirk Kurbjuweit, »Der Wandel der Vergangenheit«, in: *Der Spiegel 7/2014*, 10.2.2014, S. 112, 114, 116–117, http://www.spiegel.de/spiegel/print/d-124956878.html, aufgerufen am 16.6.2015.

schaft. Sie füllt die Lücken zwischen den öffentlich verkündeten Idealen von Freiheit und Gleichheit und der sozialen Wirklichkeit von Unterdrückung und Ungleichheit. Je tiefer die Widersprüche, desto größer die Lügen.«[5]

Die Partei für Soziale Gleichheit (PSG) und ihre Jugend- und Studentenorganisation International Youth and Students for Social Equality (IYSSE) organisierten eine Gegenoffensive. Es handelte sich nicht um eine persönliche Kampagne gegen Münkler und Baberowski, wie diese selbst, die Universitätsleitung und die Medien unterstellten. Die PSG und die IYSSE vertrauten auf die Kraft der historischen Wahrheit. Im Unterschied zu den Vertretern der Postmoderne, für die Geschichte lediglich aus subjektiven Interpretationen, Narrativen und Repräsentationen besteht, waren sie überzeugt, dass eine objektive Auseinandersetzung mit der Geschichte des zwanzigsten Jahrhunderts, die Entlarvung historischer Lügen und eine sorgfältige Analyse der Ursachen des deutschen Militarismus unter Studierenden Resonanz finden würden. Eine sozialistische Antikriegsbewegung – die einzige Möglichkeit, die Gefahr eines Dritten Weltkriegs zu bannen – kann nicht auf der Grundlage von oberflächlicher Demagogie und Lügen, sondern nur auf der Grundlage der historischen Wahrheit entwickelt werden.

Die Ereignisse an der Humboldt-Universität haben diese marxistische Auffassung bestätigt. Die IYSSE organisierten eine intensive Kampagne. Sie führten öffentliche Veranstaltungen durch, die auf großes Interesse stießen, informierten die Studierenden mit Infoständen und Flugblättern und kandidierten erfolgreich zum Studierendenparlament. Je mehr Resonanz sie fanden, desto heftiger war die Reaktion von Münkler, Baberowski und der Universitätsleitung. Sie antworteten mit Zensur, Einschüchterung, Verleumdung und der Mobilisierung der bürgerlichen Presse. Als Studierende der Sozialwissenschaften im Frühjahr 2015 begannen, auf dem Blog »Münkler-Watch« die Vorlesungen Münklers zu dokumentieren und kritisch zu kommentieren, erreichte der Sturm in den Medien Orkanstärke.

5 David North, »Sozialismus und historische Wahrheit«, siehe ab S. 143 in diesem Buch.

Er blieb ohne Wirkung. Am 11. Juni 2015 verabschiedete das Studierendenparlament auf Initiative der IYSSE mit großer Mehrheit eine Resolution, die das Vorgehen der Universitätsleitung missbilligt, sich von den Lehrinhalten Münklers und Baberowskis distanziert und die Studierenden auffordert, »sich politisch zu äußern, Herrschaft zu hinterfragen und vor allem in Bezug auf die Lehrinhalte an einer Universität Tendenzen der Verharmlosung der menschenverachtenden deutschen Geschichte entgegenzutreten«.[6]

Die Auseinandersetzung ist allerdings nicht beendet. Und sie betrifft nicht nur die Humboldt-Universität. Die Fragen, die dort aufgekommen sind und die in diesem Band dokumentiert werden, sind für Jugendliche, Studierende und auch für breite Bevölkerungsschichten in ganz Deutschland und weltweit von brennender Bedeutung. Auf die tiefe Krise des Weltfinanzsystems, die Desintegration der Europäischen Union und wachsende globale Konflikte reagieren die herrschenden Eliten überall mit Militarismus und verschärften sozialen Angriffen.

Dieser Band dokumentiert die Auseinandersetzung an der Humboldt-Universität seit Anfang 2014. Wir haben die Beiträge nicht chronologisch, sondern thematisch ausgewählt und angeordnet. Das soll unnötige Wiederholungen vermeiden, die bei einer Sammlung von Artikeln, Briefen, Vorträgen und Erklärungen, entstanden als Reaktion auf aktuelle Ereignisse, unvermeidlich sind, und es dem Leser erleichtern, sich auf die inhaltlichen Fragen zu konzentrieren.

Die ersten beiden Beiträge gehen auf den politischen und historischen Hintergrund der Auseinandersetzung an der Humboldt-Universität ein. Der Vortrag »Warum wollen die deutschen Eliten wieder Krieg?« gibt einen guten Überblick über die Fragen, um die es in diesem Buch geht. Peter Schwarz hielt ihn am 23. Oktober 2014 auf Einladung der IYSSE an der Humboldt-Universität.

Dem Vortrag war eine heftige Auseinandersetzung mit der Universitätsleitung vorausgegangen. Nach einer Intervention Baberowskis genehmigte sie den Vorlesungsraum nur unter der Vor-

6 »Resolution des StuPa«, auf: *Humboldt-Universität zu Berlin*, 17.6.2015, http://www.refrat.de/article/StuPa_Stellungnahme.html?1434547492, aufgerufen am 17.6.2015.

aussetzung, »dass im Vorfeld, während und nach der Veranstaltung nicht erneut Mitglieder der Universität geschmäht bzw. auf Flyern, Plakaten, im Internet oder sonst irgendwie als Militaristen und Kriegstreiber beschimpft werden«.[7] Die IYSSE lehnten diese Bedingung als Zensurversuch ab. In einem Schreiben an die Universitätsleitung erklärten sie:

> *Wir erachten es als Studierendengruppe an der Humboldt-Universität nicht nur als unser Recht, sondern als unsere Pflicht, solchen Anschauungen entgegenzutreten und sie zu verurteilen … Während Prof. Baberowski jede Gelegenheit innerhalb und außerhalb des akademischen Betriebs nutzt, um seine rechten Ansichten zu verbreiten, will er Widerspruch dagegen mit administrativen Maßnahmen unterdrücken. Das erinnert an die dunkelsten Tage der deutschen Geschichte, als Kriegsgegner verfolgt und kriminalisiert wurden.*[8]

Die Universitätsleitung gab schließlich nach, und die Veranstaltung wurde ein großer Erfolg. Etwa 200 Besucher, darunter viele Studierende der HU, aber auch Gruppen von Studierenden der anderen Berliner Universitäten sowie Auszubildende und Arbeiter drängten in den viel zu kleinen Hörsaal, der aus allen Nähten platzte.

Der Vortrag »Die Universitäten als ideologische Zentren des Militarismus« von Ulrich Rippert gibt einen historischen Überblick über die Gleichschaltung der Universitäten im Dritten Reich und ihre seitherige Entwicklung.

Die folgenden vier Beiträge befassen sich mit Herfried Münkler: mit seinen Attacken auf Fritz Fischer, mit seinem Buch »Macht in der Mitte«, mit seiner Forderung, der »lahmen Dame Demokratie« einen »jungen und kraftvollen Neffen« zur Seite zu stellen, der

7 Schreiben des Sprechers der Humboldt-Universität, Hans-Christoph Keller, an die IYSSE, 7.10.2014.

8 »IYSSE protestieren gegen Zensur an der Humboldt-Universität«, auf: *WSWS*, 9.10.2014, https://www.wsws.org/de/articles/ 2014/10/09/iyss-o09.html, aufgerufen am 17.6.2015.

»mitunter diktatorische Neigungen hat«, und mit seinem Einsatz für Kampfdrohnen und Giftgas.

Der Aufsatz »Jörg Baberowskis Geschichtsfälschung« gibt eine Übersicht über Baberowskis theoretische und historische Auffassungen und seinen politischen Werdegang. Er arbeitet die Verbindungen zwischen seiner politischen Vergangenheit im maoistischen Kommunistischen Bund Westdeutschland (KBW), seiner irrationalistischen Geschichts- und Gewalttheorie, seiner Verachtung für Objektivität und Quellenstudium und seiner Verfälschung der Oktoberrevolution heraus und weist nach, wie er die Verbrechen des Nationalsozialismus relativiert. Der sorgfältig dokumentierte Aufsatz widerlegt den immer wieder erhobenen Vorwurf, die IYSSE rissen Baberowskis Äußerungen aus dem Zusammenhang.

Den Abschluss des Hauptteils des Bandes bildet der Vortrag »Sozialismus und historische Wahrheit«, mit dem David North am 13. März 2015 im Rahmen der Leipziger Buchmesse sein neues Buch »Die Russische Revolution und das unvollendete Zwanzigste Jahrhundert« vorstellte. Der Vortrag stieß auf außerordentliches Interesse. Mit 450 Zuhörern zählte die Veranstaltung zu den bestbesuchten der gesamten Buchmesse.

In diesem Vortrag stellt der Chefredakteur der »World Socialist Web Site« (WSWS) und Vorsitzende der Socialist Equality Party in den USA die Auseinandersetzung an der Humboldt-Universität in einen größeren historischen und internationalen Zusammenhang. Sein Buch, dessen fünfzehn Kapitel im Laufe von zwanzig Jahren entstanden sind, bezeichnet er als »Reaktion auf die historischen, theoretischen und politischen Probleme, die sich stellten, nachdem in den Jahren 1989 bis 1991 die stalinistischen Regime in Osteuropa zusammengebrochen waren und die Sowjetunion aufgelöst worden war«.[9]

Es ist kein Zufall, dass sich die Auseinandersetzung mit Baberowski an der Humboldt-Universität an der Frage Leo Trotzkis entzündete. Trotzki, der bedeutendste marxistische Gegner Stalins, war seit langem Gegenstand heftiger Verleumdungen und histori-

9 David North, »Sozialismus und historische Wahrheit«, siehe ab S. 143 in diesem Buch.

scher Fälschungen. Die Verteufelung der russischen Oktoberrevolution, die Behauptung, es habe keine sozialistische Alternative zum Stalinismus gegeben, und Stalins Gewaltherrschaft sei die unausweichliche Folge der Machteroberung der Bolschewiki gewesen, steht und fällt mit der Diffamierung Trotzkis. David North' vorangegangenes Buch, »Verteidigung Leo Trotzkis«, befasst sich mit diesem Thema. Es hat die Trotzki-Biografie des Briten Robert Service als »zusammengeschustertes Machwerk« mit unzähligen faktischen Fehlern, gezielten Fälschungen und grotesken Fehlurteilen entlarvt. Die renommierte Fachzeitschrift »American Historical Review« sowie vierzehn anerkannte Historiker aus dem deutschsprachigen Raum haben sich diesem Urteil angeschlossen.

Im Februar 2014 lud Baberowski Service zu einem öffentlichen Kolloquium seines Lehrstuhls ein, um seine Trotzki-Biografie vorzustellen. Als die PSG Baberowski informierte, dass sie an dem Kolloquium teilnehmen werde, und schriftliche Fragen an Service einreichte, reagierte dieser mit autoritären Maßnahmen, die grundlegende demokratische Rechte und akademische Freiheiten in Frage stellten. Er verlegte das Kolloquium an einen geheimen Ort und hinderte mit Hilfe eines Sicherheitsdienstes jeden an der Teilnahme, der im Verdacht stand, er könnte kritische Fragen stellen. Anhang I dokumentiert diese Ereignisse.

Anhang II enthält Erklärungen und Briefe, mit denen die IYSSE gegen die Unterdrückung der Meinungsfreiheit durch die Universitätsleitung kämpften, sowie den Aufruf der IYSSE zur Wahl des Studierendenparlaments. Es handelt sich um eine kleine Auswahl. Eine vollständige Sammlung befindet sich auf der Website der IYSSE.[10]

Die Universitätsleitung tat alles, um den IYSSE Steine in den Weg zu legen und sie einzuschüchtern. Sowohl das Institut für Geschichtswissenschaften wie die Universitätsleitung selbst veröffentlichten auf ihrer offiziellen Website Angriffe auf die IYSSE. Das Institut für Geschichtswissenschaften rief dazu auf, Kritik an Baberowski »in Räumen der Humboldt-Universität« nicht mehr zu dulden, und forderte »Lehrende und Studierende der Humboldt-

10 http://iysse.gleichheit.de/dokumente/, aufgerufen am 17.6.2015.

Universität auf, der Kampagne gegen Professor Baberowski entgegenzutreten«.[11]

Auch die Presse wurde mobilisiert. Am 1. Dezember 2014 veröffentlichte die »Frankfurter Allgemeine Zeitung« (F. A. Z.) unter der Überschrift »Mobbing, trotzkistisch«[12] eine herabsetzende, entstellende und fehlerhafte Attacke auf die Partei für Soziale Gleichheit. Der Artikel stammte von Jürgen Kaube, dem Ressortleiter für Geisteswissenschaften. Inzwischen firmiert Kaube, der Baberowski persönlich kennt, als Herausgeber der F. A. Z. Trotz dieser Hetze gelang es den IYSSE, im Rahmen ihrer Wahlkampagne mehrere gutbesuchte Vorträge durchzuführen und einen Sitz im Studierendenparlament zu gewinnen.

Anhang III dokumentiert die Auseinandersetzung um »Münkler-Watch«. Die »World Socialist Web Site« und die IYSSE verteidigten die Blogger in zahlreichen Artikeln und Stellungnahmen gegen die Angriffe der Universität und der Medien. Die Beiträge in diesem Anhang sprechen für sich.

Wir hoffen, dass dieses Buch Studierende an der HU und an anderen Universitäten ermutigt, deren Verwandlung in Werkzeuge der Kriegspropaganda entgegenzutreten und sich mit den historischen Fragen auseinanderzusetzen, die darin erläutert werden. Es ist aber auch für Arbeiterinnen und Arbeiter von großem Interesse. Sie müssen im Kampf gegen Militarismus und Krieg eine führende Rolle übernehmen und sich für die Meinungsfreiheit der Studierenden einsetzen. Schon die Verteidigung von elementaren sozialen Errungenschaften, von Arbeitsplätzen und Löhnen stellt sie heute vor politische Aufgaben, die nur mit einer historisch fundierten Perspektive zu lösen sind.

Peter Schwarz — Berlin, 18. Juni 2015

11 Prof. Dr. Peter Burschel, »Stellungnahme zu den Angriffen auf Prof. Dr. Jörg Baberowski«, auf: *Humboldt-Universität zu Berlin*, https://www.geschichte.hu-berlin.de/newseventsglobe/stellungnahme-zu-den-angriffen-auf-prof.-dr.-joerg-baberowski, aufgerufen am 17.6.2015.

12 Jürgen Kaube, »Mobbing, trotzkistisch«, auf: *Frankfurter Allgemeine Feuilleton*, 1.12.2014, http://www.faz.net/aktuell/feuilleton/humboldt-universitaet-mobbing-trotzkistisch-13294937.html, aufgerufen am 1.7.2015.

Warum wollen die deutschen Eliten wieder Krieg?[1]

Peter Schwarz

Bevor ich auf die Frage eingehe, *warum* die deutschen Eliten wieder Krieg wollen, möchte ich nachweisen, *dass* sie wieder Krieg wollen. Angesichts der raschen Veränderungen der deutschen Außenpolitik und der Propaganda, die sie begleitet, ist das nicht für jeden offensichtlich.

Vor einem Jahr, am 3. Oktober 2013, hielt Bundespräsident Joachim Gauck eine Rede zum Tag der Deutschen Einheit, in der er für ein verstärktes außenpolitisches und militärisches Engagement Deutschlands eintrat. Eine Kernpassage dieser Rede lautete:

> *Es stellt sich tatsächlich die Frage: Entspricht unser Engagement der Bedeutung unseres Landes? Deutschland ist bevölkerungsreich, in der Mitte des Kontinents gelegen und die viertgrößte Wirtschaftsmacht der Welt … Welche Rolle sind wir dann bereit, bei Krisen in ferneren Weltregionen zu spielen? Unser Land ist keine Insel. Wir sollten uns nicht der Illusion hingeben, wir könnten verschont bleiben von den politischen und ökonomischen, den ökologischen und militärischen Konflikten, wenn wir uns an deren Lösung nicht beteiligen.*[2]

Gaucks Rede war sorgfältig vorbereitet worden. Über ein Jahr lang hatten mehr als fünfzig Politiker, Ministerialbeamte, Journa-

1 Diesen Vortrag hielt Peter Schwarz am 23. Oktober 2014 auf einer Veranstaltung der IYSSE an der Humboldt-Universität in Berlin. Sie stieß auf großes Interesse. Etwa 200 Besucher, darunter viele Studierende der HU, aber auch Gruppen von Studierenden der anderen Berliner Universitäten, sowie Auszubildende und Arbeiter drängten in den viel zu kleinen Hörsaal.

2 Festakt zum Tag der Deutschen Einheit 2013: »Die Freiheit in der Freiheit gestalten«, 3.10.2013, auf: *Der Bundespräsident*, http://www.bundespraesident.de/SharedDocs/Reden/DE/Joachim-Gauck/Reden/2013/10/131003-Tag-deutsche-Einheit.html, aufgerufen am 16.6.2015.

listen, Akademiker, Militärs, Wirtschaftsvertreter und Mitglieder von NGOs über eine Neuausrichtung der deutschen Außenpolitik diskutiert. Sie taten dies im Rahmen eines Projekts der regierungsnahen Stiftung Wissenschaft und Politik (SWP) und des Washingtoner Thinktanks German Marshall Fund of the United States (GMF). Das Ergebnis war ein Papier mit dem Titel »Neue Macht. Neue Verantwortung. Elemente einer deutschen Außen- und Sicherheitspolitik für eine Welt im Umbruch«[3]. In diesem Papier finden sich die folgenden Aussagen:

> *Deutschland wird künftig öfter und entschiedener führen müssen …*
> *Seine* [Deutschlands] *gegenwärtige Stärke beruht wesentlich … auf seinem Erfolg als Handels- und Exportnation … Deutschland braucht also die Nachfrage aus anderen Märkten sowie den Zugang zu internationalen Handelswegen und Rohstoffen … Deutschlands überragendes strategisches Ziel muss es daher sein, diese Weltordnung zu erhalten, zu schützen und weiter zu entwickeln.*

Dies soll nicht zuletzt mit militärischen Mitteln erfolgen. Das Papier betont wiederholt, dass Deutschland nicht nur eine europäische, sondern eine Weltmacht sei. So heißt es darin:

> *Deutsche Sicherheitspolitik kann heute … nicht mehr anders als global konzipiert werden … Dazu gehört auch, dass sich eine pragmatische deutsche Sicherheitspolitik – besonders dann, wenn es um aufwändige und längerfristige militärische Einsätze geht – in erster Linie auf das zunehmend instabil werdende europäische Umfeld von Nordafrika über den Mittleren Osten bis Zentralasien konzentrieren muss …*

Die Rede ist hier also von aufwändigen und langfristigen Militäreinsätzen in Regionen, die einen beträchtlichen Prozentsatz der Weltoberfläche ausmachen.

3 Stiftung Wissenschaft und Politik, »Neue Macht. Neue Verantwortung«, http://www.swp-berlin.org/fileadmin/contents/products/projekt_papiere/DeutAussenSicherhpol_SWP_GMF_2013.pdf, aufgerufen am 16.6.2015.

Das Papier befasst sich auch mit der innerstaatlichen Dimension des Militarismus, mit der Frage, wie man den Widerstand der Bevölkerung gegen solche Militäreinsätze überwinden kann. An einer Stelle heißt es:

> *Schließlich wird in Deutschland von Gestaltern wie Experten gern beklagt, es fehle der Gesellschaft an außenpolitischem Verständnis. Aber es liegt an ihnen, das zu ändern … Staatliche Außenpolitik muss deshalb lernen, ihre Ziele und Anliegen effektiver zu kommunizieren, um zu überzeugen – die eigenen Bürger ebenso wie die internationale Öffentlichkeit.*[4]

Es ist also kein Zufall, dass sogenannte Alpha-Journalisten, Parteistiftungen, Universitäten und NGOs in das Projekt eingebunden waren. Ihnen fällt die Aufgabe zu, der Öffentlichkeit die neue Politik zu verkaufen. Am Ende des SWP-Papiers werden alle namentlich angeführt, die an seiner Ausarbeitung beteiligt waren. Ich nenne hier nur die Vertreter der Parteien, Journalisten und einige Professoren.

Der Bundestag war mit fünf Abgeordneten dabei: Peter Beyer und Roderich Kiesewetter von der CDU, Dietmar Nietan von der SPD, Omid Nouripour von den Grünen und – was besonders bemerkenswert ist – Stefan Liebich von der Linken. Die Linkspartei war also fest in das Projekt einbezogen. Die Medien waren durch Jochen Bittner von der »Zeit« und Nikolas Busse von der »Frankfurter Allgemeinen Zeitung« vertreten. Von beiden werden wir im Laufe dieses Vortrags noch hören. Auch mehrere Universitäten beteiligten sich an der Ausarbeitung der neuen Strategie. Für die Humboldt-Universität nahm Professor Georg Nolte daran teil. Er ist Völkerrechtler und der Sohn von Ernst Nolte, auf den wir ebenfalls noch zu sprechen kommen.

Eine Schlüsselrolle in dem Projekt spielte Thomas Kleine-Brockhoff. Unter seinem Namen heißt es nur: »The German Marshall Fund of the United States (bis 15.08.2013)«. Was er nach dem 15. August 2013 tat, wird nicht angegeben. Das ist aber

4 Ebd.

wichtig. Er wechselte nämlich als »Leiter Planungsstab und Reden« ins Bundespräsidialamt. Laut einem Bericht der »Zeit« gehen dort sämtliche Reden des Bundespräsidenten über seinen Schreibtisch. Er schreibt also die Reden von Joachim Gauck.

Im »Spiegel« heißt es über Kleine-Brockhoff, er habe »als ›Zeit‹-Korrespondent in Washington jahrelang gegen den antiamerikanischen Zeitgeist angeschrieben«. Gauck teile mit ihm »nicht nur die Sehnsucht nach Amerika, sondern auch den Wunsch nach einer aktiveren Rolle Deutschlands in der Welt«. Mit ihm habe Gauck »endlich einen Berater gefunden, der prägnant formuliert, was Gaucks eigene Überzeugung ist«.[5]

Als Vertreter des German Marshall Fund of the United States war Kleine-Brockhoff für das Papier »Neue Macht. Neue Verantwortung« zuständig. Es bildete offensichtlich die Grundlage für Gaucks Rede. Diese Rede hielt der Bundespräsident zu einem äußerst kritischen Zeitpunkt. Zehn Tage zuvor war der Bundestag neu gewählt worden, die FDP war aus dem Parlament geflogen, und die Verhandlungen über eine neue Regierungskoalition standen kurz bevor. Gaucks Rede und das Papier, auf dem sie beruhte, dienten als außenpolitischer Leitfaden für die Koalitionsverhandlungen, die sich zwei Monate lang hinzogen.

Kaum war die Große Koalition im Amt, hielt der neue Außenminister Frank-Walter Steinmeier (SPD) eine Rede, die sich teilweise wörtlich mit der Oktoberrede Gaucks deckte. Steinmeier forderte auf der 50. Sicherheitskonferenz in München: »Deutschland muss bereit sein, sich außen- und sicherheitspolitisch früher, entschiedener und substanzieller einzubringen.« Den Einsatz von Militär bezeichnete er zwar als »äußerstes Mittel«, fügte aber hinzu: »Allerdings darf eine Kultur der Zurückhaltung für Deutschland nicht zu einer Kultur des Heraushaltens werden. Deutschland ist zu groß, um Weltpolitik nur von der Außenlinie zu kommentieren.«[6]

5 Florian Gathmann und Gregor Peter Schmitz, »Sehnsucht nach Amerika«, in: *Der Spiegel 7/2014*, 10.2.2014, http://www.spiegel.de/spiegel/print/d-124956821.html, aufgerufen am 16.6.2015.

6 »Rede von Außenminister Frank-Walter Steinmeier anlässlich der 50. Münchner Sicherheitskonferenz«, 1.2.2014, auf: *Auswärtiges Amt*, http://www.

Verteidigungsministerin Ursula von der Leyen (CDU) hielt auf der Sicherheitskonferenz eine ähnliche Rede. Zu den Kriegen in Syrien, Libyen und Afrika sagte sie: »Es liegt auf der Hand: Diese Krisen und Konflikte betreffen uns unmittelbar ... Daher ist Abwarten keine Option. Wenn wir über die Mittel und Fähigkeiten verfügen, dann haben wir auch eine Verantwortung, uns zu engagieren.«[7]

Ukraine – die neue Außenpolitik in der Praxis

Die neue außenpolitische Strategie wurde umgehend in die Tat umgesetzt, und zwar in der Ukraine. Ich fasse hier kurz zusammen, wie sich die Krise in der Ukraine entwickelt hat. Die Berichterstattung über dieses Thema ist derart mit Propaganda überfrachtet, dass man leicht den Überblick verliert und vergisst, wie der Konflikt eigentlich begonnen hat.

Am *21. November 2013* gab der damalige ukrainische Präsident Wiktor Janukowitsch bekannt, dass er aus wirtschaftlichen Gründen das Assoziierungsabkommen mit der Europäischen Union vorläufig nicht unterzeichnen werde. Über dieses Abkommen war mehrere Jahre lang verhandelt worden. Janukowitsch rechtfertigte seine Entscheidung mit wirtschaftlichen Gründen. Das Land stand kurz vor dem Bankrott. Eine Bedingung des Abkommens lautete, dass sich die Ukraine dem Diktat des Internationalen Währungsfonds unterwirft. Was das bedeutet hätte, zeigt Griechenland. Dort ist der Lebensstandard der Bevölkerung unter dem Spardiktat der sogenannten Troika innerhalb von fünf Jahren um dreißig bis vierzig Prozent gesunken. Die Gesundheits-, Sozial- und Bildungssysteme wurden weitgehend zerstört. Janukowitsch war zwar ein skrupelloser Politiker, er war aber zum Schluss

auswaertiges-amt.de/DE/Infoservice/Presse/Reden/2014/140201-BM_M%C3%BCSiKo.html, aufgerufen am 16.6.2015.

7 »Rede der Bundesministerin der Verteidigung, Dr. Ursula von der Leyen, anlässlich der 50. Münchner Sicherheitskonferenz«, 31.1.2014, http://www.nato.diplo.de/contentblob/4123416/Daten/3885836/redevdleyensiko2014.pdf, aufgerufen am 16.6.2015.

gelangt, dass er den sozialen Widerstand gegen einen derartigen Kurs politisch nicht überleben könne.

Am *29. November* fand ein EU-Gipfel in Vilnius statt, auf dem das Assoziierungsabkommen hätte unterzeichnet werden sollen. Auf dem Maidan, dem zentralen Platz in Kiew, demonstrierten an diesem Tag einige Tausend Menschen für das Abkommen. Zu der Demonstration hatten die Oppositionsführer Arsenij Jazenjuk, Vitali Klitschko und Oleh Tjahnybok aufgerufen, die den Rücktritt von Janukowitsch forderten.

Es ist wichtig zu wissen, wer diese Oppositionsführer sind und was sie verkörpern. Jazenjuks Vaterlandspartei ist stark nationalistisch und wirtschaftsliberal geprägt. Sie geht auf die Orangene Revolution zurück, die vor zehn Jahren mit massiver Unterstützung der USA Janukowitsch schon einmal vertrieben hatte, die Macht aber bald wieder verlor. Klitschko ist als Box-Weltmeister zu Ruhm gelangt. Er lebte zu dieser Zeit in Hamburg, wo er auch seine Steuern zahlte, und arbeitete sehr eng mit der Konrad-Adenauer-Stiftung der CDU zusammen. Tjahnyboks Partei Swoboda ist offen faschistisch und unterhält Beziehungen zur deutschen NPD. Sie beruft sich auf Leute, die während des Zweiten Weltkriegs mit dem Nazi-Regime zusammenarbeiteten und für Massenmorde an Juden und Polen verantwortlich sind.

Am *1. Dezember 2013* löste Berkut, eine Spezialeinheit der Polizei, eine Demonstration auf dem Maidan brutal auf. Als Folge schwollen die Proteste auf bis zu 200 000 Teilnehmer an. Sie ließen aber bald wieder nach. Als deutlich wurde, dass sie Janukowitschs Stellung nicht erschüttern konnten, mischten sich Washington und Berlin massiv ein.

Zwischen dem *7. und 11. Dezember* besuchten unter anderem der damalige deutsche Außenminister Guido Westerwelle, die stellvertretende US-Außenministerin Victoria Nuland, US-Botschafter Geoffrey Pyatt und die EU-Außenbeauftragte Catherine Ashton persönlich den Maidan und solidarisierten sich mit den Demonstranten, die Regierungsgebäude besetzten und Straßen blockierten. Das ist nach den Gepflogenheiten der Diplomatie ein, gelinde gesagt, höchst außergewöhnliches Verhalten.

Im *Januar 2014* begannen faschistische Gruppen, das Geschehen zu dominieren. Wie aus dem Nichts tauchte der sogenannte

Rechte Block auf. In ihm sind verschiedene faschistische Gruppen vereint. Auch Swoboda schickte militante Gruppen aus der Westukraine nach Kiew. Sie traten zum Teil maskiert auf, griffen Absperrungen und Regierungsgebäude an und lieferten sich Schlachten mit der Polizei.

Am *28. Januar* trat die Regierung unter Ministerpräsident Mykola Asarow zurück, um die Lage zu beruhigen. Der Rechte Sektor drohte mit dem bewaffneten Kampf.

Am *18. Februar* eskalierte die Lage. Bei Angriffen auf das Regierungsgebäude gab es 28 Tote.

Am *21. Februar* reisten die Außenminister Deutschlands, Frankreichs und Polens nach Kiew und handelten mit Janukowitsch und den drei Oppositionsführern, einschließlich dem Faschisten Tjahnybok, eine Vereinbarung über eine schrittweise Machtübergabe aus. Während sie verhandelten, starben auf dem Maidan sechzig bis siebzig Menschen. Sie wurden zum größten Teil von Scharfschützen erschossen, wobei bis heute nicht klar ist, wer diese waren. Es gibt viele Hinweise auf Provokateure, die die Lage gezielt anheizten. Unter den Getöteten befanden sich nicht nur Demonstranten, sondern auch siebzehn Mitglieder der ukrainischen Polizei.

Am *22. Februar* meldeten die Agenturen, »der Maidan« habe das ausgehandelte Abkommen abgelehnt. Tatsächlich übte dort der Rechte Sektor die Kontrolle aus. Die staatlichen Sicherheitskräfte waren schlagartig aus der Stadt verschwunden. Der Rechte Sektor drohte, Janukowitschs Villa zu stürmen, und dieser ergriff Hals über Kopf die Flucht. Das Parlament erklärte den Präsidenten für abgesetzt, obwohl es laut Verfassung dazu gar nicht befugt war. Viele Abgeordnete von Janukowitschs Partei der Regionen waren geflohen. Andere – vor allem solche, die im Sold anderer Oligarchen standen – hatten die Seite gewechselt. Was an diesem Tag auf dem Maidan stattfand, war keine Revolution, sondern ein rechter Putsch.

Am *23. Februar* wählte das Parlament einen Übergangspräsidenten und eine neue Regierung und schaffte Russisch als offizielle Sprache ab. Letzteres wurde zwar wieder zurückgenommen, war aber ein symbolträchtiges Signal. Viele Einwohner der vorwiegend russischsprachigen Ostukraine schlossen daraus, dass sie bald eine diskriminierte Minderheit im eigenen Land sein würden.

Am *2. März* spaltete sich die Krim von der Ukraine ab, was von den Bewohnern der Halbinsel mehrheitlich unterstützt wurde.

Nun begannen die Medien eine beispiellose Kriegshetze gegen Russland. Vor allem Journalisten, die enge Beziehungen zu deutsch-amerikanischen Thinktanks unterhalten, beteiligten sich daran. An einigen Tagen fand man ein Dutzend solcher Artikel in der Presse. Ich zitiere hier nur einige wenige, ausgewählte Beispiele.

Am 3. März schrieb Daniel Brössler in der »Süddeutschen Zeitung« unter der Überschrift »Der Westen muss Putin Grenzen setzen«:

> *Für den Westen ist die Zeit gekommen, Abschied zu nehmen von der Illusion, dass … Russland ein zwar schwieriger, aber doch berechenbarer Partner sein kann, den mit der EU und den USA zentrale Interessen verbinden.*

Am 4. September erklärte Stefan Kornelius in derselben Zeitung:

> *Nun ist Russland zur Macht des Stärkeren zurückgekehrt. Der Nato bleibt nur eine Botschaft – eine alte Bekannte: Ihr muss es um Maß, Recht und Entschlossenheit gehen, Eigenschaften, die schon einmal über den Frieden in Europa entschieden haben.*

Auch die Grünen-nahe »taz« beteiligte sich intensiv an der Kampagne gegen Russland. Am 3. März warf Klaus-Helge Donath dort der Bundesregierung vor, sie verhalte sich wie »Kuschel-Diplomaten«, die sich von Putin »am Nasenring durch die Arena ziehen lassen«.

Die Medien erfanden ein neues Schimpfwort: »Putin-Versteher«. »Die Zeit« tat sich darin besonders hervor. Herausgeber Josef Joffe verfasste mehrere Artikel zu dem Thema. Ich zitiere hier lediglich die Überschriften: »Die bizarre Russland-Apologetik der Linken«, »Politik ist nicht Psychiatrie«, »Russlandversteher – Psychologen, Ultrarealisten, Wirtschaftsvertreter: Eine kleine Typologie«.

Jochen Bittner, den wir bereits als Mitverfasser des SWP-Papiers kennen gelernt haben, schrieb am 4. September in der »Zeit«:

> *In der Ostukraine und auf der Krim hat Putin wirtschaftliche Macht erobert. Sanktionen jucken ihn daher kaum. Gut, dass die Nato über den Ernstfall nachdenkt.*

Was bedeutet der Ernstfall bezogen auf Russland? Ein Atomkrieg. Man fragt sich, ob Bittner und andere Journalisten, die Ähnliches schreiben, jemals darüber nachgedacht haben, was sie da zu Papier bringen. Sind sie wirklich bereit, die Eskalation bis zur nuklearen Vernichtung der Menschheit zu treiben?

Dann haben wir noch den »Spiegel«. Nach dem Abschuss einer malaysischen Passagiermaschine über der Ukraine, der bis heute nicht aufgeklärt ist, erschien das Magazin mit den Bildern der Opfer und der Schlagzeile »Stoppt Putin jetzt!« auf dem Titelblatt. Jan Fleischhauer erklärte auf »Spiegel online« das gesamte russische Volk für wahnsinnig. Er schrieb:

> *Man weiß aus der Psychopathologie, welche Folgen die Wirklichkeitsverzerrung für den Einzelnen hat … Jetzt müssen wir erkennen, dass Wahnsysteme nicht nur Personen, sondern ganze Gesellschaften erfassen können.*

Wie geht man mit einem Land um, das dem kollektiven Wahnsinn verfallen ist? Fleischhauers Diktion erinnert an die Nazi-Propaganda über minderwertige Völker.

Auch die öffentlich-rechtlichen Medien beteiligten sich an der Kampagne gegen Russland. Der Programmbeirat der ARD ging entsprechenden Zuschauerbeschwerden nach und gelangte auf seiner Sitzung vom 24. Juni zum Schluss, Inhalte des eigenen Senders hätten den »Eindruck der Voreingenommenheit erweckt« und seien »tendenziell gegen Russland und die russischen Positionen« gerichtet. Er bemängelte das Fehlen differenzierender Berichte über die Verhandlungen der EU und der Ukraine über das Assoziierungsabkommen und kritisierte, die »politischen und strategischen Absichten der Nato« bei der Osterweiterung seien ebenso wenig thematisiert worden wie die Legitimation des »sogenannten Maidanrats«.

Im Klartext: Die Berichterstattung der ARD war nicht objektiv, sie war unseriös und diente Propagandazwecken.

Das Vorgehen gegen Russland blieb nicht auf Propaganda beschränkt. Die Nato rüstet an der Grenze zu Russland massiv auf. Sie entwickelt ihre militärische Präsenz auf dem Balkan, in Polen, im Baltikum und im Schwarzen Meer – und Deutschland ist überall mit dabei.

Die Ukraine ist nicht der einzige Schwerpunkt der neuen außenpolitischen und militärischen Strategie der Bundesregierung. Im Unterschied zum Irakkrieg 2003 und zum Libyenkrieg 2011 will sie beim nächsten Krieg im Mittleren Osten und in Nordafrika mit dabei sein. Aus Zeitgründen kann ich leider nur kurz auf dieses Thema eingehen.

Deutschland liefert Waffen an die kurdischen Peschmerga, eine nicht-staatliche Bürgerkriegspartei im Irak. Wir haben dies auf der »World Socialist Web Site« (WSWS) mit den Worten kommentiert:

> *Mit den Waffenlieferungen an die kurdischen Peschmerga hat die Bundesregierung ihren ersten Einsatz im Roulette um die rohstoffreiche Region geleistet. Sie weiß, dass die Bombardierung der Terrormiliz Islamischer Staat nur der Auftakt zu einer imperialistischen Neuaufteilung des Nahen Ostens ist, in deren Verlauf sich die Bündnisse und Fronten verschieben werden. Und sie ist entschlossen, diesmal mit dabei zu sein.*[8]

Diese Einschätzung ist bestätigt worden. Inzwischen sollen 150 Bundeswehrsoldaten in die Region geschickt werden, um kurdische Kämpfer auszubilden. Man kann sicher sein, dass dies nur der Anfang einer Eskalation ist. In den vergangenen Tagen lief eine intensive Kampagne für eine Militärintervention. Als Begründung dient dabei der brutale Terror des Islamischen Staats (IS). Dabei wird weitgehend totgeschwiegen, dass der IS maßgeblich von den USA und ihren Verbündeten Türkei, Saudi-Arabien und Katar aufgebaut wurde, um in Syrien einen Regimewechsel zu erzwingen.

8 Peter Schwarz, »Die Rückkehr des deutschen Militarismus. Bilanz eines Jahres«, auf: *WSWS*, 3.10.2014, https://www.wsws.org/de/articles/2014/10/03/pers-o03.html, aufgerufen am 16.6.2015.

Bereits im letzten Sommer standen die USA kurz vor einer eigenen Militärintervention in Syrien. Sie wurde in letzter Minute gestoppt, weil es massiven Widerstand von Russland gab, das englische Parlament sich dagegen entschied und es auch in den USA selbst erhebliche Vorbehalte gab. Die Einkreisung Russlands hängt eng mit dieser Frage zusammen. Um das Regime in Damaskus zu isolieren und einen Regimewechsel zu erzwingen, muss Russland geschwächt werden. Unter dem Vorwand des Kampfs gegen den IS treiben die USA auch den Sturz des Assad-Regimes in Damaskus weiter voran und erhöhen den Druck auf den Iran.

Warum wollen die deutschen Eliten wieder Krieg?

Nun zur Frage, die den Titel dieses Vortrags bildet. Eine Sonderkonferenz der Partei für Soziale Gleichheit hat diese Frage folgendermaßen beantwortet:

> *Grund für diese Rückkehr des deutschen Militarismus ist die historische Krise des Weltkapitalismus und des Systems von Nationalstaaten, auf dem er beruht. Als Trotzki 1932 die objektiven Triebkräfte untersuchte, die zum Aufstieg Hitlers führten, bezeichnete er Deutschland als »den fortgeschrittensten Kapitalismus unter den Bedingungen der europäischen Ausweglosigkeit«. »Je größer die innere dynamische Kraft der Produktivkräfte Deutschlands ist«, schrieb er, »desto mehr wird sie durch das europäische Staatensystem erdrosselt, das dem Käfig-System einer zusammengeschrumpften Provinzmenagerie gleicht.«*
>
> *Hitlers Versuch, dieses Käfig-System durch die gewaltsame Eroberung Europas zu sprengen, legte den Kontinent in Trümmer, kostete siebzig Millionen Menschen das Leben und endete mit der vollständigen militärischen Niederlage. Doch die Nachkriegsordnung löste keins der Probleme, die zum Krieg geführt hatten. Die Wirtschaftsmacht der USA ermöglichte eine vorübergehende Beruhigung der Lage und den Nachkriegsaufschwung. Der Kalte Krieg hielt nicht nur die Sowjetunion auf Distanz, sondern auch Deutschland unter Kontrolle. Doch mit der deutschen Wiedervereinigung und der Auflösung der Sowjetunion war die Zeit unwiderruflich vorbei, in der*

die deutsche Wirtschaft ihren internationalen Geschäften im Windschatten der USA nachgehen konnte und das deutsche Militär sich auf die Verteidigung des eigenen Territoriums beschränkte.[9]

Über diese Frage wurde bereits zur Zeit der deutschen Wiedervereinigung intensiv diskutiert. So erklärte der damalige Außenminister Klaus Kinkel (FDP) 1993:

Als Volk von achtzig Millionen Menschen, als wirtschaftsstärkstes Land in der Mitte Europas tragen wir, ob uns das passt oder nicht, eine besondere, teilweise neue Verantwortung. Hierauf müssen wir unser außenpolitisches Handeln in ganzer Breite einstellen … Wir sind aufgrund unserer Mittellage, unserer Größe und unserer traditionellen Beziehungen zu Mittel- und Osteuropa auch dazu prädestiniert, den Hauptvorteil aus der Rückkehr dieser Staaten nach Europa zu ziehen.[10]

Diese Worte erinnern stark an das SWP-Papier. Damals gelangten die herrschenden Eliten zum Schluss, diese expansive Politik lasse sich am besten im Rahmen der Europäischen Union und in enger Zusammenarbeit mit Frankreich verfolgen. 1992 wurde der Maastricht-Vertrag unterzeichnet. Er sah vor, die Europäische Gemeinschaft zu einer Europäischen Union auszubauen, eine gemeinsame europäische Währung einzuführen und die Europäische Union nach Osten zu erweitern.

Zur Zeit des Maastricht-Vertrags bestand die Europäische Union noch aus fünfzehn Ländern. Die Grenze verlief entlang dem früheren Eisernen Vorhang, und Deutschland befand sich am äußeren östlichen Rand der EU. Das geografische Zentrum lag in Frankreich. Nach der Osterweiterung sah die EU völlig anders

9 »Die Rückkehr des deutschen Imperialismus und die Aufgaben der Partei für Soziale Gleichheit, Resolution der Sonderkonferenz der PSG gegen Krieg«, auf: *WSWS*, 20.9.2014, https://www.wsws.org/de/articles/2014/09/20/konf-s20.html, aufgerufen am 16.6.2015.

10 Klaus Kinkel, »Verantwortung, Realismus, Zukunftssicherung. Deutsche Außenpolitik in einer sich neu ordnenden Welt«, in: *Frankfurter Allgemeine Zeitung*, 19.3.1993.

aus. Sie ist auf 28 Länder angewachsen. Deutschland liegt in der geografischen Mitte und hat, wie Kinkel dies gefordert hatte, den Hauptvorteil aus der Eingliederung Mittel- und Osteuropas gezogen. Vor allem die Automobil- und andere Industrien haben davon stark profitiert. Sie finden dort billige, aber gut qualifizierte Arbeitskräfte direkt vor der Haustür. In Polen und Tschechien, die unmittelbar an Deutschland grenzen, betragen die Löhne etwa ein Drittel der deutschen. In anderen osteuropäischen Ländern sind sie zum Teil noch niedriger.

Im vergangenen Jahrzehnt ist die EU in eine tiefe Krise geraten. 2003 war sie im Irak-Krieg außenpolitisch gespalten. 2005 scheiterte eine europäische Verfassung an Volksabstimmungen in Frankreich und den Niederlanden. Die Folgen der globalen Finanzkrise von 2008, die das Weltfinanzsystem an den Rand des Zusammenbruchs brachte, verschärften dann alle wirtschaftlichen und sozialen Gegensätze innerhalb Europas.

Die europäischen Regierungen retteten die Banken mit hunderten Milliarden Euro, die sie seither durch brutale Sparprogramme, durch Sozialabbau und Lohnsenkungen auf Kosten der arbeitenden Bevölkerung wieder eintreiben. Griechenland dient ihnen dabei als Pilotprojekt. Dort hat das Spardiktat der EU den Lebensstandard breiter Bevölkerungsschichten in einer Weise gesenkt, wie man es sonst nur aus Kriegszeiten kennt. Doch auch in Spanien, Portugal, Irland, Italien und selbst in Deutschland werden soziale Errungenschaften in ähnlicher Weise angegriffen.

Auch die nationalen Gegensätze in Europa haben sich verschärft. Der Euro hat den Kontinent nicht vereint, sondern gespalten.

Hier liegt die Antwort auf die Frage, warum die deutschen Eliten wieder Krieg wollen. »Die Wiederbelebung des Militarismus ist die Antwort der herrschenden Klasse auf die explosiven gesellschaftlichen Spannungen, auf die sich verschärfende ökonomische Krise und auf die wachsenden Konflikte zwischen den europäischen Mächten«, heißt es in der bereits zitierten Resolution der PSG.

Der ehemalige grüne Außenminister Joschka Fischer, ein schamloser Verteidiger des deutschen Imperialismus, hat das in einem Buch bestätigt, das letzte Woche unter dem Titel »Scheitert

Europa?« erschien. Fischer spricht den Zusammenhang zwischen der Krise der EU, der Rückkehr des deutschen Militarismus und dem Vorstoß in der Ukraine offen aus.

Auf die Frage »Scheitert Europa?« antwortet er: »Viele Jahrzehnte war diese Frage völlig realitätsfern, die EU war ein Erfolgsprojekt, ein Scheitern schien unmöglich. Das ist heute ganz anders.«[11] Seit dem 15. September 2008, dem Tag, an dem die US-Bank Lehman Brothers Pleite ging, sei »diese scheinbar so unerschütterliche Gewissheit« über den Erfolg der Europäischen Union »einer nagenden Ungewissheit über die Zukunft Europas« und »über die Rolle Deutschlands in Europa gewichen«.[12]

Das Dilemma des deutschen Imperialismus beschreibt Fischer dann folgendermaßen:

> [Z]*wei Jahrzehnte nach der zweiten deutschen Einigung* [werden] *Deutschland und Europa von dem alten Widerspruch der deutschen Mittellage wieder eingeholt …:* Deutschland ist und bleibt zu groß für Europa und zu klein für die Welt, *zu klein für eine eigenständige weltpolitische … Rolle. In Berlin ahnt man allenthalben die Wiederkehr dieses alten nationalen Dilemmas, weiß aber nicht, wie ihm zu begegnen wäre.*[13]

Fischer will dies durch eine Konfrontation mit Russland und die Expansion der EU nach Osten tun. Er schlägt eine »grundsätzliche Neuaufstellung Europas und des Westens« sowie »eine Neuauflage einer Politik des Containment gegenüber Russland« vor.[14] Die EU sei »ein machtpolitischer Akteur«, schreibt er, und die Erweiterungspolitik der EU sei »nicht nur ein lästiges Anhängsel, das die Ruhe EU-Europas stört und zudem teuer ist«, sondern diese Politik sei »ihre entscheidende Machtprojektion nach außen in ihre geopolitische Nachbarschaft«.[15]

11 Joschka Fischer, *Scheitert Europa?* Köln 2014 (Klappentext).
12 Ebd., S. 11
13 Ebd., S. 40–41 (eigene Hervorhebung).
14 Ebd., S. 118.
15 Ebd., S. 121–122.

Fischer gibt auf das »alte nationale Dilemma« dieselbe Antwort, wie sie der deutsche Imperialismus bereits im Ersten und Zweiten Weltkrieg gab. Der Historiker Fritz Fischer schrieb über die deutschen Kriegsziele im Ersten Weltkrieg:

> *Zwei Tage nach seinem Beginn als Weltkrieg, am 6. August 1914, nannte der deutsche Reichskanzler als Kriegsziel die Zurückwerfung der russischen Grenze auf Moskau und die Bildung einer Reihe von Pufferstaaten (Finnland, Polen, die Ukraine, Georgien) zwischen Deutschland, beziehungsweise Österreich-Ungarn, und Russland; und im vieldiskutierten Septemberprogramm des Kanzlers vier Wochen später heißt es, dass Russland soweit als möglich von der deutschen Ostgrenze zurückgeworfen und seine Herrschaft über die nicht-russischen Völker gebrochen werden muss.*[16]

Der deutsche Reichskanzler Theobald von Bethmann Hollweg nannte als Kriegsziel »die Zurückwerfung der russischen Grenze«; Joschka Fischer fordert »eine Politik des Containment (Eindämmung) gegenüber Russland«. Bethmann Hollweg wollte »eine Reihe von Pufferstaaten«, darunter die Ukraine, die damals Teil des Zarenreichs war; Joschka Fischer bezeichnet die Ausweitung der Europäischen Union Richtung Ukraine als Mittel der »Machtprojektion«.

Die Parallelen springen ins Auge. Fischers Antwort auf das »alte nationale Dilemma« – »Deutschland ist zu groß für Europa und zu klein für die Welt« – ist dieselbe wie 1914 und 1939: Deutschland muss größer werden, es muss Europa dominieren, damit es Weltmacht werden kann.

Von der deutschen Ukrainepolitik im Ersten Weltkrieg führte eine direkte Linie zu Hitler. Als deutsche Truppen gegen Ende des Krieges die Ukraine besetzten, machten sie den Hetman Skoropadsky zu ihrem Statthalter. Nach dem Sieg der Revolution in der Ukraine floh dieser nach München, wo er sich dem Milieu Adolf Hitlers anschloss und das Nazi-Parteiblatt »Völkischer Beobach-

16 Fritz Fischer, »Hitler war kein Betriebsunfall«, in: *Spiegel Special 2/1989*, 1.2.1989, http://www.spiegel.de/spiegel/spiegelspecial/d-52322577.html, aufgerufen am 16.6.2015.

ter« mit begründete. Seine politischen Vorstellungen flossen in Hitlers »Mein Kampf« ein. In Hitlers Ostfeldzug spielte die Eroberung der Ukraine dann eine zentrale Rolle. »Die geopolitisch-strategische und ökonomische Zielsetzung (›Nach Ostland wollen wir reiten!‹) ist Kontinuität des wilhelminisch-alldeutschen Expansionismus«, bemerkte dazu Fritz Fischer.[17]

Das führt uns weiter zum derzeitigen deutschen Außenminister Frank-Walter Steinmeier, zu dessen Verhandlungspartnern in Kiew auch Swoboda-Führer Oleh Tjahnybok zählte. Wir haben dazu geschrieben:

> *Nun hat sich der deutsche Imperialismus erneut das Ziel gesetzt, die Ukraine, Georgien und andere Länder, die einst der Sowjetunion und dem Zarenreich angehörten, aus dem Einflussbereich Moskaus zu lösen und in den Einflussbereich der von Deutschland dominierten Europäischen Union einzugliedern. Er arbeitet dabei mit politischen Kräften wie der Partei Swoboda und der Vaterlandspartei zusammen, die Skoropadsky und den Nazi-Kollaborateur Stepan Bandera als Nationalhelden verehren.*[18]

Vielleicht denken einige hier im Saal, meine Äußerung, Deutschland wolle Europa dominieren, um Weltmacht zu werden, sei übertrieben. Dann solltet ihr die Website »Review 2014« aufrufen, auf der das Außenministerium für seine neue politische Linie wirbt. Es hat für diese Website fünfzig Beiträge bestellt, hauptsächlich von ausländischen Experten, die erklären, warum Deutschland wieder eine größere Rolle in der Weltpolitik spielen soll. Einer dieser Artikel trägt den Titel: »Deutschlands Bestimmung: Europa führen, um die Welt zu führen«.[19] Er stammt von einem Professor aus Singapur und prangt seit über einem halben

17 Ebd.

18 Ulrich Rippert und Peter Schwarz, »Die Wiederkehr deutscher Großmachtpolitik und die Attacken auf den Historiker Fritz Fischer«, siehe ab S. 59 in diesem Buch.

19 Kishore Mahbubani, »Deutschlands Bestimmung. Europa führen, um die Welt zu führen«, auf: *Review 2014,* http://www.aussenpolitik-weiter-denken.de/de/aussensicht/show/article/deutschlands-bestimmung-europa-fuehren-um-die-welt-zu-fuehren.html, aufgerufen am 16.6.2015.

Jahr auf der offiziellen Website des Außenministeriums. Hätte jemand so etwas vor dreißig Jahren gesagt oder geschrieben, hätte er einen Skandal ausgelöst. Es erinnert zu sehr an alte Naziparolen. Heute stört sich daran niemand mehr.

Umschreiben der Geschichte

Wie wir gesehen haben, misst das Papier »Neue Macht. Neue Verantwortung« der Propaganda große Bedeutung bei. Seine Autoren beklagen sich darüber, dass die neue Außenpolitik in der Bevölkerung auf Ablehnung stößt, und plädieren dafür, dies zu verändern. Diesem Zweck dient nicht nur die Kriegspropaganda der Medien, sondern auch das Umschreiben der Geschichte mit dem Ziel, die Verbrechen des deutschen Imperialismus zu verharmlosen.

Die Abneigung gegen Krieg ist in Deutschland tief verwurzelt. Das Land ist durch zwei Weltkriege gegangen. Viele, die den Zweiten Weltkrieg miterlebt haben, leben noch. Fast alle haben von ihren Eltern und Großeltern darüber gehört. In den Schulen wird spätestens seit den 1970er Jahren gelehrt, dass Deutschland eine Mitverantwortung am Ersten und die Hauptverantwortung für den Zweiten Weltkrieg trug. Das Grundgesetz stellt die Vorbereitung eines Angriffskriegs unter hohe Strafen.

Um die Opposition gegen Krieg zu überwinden, muss die Geschichte revidiert werden. Darum dreht sich die Auseinandersetzung hier an der Humboldt-Universität. Die Universitätsleitung versucht, Kritik an Professoren, die sich dieser Aufgabe widmen, zu unterdrücken. Als die IYSSE den Raum für diese Veranstaltung beantragten, antwortete die Universität:

> *Diese Genehmigung ist allerdings an die Bedingung geknüpft, dass im Vorfeld, während und nach der Veranstaltung nicht erneut Mitglieder der Universität geschmäht bzw. auf Flyern, Plakaten, im Internet oder sonst irgendwie als Militaristen und Kriegstreiber beschimpft werden, wie es Mitte Juli bei einer IYSSE-Veranstaltung der Fall war. Solche Formen der Auseinandersetzung widersprechen den akademischen Grundregeln einer Universität, die Kontro-*

> *versen ausschließlich wissenschaftlich austrägt. Verstöße gegen diesen Grundsatz wird die Universitätsleitung nicht dulden.*[20]

Das ist ein Versuch der Zensur. Die IYSSE haben keine Mitglieder der Universität geschmäht oder beschimpft, sondern, wie sie in ihrer Antwort an die Universitätsleitung schrieben, »eine recht nüchterne und objektive Analyse dessen [gegeben], was die Humboldt-Professoren Münkler und Baberowski in Talkshows, Radiointerviews, Zeitungsartikeln und auf öffentlichen Podiumsdiskussionen vertreten«.[21]

Während Professoren der Humboldt-Universität die Autorität ihres Amtes für politische Ziele missbrauchen, bezeichnet die Universitätsleitung Kritik daran als Verstoß gegen wissenschaftliche Grundsätze. Wenn dem so ist, herrscht Zensur. Jede politische Kritik wird unmöglich. Zur Kritik haben Studierende aber nicht nur das Recht, sondern die Pflicht.

Ich will in diesem Zusammenhang an den Staatsrechtler Carl Schmitt erinnern, der von 1931 bis 1945 an dieser Universität lehrte. Er wurde unter anderem durch die Aussage berühmt, souverän sei, wer über den Ausnahmezustand verfüge. Schmitt entwickelte theoretische Rechtfertigungen, die es der deutschen Justiz erlaubten, nahtlos von der Weimarer Republik zum Nazi-Regime überzugehen. Herfried Münkler hat Schmitt schon 2005 in der Tageszeitung »Die Welt« als »Klassiker des politischen Denkens«[22] gelobt.

Münkler selbst ist omnipräsent. Er lehrt nicht nur hier an der Humboldt-Universität, sondern veröffentlicht Bücher, schreibt für zahlreiche Fachzeitschriften, Wochenmagazine und Tageszeitungen. Er ist Berater von Parteien, der Regierung und der Bundes-

20 Schreiben des Sprechers der Humboldt-Universität, Hans-Christoph Keller, an die IYSSE, 7.10.2014.

21 »Wissenschaft statt Kriegspropaganda!«, Erklärung der IYSSE zur Auseinandersetzung an der HU, auf: *WSWS*, 17.10.2014, https://www.wsws.org/de/articles/2014/10/17/iyss-o17.html, aufgerufen am 21.6.2015.

22 Herfried Münkler, »Erkenntnis wächst an den Rändern«, in: *Die Welt*, 7.4.2005, http://www.welt.de/print-welt/article583822/Erkenntnis-waechst-an-den-Raendern.html, aufgerufen am 16.6.2015.

wehr. Ich kann hier nur anhand weniger Zitate zeigen, was er politisch vertritt.

Anfang des Jahres tat sich Münkler mit heftigen Angriffen auf den Historiker Fritz Fischer hervor. Fischer hatte in seinem 1961 erschienenen Buch »Griff nach der Weltmacht« die bisherige Geschichtslegende gründlich widerlegt, dass der Erste Weltkrieg Deutschland aufgezwungen worden sei. Er wies nach, dass Deutschland maßgeblich für den Krieg verantwortlich war und definitive Kriegsziele verfolgte, die es auch im Zweiten Weltkrieg wieder zu erreichen suchte. Münkler bemühte sich in zahlreichen Artikeln, Fischer zu diskreditieren. Er bezeichnete seine Erkenntnisse als »hanebüchen«[23] und unhaltbar und schrieb, seine »Methodik würde heute in keinem Proseminar mehr akzeptiert«[24].

In einem Interview mit der »Süddeutschen Zeitung« (SZ) machte Münkler Anfang des Jahres deutlich, warum er diese Frage für so wichtig hielt. Er sagte:

> *Es lässt sich kaum eine verantwortliche Politik in Europa betreiben, wenn man die Vorstellung hat: Wir sind an allem schuld gewesen. Bezogen auf 1914 ist das eine Legende … Wir neigen außenpolitisch zu dem Gedanken. Weil wir historisch schuldig sind, müssen, ja dürfen wir außenpolitisch nirgendwo mitmachen; also kaufen wir uns lieber frei, wenn es darum geht, Europa an den Krisenrändern zu stabilisieren.*[25]

Auf der Website des Außenministeriums »Review 2014«, die ich bereits zitiert habe, erklärt Münkler, wo er die Verwundbarkeit der deutschen Außenpolitik sieht: nämlich in der Demokratie. Er schreibt dort:

23 Dirk Kurbjuweit, »Der Wandel der Vergangenheit«, in: *Der Spiegel 7/2014*, 10.2.2014, S. 114, http://www.spiegel.de/spiegel/print/d-124956878.html, aufgerufen am 16.6.2015.

24 Volker Ullrich, »Nun schlittern sie wieder«, auf: *Zeit Online*, 24.1.2014, http://www.zeit.de/2014/04/erster-weltkrieg-clark-fischer/seite-2, aufgerufen am 29.6.2015.

25 Herfried Münkler im SZ-Interview, *Süddeutsche Zeitung*, 4.1.2014.

> *Aus dieser Diskrepanz zwischen öffentlicher Darstellung und tatsächlicher Ausrichtung erwächst die demokratische Vulnerabilität der deutschen Außenpolitik …*
> *Es muss also im längerfristigen Interesse der deutschen Politik liegen, diese Diskrepanz zu beseitigen und so die demokratische Vulnerabilität zu schließen. Das freilich ist nicht so leicht, denn diese Diskrepanz resultiert keineswegs nur daraus, dass offizielle Stellen ein anderes Bild zeichnen, als es der tatsächlich betriebenen Politik entspricht.*
> *Die Vorstellung von einer interessenentkoppelten Wertbindung der deutschen Außenpolitik ist vielmehr ein festgefügtes Bild in der öffentlichen Kommunikation … Ein solches Bild lässt sich nicht durch eine veränderte Öffentlichkeitsarbeit des Auswärtigen Amts revidieren, sondern muss langsam und schrittweise verändert werden. Diese Veränderung ist langwierig und mühsam, aber unabdingbar, um die strategische Vulnerabilität der deutschen Außenpolitik zu vermindern.*[26]

Leugnet Münkler die deutsche Schuld am Ersten Weltkrieg, verharmlost Jörg Baberowski, der den Lehrstuhl für Geschichte Osteuropas leitet, die deutschen Verbrechen im Zweiten Weltkrieg. Im Februar zitierte »Der Spiegel« Baberowski mit den Worten: »Hitler war kein Psychopath, er war nicht grausam. Er wollte nicht, dass an seinem Tisch über die Judenvernichtung geredet wird.« Im selben Artikel verteidigte Baberowski Ernst Nolte, der 1986 den Historikerstreit ausgelöst hatte, indem er den Nationalsozialismus als eine verständliche Reaktion auf den Bolschewismus darstellte. Baberowski sagte: »Nolte wurde Unrecht getan. Er hatte historisch recht.«[27]

26 Herfried Münkler, »Die gefährliche Kluft zwischen Schein und Tun. Auf die Interessen kommt es an!«, auf: *Review 2014*, http://www.aussenpolitik-weiter-denken.de/de/aussensicht/show/article/die-gefaehrliche-kluft-zwischen-schein-und-tun.html, aufgerufen am 16.6.2015.

27 Dirk Kurbjuweit, »Der Wandel der Vergangenheit«, in: *Der Spiegel 7/2014*, 10.2.2014, S. 116, http://www.spiegel.de/spiegel/print/d-124956878.html, aufgerufen am 16.6.2015.

Nolte selbst wurde vom »Spiegel« ebenfalls interviewt. Er steht heute noch weiter rechts als zur Zeit des Historikerstreits. Er erklärt, Polen habe eine Mitschuld am Kriegsausbruch, weil es nicht mit Hitler zusammengearbeitet habe, die Juden hätten eine Mitverantwortung für den GULag, und Ähnliches mehr, das man sonst nur in rechtsextremen Publikationen findet.

Baberowski leugnet auch, dass die Nazis gegen die Sowjetunion einen gezielten Vernichtungskrieg führten. Dieses Thema zieht sich durch viele seiner Publikationen. So schrieb er 2007:

> *Die rote Armee hinterließ der vorrückenden Wehrmacht zerstörte Städte und Dörfer, deren hungernde Bevölkerung niemand versorgen konnte … Unter diesen Bedingungen verwandelten sich die Infanterieregimenter der Wehrmacht auf ihrer Suche nach Lebensmitteln und Unterkünften rasch in marodierende Haufen, die Bauern und Stadtbewohner ausraubten, nicht, weil sie von der Vernichtung slawischer Untermenschen träumten, sondern weil sich ihnen keine anderen Alternativen mehr boten.*[28]

Er stellt den Vernichtungskrieg also als eine Art spontane Reaktion auf die Kriegsführung Stalins dar. Das ist historisch eindeutig falsch. Der Ostfeldzug wurde von Anfang an als Vernichtungskrieg geplant. Um Lebensraum im Osten zu schaffen, sollte ein großer Teil der einheimischen Bevölkerung umgebracht werden, allen voran Kommunisten und Juden. Es gab entsprechende Befehle, es gab auf Massenmord spezialisierte Sondereinheiten.

Baberowski ist sogar der Ansicht, dass man auch heute wieder solche Methoden anwenden müsse, um Dschihadisten zu bekämpfen. Am 1. Oktober sagte er im Deutschen Historischen Museum:

> *Und wenn man nicht bereit ist, Geiseln zu nehmen, Dörfer niederzubrennen und Menschen aufzuhängen und Furcht und Schrecken zu verbreiten, wie es die Terroristen tun, wenn man dazu nicht*

28 Jörg Baberowski, »Kriege in staatsfernen Räumen. Russland und die Sowjetunion 1905–1950«, in: *Formen des Krieges. Von der Antike bis zur Gegenwart*, Dietrich Beyrau, Michael Hochgeschwender, Dieter Langewiesche (Hrsg.), Paderborn 2007, S. 305–306.

> *bereit ist, wird man eine solche Auseinandersetzung nicht gewinnen, dann soll man die Finger davon lassen.*[29]

Das Gespräch wurde als Audiodatei ins Netz gestellt. Man kann es bis heute abhören. Aus dem Zusammenhang geht eindeutig hervor, dass Baberowski nicht vom Kampf gegen Dschihadisten abrät. Er sagt, wenn man gegen sie kämpfen wolle, müsse man dieselben Methoden wie sie anwenden, sonst solle man die Finger davon lassen. Das ist eine skandalöse Äußerung, die mit dem Völkerrecht nicht vereinbar ist. Was würde jemand über einen Polizisten sagen, der erklärt, um die Mafia zu bekämpfen, müsse man dieselben Methoden wie sie anwenden – Auftragsmorde, Terror usw.?

Was tun gegen Krieg?

Abschließend will ich auf die Frage eingehen, was man gegen Krieg tun kann. Wir schreiben in einer Resolution unserer internationalen Organisation:

> *Es kann keinen Kampf für Sozialismus ohne Kampf gegen Krieg geben, und umgekehrt keinen Kampf gegen Krieg ohne Kampf für Sozialismus.*[30]

Man kann den Krieg nur bekämpfen und verhindern, wenn man das Problem an der Wurzel anpackt, dem kapitalistischen System. Dieses muss durch eine vernünftige und rationale Organisation der Weltwirtschaft ersetzt werden, die sich nicht den Marktbedin-

29 Jörg Baberowski am 1.10.2014 im »Schlüterhofgespräch« im Deutschen Historischen Museum, https://www.dhm.de/fileadmin/medien/relaunch/AUDIO/Schlueterhofgespraeche_01.10.2014_1.mp3, Audiodatei, abgerufen am 21.6.2015 (das Zitat ist ab der 20. Minute zu hören).

30 »Sozialismus und der Kampf gegen imperialistischen Krieg«, Erklärung des Internationalen Komitees der Vierten Internationale, auf: *WSWS*, 5.7.2014, http://www.wsws.org/de/articles/2014/07/05/ikvi-j05.html, aufgerufen am 16.6.2015.

gungen und dem Profit unterordnet, sondern den menschlichen Bedürfnissen.

Die einzige gesellschaftliche Kraft, die eine solche gesellschaftliche Umwälzung vollziehen kann, ist die internationale Arbeiterklasse, die große Mehrheit der Bevölkerung, die kein Kapital besitzt und vom Verkauf ihrer Arbeitskraft lebt. In einer Resolution der Partei für Soziale Gleichheit erklären wir dazu:

> *Dieselben Faktoren, die die herrschende Klasse in den Krieg treiben, schaffen auch die objektiven Voraussetzungen für die sozialistische Revolution … Um Europa zu dominieren und »nach der Weltmacht zu greifen«, muss die deutsche Bourgeoisie gleichzeitig der Arbeiterklasse den Krieg erklären …*
> *Die PSG stützt den Kampf gegen Militarismus und Krieg theoretisch, politisch und organisatorisch auf die Arbeiterklasse. Sie ist als internationale Klasse die einzige Kraft, die einen Dritten Weltkrieg verhindern kann. Ihre Interessen bringen sie in Widerspruch zum kapitalistischen System.*
> *Aber die sozialistische Revolution ist kein automatischer Prozess. Die Entscheidung über ihr Tempo und ihren Erfolg fallen im Bereich der Politik. Wie Trotzki am Vorabend des Zweiten Weltkriegs schrieb, läuft die geschichtliche Krise der Menschheit auf die Krise der revolutionären Führung hinaus. Die Lösung dieser Krise hängt von den Entscheidungen, dem Handeln und dem Aufbau unserer Partei ab.*[31]

Der Kampf gegen Krieg ist eine politische Aufgabe und erfordert den Aufbau einer neuen Partei. Die SPD, die Grünen und auch die Linkspartei unterstützen alle den deutschen Militarismus. Die Linke spricht sich zwar gelegentlich allgemein dagegen aus, doch wenn es konkret wird, ist sie längst auf den Kriegskurs eingeschwenkt. Vor wenigen Tagen haben vierzehn führende Mitglieder der Linkspartei, darunter Dietmar Bartsch, Stefan Liebich und

31 »Die Rückkehr des deutschen Imperialismus und die Aufgaben der Partei für Soziale Gleichheit, Resolution der Sonderkonferenz der PSG gegen Krieg«, auf: *WSWS*, 20.9.2014, https://www.wsws.org/de/articles/2014/09/20/konf-s20.html, aufgerufen am 16.6.2015.

Petra Pau, einen Aufruf »Kobane retten« veröffentlicht, in dem es heißt:

> *Der barbarische Feldzug der Terrormiliz in der Region kann nicht länger hingenommen werden … Vor diesem Hintergrund ist eine militärische Unterstützung und Kooperation der Kurden in und um Kobane unumgänglich. Die kurdischen Selbstverteidigungskräfte benötigen dringende Unterstützung im Kampf gegen die IS-Terrormiliz … Wir fordern, den Druck auf die Bundesregierung zu verstärken, damit diese nun endlich in den Vereinten Nationen die dramatische Lage thematisiert, mit dem Ziel, dass der Sicherheitsrat die notwendigen Maßnahmen gemäß der UN-Charta beschließt.*[32]

Gemeint ist eine Resolution, die einen Militäreinsatz autorisiert, wie dies vor dem Libyen- oder dem Kosovo-Krieg der Fall war. In Libyen diente ein angeblich drohendes Massaker in Bengasi, im Kosovo waren es unbestätigte Massaker von Serben an Kosovo-Albanern, die als Vorwand dienten, um mit militärischen Mitteln imperialistische Ziele zu verfolgen. Diese Kriege forderten um ein Vielfaches mehr Opfer als die angeblichen Massaker, die sie verhindern oder stoppen sollten.

Lasst mich zum Schluss ein letztes Zitat anführen, das erklärt, wie wir eine neue Arbeiterpartei aufbauen:

> *Die PSG leistet eine unermüdliche politische Arbeit, um das Bewusstsein der Arbeiterklasse zu entwickeln. Sie tritt den Fälschungen und Propagandalügen der Medien und der Sprachrohre der herrschenden Klasse entgegen. Sie impft die Arbeiter gegen jede Form von Nationalismus und Chauvinismus und tritt für Solidarität mit den Kämpfen der Arbeiter in allen Ländern ein. Sie setzt sich für die Einheit der europäischen und internationalen Arbeiterklasse auf der Grundlage eines sozialistischen Programms ein.*[33]

32 »Kobane retten!«, www.neues-deutschland.de/serveDocument.php?id=885, aufgerufen am 16.6.2015.

33 »Die Rückkehr des deutschen Imperialismus und die Aufgaben der Partei für Soziale Gleichheit«, auf: *WSWS*, 20.9.2014.

Die Universitäten als ideologische Zentren des Militarismus[1]

Ulrich Rippert

Zunächst möchte ich mich für die Einladung zur heutigen Veranstaltung bedanken. Ich freue mich sehr, hier an der Humboldt-Universität auf einer Veranstaltung der IYSSE sprechen zu können.

In wenigen Tagen begehen wir den siebzigsten Jahrestag der Befreiung des Konzentrationslagers Auschwitz. Als die Rote Armee am 27. Januar 1945 dieses Lager befreite, bot sich ihr ein furchtbares, ein entsetzliches Bild. Die Videosequenz, die wir eben gesehen haben, stammt aus dem Dokumentarfilm »Night Will Fall«. Sie gibt einen Eindruck von den NS-Verbrechen in den Konzentrationslagern Bergen-Belsen, Auschwitz und Dachau. Ich war sechzehn Jahre alt, als ich diese Bilder auf einer Gewerkschaftsschulung hier in Berlin zum ersten Mal sah. Ich war nicht Student, wie viele von euch, sondern Lehrling und später Arbeiter in einem großen Metallbetrieb.

Wir waren damals über diese Bilder tief schockiert. Die Dokumentaraufnahmen von Bulldozern, die Leichenberge in Massengräber schoben, von ausgemergelten, bis aufs Skelett abgemagerten, verhungerten Menschen, von der Vernichtung von Menschen auf industrielle Art und Weise, von Bergen von Frauenhaar und Kinderschuhen, von Lampenschirmen, angefertigt aus der tätowierten Leichenhaut – diese entsetzlichen Bilder brannten sich in unser Gedächtnis ein.

Die Verbrechen der Nazis lagen damals erst zwei Jahrzehnte zurück. Um die damalige Zeit herrschte in der Bundesrepublik eine gespenstische Stimmung. Niemand sprach darüber, was geschehen war. Sechs Millionen Juden waren in den Vernich-

1 Diesen Vortrag hielt Ulrich Rippert am 19. Januar 2015 auf einer Veranstaltung der IYSSE an der Humboldt-Universität in Berlin.

tungslagern der Nazis ermordet worden, dazu noch Hunderttausende Roma und Sinti, Kriegsgefangene und viele andere, von den fünfzig Millionen Kriegstoten ganz zu schweigen. Ein ungeheures Verbrechen – und die offizielle Politik tat so, als sei nichts gewesen. Niemand sprach darüber.

Die Adenauer-Regierung hatte nach dem Krieg die so genannte »Stunde Null« ausgerufen. Sie erklärte: Wir fangen neu an, wir setzen alles auf Neustart. Heute würde man vielleicht sagen: ein gesellschaftlicher Reset. Aber unter der Oberfläche herrschten überall, auf allen Ebenen der Gesellschaft, in Wirtschaft, Politik, Medien und vor allen Dingen an den Universitäten die alten Nazi-Eliten und ihre Seilschaften.

Ein Beispiel: Nehmt die Liste der Bundespräsidenten und betrachtet ihre Nazivergangenheit. Beginnen wir mit Theodor Heuss, dem ersten Nachkriegspräsidenten. Er war kein Nazi, aber er hatte 1933 dem Ermächtigungsgesetz zugestimmt. Ihm folgte Heinrich Lübke. Er war KZ-Baumeister und oberster Bauleiter der Heeresversuchsanstalt Peenemünde, wo die Nazis in unterirdischen Militäranlagen die V2-Rakete entwickelten und bauten. Dafür wurden KZ-Häftlinge und Kriegsgefangene mit äußerst brutalen Methoden eingesetzt.

Auf Heinrich Lübke folgte Gustav Heinemann. Er war eine Ausnahme. Er hatte die Nazis aus religiösen Gründen abgelehnt. 1974 wurde Walter Scheel Präsident. Er war ebenso NSDAP-Mitglied gewesen wie sein Nachfolger Karl Carstens, der schon 1934 der SA-Sturmabteilung beigetreten war.

Richard von Weizsäcker, der dann folgte, war zu jung, um selbst Mitglied der Nazipartei gewesen zu sein. Aber er begann seine politische Karriere als Rechtsanwalt, indem er im Nürnberger Kriegsverbrecherprozess einen Kriegsverbrecher verteidigte, nämlich seinen eigenen Vater. Ernst Heinrich Freiherr von Weizsäcker war Staatssekretär im Außenamt und SS-Brigadeführer gewesen. Wegen der Mitwirkung an der Deportation französischer Juden wurde er in den Nürnberger Prozessen als Kriegsverbrecher angeklagt und verurteilt. Sein Sohn Richard, der später viel gepriesene Bundespräsident, war sein Verteidiger.

Roman Herzog, der auf ihn folgte, und der bis 1999 als Bundespräsident amtierte, war wissenschaftlicher Assistent bei Theodor Maunz. Gemeinsam mit Maunz brachte er einen maßgeblichen Kommentar zum Grundgesetz heraus. Später wurde bekannt, dass dieser Maunz seit 1933 Mitglied der NSDAP und der SS gewesen war, sich an der Ausarbeitung der Nürnberger Rassengesetze beteiligt hatte und bis zu seinem Tode unter einem Decknamen für die neofaschistische »National-Zeitung« schrieb.

Von Hans Globke, der in der Nazidiktatur als Ministerialrat antisemitische Gesetze und Verordnungen entworfen hatte und von 1953 bis 1963 Chef des Kanzleramtes unter Konrad Adenauer war, will ich gar nicht sprechen. Kurt-Georg Kiesinger, Bundeskanzler von 1966 bis 1969, war wie Lübke KZ-Baumeister und NSDAP-Mitglied gewesen. Was nicht so bekannt ist: Auch der langjährige Außenminister der Bundesrepublik, Hans-Dietrich Genscher, war NSDAP-Mitglied gewesen, wenn auch in jungen Jahren.

Als Studierende in den 1960er Jahren feststellten, dass in ihren Vorlesungen alte Nazis das Wort führten, rebellierten sie dagegen. Wir alle waren entsetzt über die ungeheuren Verbrechen, die stattgefunden hatten. Abgesehen von wenigen, sehr wenigen, war niemand zur Rechenschaft gezogen worden. Der Film »Im Labyrinth des Schweigens« über den Auschwitz-Prozess gibt ein sehr gutes Bild über die Verhältnisse, die damals in der Bundesrepublik herrschten. Wir sind mit diesen geschichtlichen Fragen aufgewachsen. Immer wieder stellten wir uns die Frage: »Wie war das möglich, woher kam dieser ungeheure Rückfall in die Barbarei?« Für uns spielte das Studium der Geschichte immer eine zentrale Rolle.

Wie ist es mit euch? Wie seht ihr die Geschichte? Wie weit seid ihr mit dieser Geschichte vertraut? Wer von euch kann etwas mit dem Datum 10. Mai 1933 anfangen? Am 10. Mai 1933 fand hier, nur wenige hundert Meter entfernt, gegenüber der Universität auf dem damaligen Opernplatz, dem heutigen Bebelplatz, die zentrale Veranstaltung der Bücherverbrennung statt. Goebbels persönlich hielt damals seine berühmte Brandrede, in der er sagte: »Ich übergebe den Flammen die Werke von …«. Habt ihr davon gehört? Und wisst ihr, von wem der Ausspruch stammt: »Dort, wo man Bücher verbrennt, verbrennt man am Ende auch Menschen«? Er stammt von Heinrich Heine.

Seit Jahren findet an den Universitäten eine Kampagne gegen ein wissenschaftliches Verständnis der Geschichte statt. Für postmoderne Auffassungen gibt es in der Geschichte keine Objektivität, sondern nur subjektive Geschichtserzählungen, und jede dieser Geschichtserzählungen ist gleichberechtigt. Als Folge kennen immer weniger Menschen die geschichtlichen Fakten, denn diese spielen in der postmodernen Geschichtsauffassung kaum noch eine Rolle. Die Unterdrückung von Faktenwissen und geschichtlichen Zusammenhängen dient dazu, die Geschichte so darzustellen, dass sie den politischen Interessen der herrschenden Eliten dient.

An dieser Universität kann ein Professor auftreten und erklären: »Hitler war kein Psychopath, er war nicht grausam. Er wollte nicht, dass an seinem Tisch über die Judenvernichtung geredet wird«[2], ohne dass ihm jemand entgegen tritt. Vor fünfzig Jahren hätten solche Äußerungen heftigen Protest ausgelöst. Kein Professor hätte in einem Hörsaal solche Aussagen machen können, ohne dass Studierende aufgestanden wären und gesagt hätten: »Ein Moment, das ist nicht zulässig! Wir akzeptieren diese Verharmlosung von Hitler und den Nazis nicht.« Die Studierenden wären massenhaft aus der Vorlesung raus marschiert. Aber heute wird durch die systematische Untergrabung eines wissenschaftlichen Geschichtsverständnisses versucht, Bedingungen zu schaffen, unter denen ein solcher Geschichtsrevisionismus unwidersprochen verbreitet werden kann.

Als wir uns vor fünfzig Jahren mit der Frage des Faschismus beschäftigten, wurde uns schnell klar, dass es eine Verbindung zwischen Kapitalismus und Faschismus gibt. Wir lasen Hitlers Rede vor dem Düsseldorfer Industrieclub. Wir kannten die Broschüre »I Paid Hitler«, die Fritz Thyssen in England geschrieben hatte. Wir wussten, dass Hitler von den Banken und der Schwerindustrie finanziert worden war, weil er versprochen hatte, die organisierte Arbeiterbewegung zu zerschlagen. Wir wussten auch,

2 Jörg Baberowski, in: Dirk Kurbjuweit, »Der Wandel der Vergangenheit«, in: *Der Spiegel 7/2014*, 10.2.2014, S. 116, http://www.spiegel.de/spiegel/print/d-124956878.html, aufgerufen am 16.6.2015.

dass Hitlers Hass auf die Juden eng mit seinem Hass auf die Arbeiterklasse verbunden war.

Aber dann stellte sich uns eine weitere Frage: »Warum hatte die Arbeiterklasse diese Katastrophe nicht verhindert?« Also studierten wir die Geschichte der Arbeiterbewegung. Das stalinistische Regime der DDR stieß uns ab. Wir wussten, dass die Stalinisten am 17. Juni 1953 hier in Ostberlin den Arbeiteraufstand niedergeschlagen und 1956 die Revolution in Ungarn blutig unterdrückt hatten. Und als im Sommer 1968 sowjetische Panzer den Prager Frühling niederwalzten, war uns klar, dass wir den Stalinismus ablehnten und bekämpften. Aber es gab Antistalinismus von links und Antistalinismus von rechts. Das heißt, es gab Kritiker des Stalinismus, die Antikommunisten waren. Wir dagegen kämpften gegen Stalinismus und Kapitalismus.

In dieser Situation entdeckten wir die Schriften Leo Trotzkis, des Gegners von Stalin, und jetzt wurde uns einiges klar. Wir studierten Trotzkis Analyse des Stalinismus. In seinem Buch »Verratene Revolution« hatte er aufgezeigt, wie die stalinistische Bürokratie entstanden war. Sie war nicht das Ergebnis der Russischen Revolution, sondern hatte sich unter dem Druck des Weltimperialismus gegen die Revolution und gegen den ersten Arbeiterstaat entwickelt. Wir studierten die Moskauer Prozesse, in denen alle Führer der bolschewistischen Partei unter falschen Anschuldigungen verurteilt und hingerichtet worden waren, immer unter der Anklage des »Trotzkismus«.

Trotzkis Kampf gegen den Stalinismus ist von historischer Bedeutung. Er widerlegt die große Lüge des zwanzigsten Jahrhunderts, dass Sozialismus und Stalinismus dasselbe seien. Er zeigt, dass es eine linke, marxistische Opposition gegen den Stalinismus gab. Daraus ergibt sich auch, dass mit dem Untergang der Sowjetunion nicht der Sozialismus gescheitert ist, sondern die stalinistische Bürokratie und ihr Regime – wie Trotzki es vorhergesagt hatte.

Trotzkis Schriften ermöglichten es uns auch, die deutsche Katastrophe zu verstehen. Die Arbeiterklasse war wegen der falschen Politik der stalinistischen KPD nicht in der Lage gewesen, den faschistischen Terror zu verhindern. Die KPD hatte die Sozialdemokraten als »Sozialfaschisten« bezeichnet, eine Einheitsfront gegen die Nazis abgelehnt und die Arbeiterklasse gespalten.

Trotzki und die Internationale Linke Opposition hatten sich dagegen für eine Einheitsfront eingesetzt, für gemeinsame Kampfmaßnahmen von KPD und SPD gegen die Nazis.

Geschichte und Gegenwart

Für uns war eine genaue und detaillierte Kenntnis der Geschichte immer der Schlüssel zum Verständnis der Gegenwart. Wir haben die Bedeutung der Geschichte oft am Beispiel eines Films erklärt. Ein Film besteht aus einer großen Zahl einzelner Bilder. Schneidet man eines dieser Bilder heraus, das den heutigen Tag darstellt, kann man es beschreiben und interpretieren. Aber die Erkenntnis bleibt sehr beschränkt. Erst wenn man das Bild im Zusammenhang mit den vorangegangenen sieht, wird es lebendig und bewegt. Erst dann versteht man, was es wirklich zeigt. Man kann die handelnden Personen einschätzen, kennt ihr Handeln im Zusammenhang und kann bis zu einem gewissen Grad ihr zukünftiges Handeln vorhersehen. Die Geschichte, ein möglichst genaues Verständnis der Vergangenheit, ist der Schlüssel zum Verständnis der Gegenwart und ermöglicht einen Blick in die Zukunft. Deshalb nahm das Verständnis und das Studium der Geschichte immer eine wichtige Rolle in unserer Arbeit ein.

Das war auch für unsere Arbeit hier an der Humboldt-Universität wichtig. Vor fünf Jahren luden wir den amerikanischen Historiker Alexander Rabinowitch ein, um die deutsche Ausgabe seines Buchs »Die Sowjetmacht: Das erste Jahr« vorzustellen. Rabinowitch war über den Vorschlag begeistert. Sein Vater Eugene hatte an dieser Universität studiert. Alexander Rabinowitch war bereits in frühen Jahren mit der Russischen Revolution in Verbindung gekommen. Seine Familie war 1921 aus der Sowjetunion emigriert und stand den Bolschewisten kritisch gegenüber. In ihrem Haus in den USA verkehrten führende Menschewiki. Alexander verfolgte schon als Jugendlicher die politischen Debatten über die Revolution. Als Geschichtsstudent wollte er dann herausfinden, wie es wirklich gewesen war.

Er wurde ein international anerkannter und sehr geachteter Historiker, dessen Bücher in viele Sprachen übersetzt wurden.

Doch das Institut für Geschichtswissenschaften an der Humboldt-Universität war weder bereit, ihn zu empfangen, wie dies unter weltweit bekannten Akademikern üblich ist, noch dazu, einen Hörsaal für seinen Vortrag zur Verfügung zu stellen. Erst nach langen Auseinandersetzungen konnten wir schließlich einen abgelegenen Raum im Agrarinstitut mieten.

Rabinowitch ist kein Marxist, aber er ist ein ernsthafter Historiker, der die Geschichte studiert, um zu rekonstruieren, wie es tatsächlich war. Er verbrachte einen großen Teil seines Lebens – er ist mittlerweile schon achtzig – in Archiven. Er studiert die Protokolle von Sitzungen und Konferenzen, er untersucht akribisch die Fakten, um die Geschichte so zu schreiben, wie sie wirklich stattgefunden hat. Deshalb sind seine Bücher sehr interessant und lesenswert. Das ist aber auch der Grund, warum ihm von Seiten des hiesigen Geschichtsinstituts offene Feindschaft entgegenschlug. Die Veranstaltung mit Rabinowitch wurde trotzdem ein großer Erfolg. Obwohl der Hörsaal schwer zu finden war, kamen über 400 Studierende und Arbeiter. Es war eine großartige Versammlung mit einer intensiven Diskussion. Selbst »Spiegel Online« berichtete darüber.

Wenige Tage später organisierten wir eine Veranstaltung zur Verteidigung Leo Trotzkis gegen eine verleumderische Biografie des britischen Autors Robert Service. Der Chefredakteur der »World Socialist Web Site«, David North, hatte Service im Buch »Verteidigung Leo Trotzkis« zahlreiche Fehler und Verleumdungen nachgewiesen, die von anerkannten Historikern in mehreren Ländern bestätigt wurden, unter anderem von Bertrand Patenaude von der Stanford University, der im führenden amerikanischen Fachmagazin »The American Historical Review« eine vernichtende Kritik veröffentlichte. Auch der leider kürzlich verstorbene Nestor der Kommunismusforschung in Deutschland, Hermann Weber, bestätigte North' Einschätzung. Zusammen mit dreizehn weiteren bekannten Historikern und Politikwissenschaftlern riet Weber dem Suhrkamp Verlag in einem Brief von der Veröffentlichung der deutschen Ausgabe ab.

Service war also als Historiker gründlich diskreditiert. Trotzdem lud ihn Professor Baberowski im Februar 2014 zu seinem Kolloquium an die Humboldt-Universität ein, um über die Problematik politischer Biografien zu referieren. Das Kolloquium war öffentlich. Alle Interessierten seien eingeladen, hieß es in der Ankündigung. Auch wir kündigten unsere Teilnahme an und formulierten mehrere Fragen an Robert Service, die wir schriftlich und sogar in englischer Übersetzung vorlegten. Daraufhin sagte Baberowski das Kolloquium ab und verlegte es an einen geheimen Ort. Er verwehrte jedem, den er verdächtigte, kritische Fragen zu stellen, mit Hilfe eines Sicherheitsdienstes die Teilnahme. Unter den Ausgesperrten waren neben vielen Studierenden auch David North und Professor Mario Kessler, ein Historiker aus Potsdam, der den Brief an den Suhrkamp Verlag unterschrieben hatte.

Es gibt einen direkten Zusammenhang zwischen den Attacken auf Leo Trotzki, den Angriffen auf die historische Wahrheit und der Ankündigung der Bundesregierung, die bisherige Politik der militärischen Zurückhaltung sei beendet, Deutschland werde künftig in den Krisenregionen der Welt wieder eigenständig und militärisch eingreifen. Diese Ankündigung bedeutet eine politische Zäsur. Der deutsche Imperialismus zeigt sich wieder so, wie er geschichtlich entstanden ist: aggressiv nach innen und nach außen.

Obwohl die Mehrheit der Bevölkerung die Wiederkehr von Militarismus und Krieg ablehnt und viele Menschen über die Kriegspropaganda in den Medien empört sind, gibt es keine Antikriegsbewegung. Grund dafür ist, dass alle Parteien die Kriegspolitik unterstützen: Die Regierungsparteien CDU/CSU und SPD, die Grünen und auch die Linkspartei, die ihre pazifistischen Hüllen fallen lässt und auf den Kriegskurs einschwenkt. Wir sind die einzige Partei, die der Wiederkehr des deutschen Militarismus konsequent entgegentritt.

Als die IYSSE im vergangenen Jahr hier an der Universität eine Veranstaltung zum Thema »Warum wollen die deutschen Eliten wieder Krieg?« vorbereiteten, erteilte ihnen die Universitätsleitung die Auflage, keine Mitglieder der Universität zu kritisieren. Sie durften zwar allgemein über Krieg sprechen, aber niemanden beim Namen nennen. Sie durften die Frage »Warum wollen die deutschen Eliten wieder Krieg?« stellen, aber sie nicht beantworten. Sie wiesen diesen Zensurversuch zurück, und die Veranstaltung wurde mit über 200 Teilnehmern ein großer Erfolg.

Die Gleichschaltung der Universitäten

Ich berichte das so ausführlich, weil es dem Thema unserer heutigen Diskussion brennende Aktualität verleiht. Die Entwicklung ruft Erinnerungen an die Gleichschaltung der Universitäten und die Unterdrückung von Kritik vor und während der Machtübernahme der Nazis wach.

Nachdem Adolf Hitler am 30. Januar 1933 von Reichspräsident Paul von Hindenburg zum Reichskanzler ernannt worden war, errichtete die NSDAP mithilfe von Terror, Notverordnungen, Gleichschaltungsgesetzen sowie Partei- und Organisationsverboten innerhalb weniger Monate einen zentralisierten Führerstaat. Dabei spielte der Reichstagsbrand in der Nacht vom 27. auf den 28. Februar 1933 eine wichtige Rolle. Er diente als Vorwand für die Verhaftung der Führer der Kommunistischen Partei. Sie wurden als erste in das Konzentrationslager in Dachau gebracht.

Die Besonderheit der Universitäten bestand darin, dass sie ohne Zwang gleichgeschaltet wurden. Unter den Professoren fand sozusagen in vorauseilendem Gehorsam eine Selbstgleichschaltung statt. Der Gießener Soziologe Bruno Reimann veröffentlichte 1984 den Aufsatz »Die ›Selbst-Gleichschaltung‹ der Universitäten 1933«, in dem er schreibt, dass die Universitäten immer noch Schwierigkeiten haben, wenn sie über ihre Geschichte von 1933 bis 1945 sprechen. Er nannte dafür in einem Artikel folgenden Grund:

> *Die Universität würde in ihrer Selbstachtung erschüttert werden, wenn herauskäme, dass Institutionen höherer Bildung nicht einfach Zwangsakten des Nationalsozialismus unterworfen waren, sondern dass vielmehr im Jahr 1933 ein Prozess der »Selbst-Gleichschaltung« einsetzte, d. h. ein Prozess freiwilliger Mitarbeiter mit einer Angleichung an die nationalsozialistische Maschinerie von Staat und Macht.*[3]

3 Bruno W. Reimann, »Die Unterwerfung deutscher Universitäten 1933«, auf: *Social Science Open Access Repository*, http://www.ssoar.info/ssoar/handle/document/3461, aufgerufen am 26.6.2015.

Reimann zeigt auf, dass der Nationalsozialismus den Universitäten nicht einfach im Sinne einer politisch-gewaltsamen Disziplinierung von außen übergestülpt wurde. Vielmehr stieß er an den Universitäten auf mannigfache politische, ideologische, soziale und auch wissenschaftstheoretische Denkströmungen und Positionen, mit denen er eine enge Verbindung einging. Eine wichtige Rolle spielte dabei der Verband der Deutschen Hochschulen (VDH). In ihm waren die Hochschullehrer der deutschen Universitäten organisiert. Er war 1920 in Halle an der Saale gegründet und 1933 mit anderen Organisationen zum »Reichsverband der Deutschen Hochschulen« zusammengeschlossen worden. Am 21. April veröffentlichte der VDH eine Erklärung, die charakteristisch für die Selbstgleichschaltung der Universitäten ist. Darin hieß es:

> *Die Wiedergeburt des deutschen Volkes und der Aufstieg des neuen Deutschen Reiches bedeutet für die Hochschulen unseres Vaterlandes Erfüllung ihrer Sehnsucht und Bestätigung ihrer stets glühend empfundenen Hoffnungen ... Nach dem Fortfall unseliger Klassengegensätze ist für die Hochschulen wieder die Stunde gekommen, ihren Geist aus der tiefen Einheit der deutschen Volksseele heraus zu entfalten und das vielgestaltige Ringen dieser durch Not und fremdes Diktat unterdrückten Seele bewusst auf die Aufgaben der Gegenwart hinzulenken.*[4]

Die Erklärung des Hochschulverbands vertrat das Führerprinzip. Sie lehnte jede Art von demokratischer Auseinandersetzung und Diskussion ab. Die aus der Aufklärung stammende Konzeption, dass wissenschaftliche Erkenntnis den offenen und demokratischen Meinungsstreit, Rede und Gegenrede erfordert, dass erst dadurch die rationale Begründung zur bestimmenden Kraft des Denkens und Handelns werden kann, wurde abgelehnt. Stattdessen wurde mit dem Führerprinzip eine autoritäre, von oben bestimmte, undemokratische Struktur eingeführt, die jede ernsthafte Auseinandersetzung und Kritik unterdrückte. Die Universi-

4 Bruno W. Reimann, »Die ›Selbst-Gleichschaltung‹ der Universitäten 1933«, in: *Hochschule und Wissenschaft im Dritten Reich*, Jörg Tröger (Hrsg.), Frankfurt am Main 1984, S. 44.

tätsleitung und die Professoren wurden in ihrem Bereich zu Führern, Widerspruch war nicht mehr erlaubt.

An der Humboldt-Universität, die von 1828 bis 1945 Friedrich-Wilhelms-Universität hieß, wurde die Gleichschaltung in konzentrierter Form vollzogen. Die Universität hatte seit ihrer Gründung 1809 eine zentrale Rolle im preußischen Staat gespielt. Mit der Gründung des Deutschen Reichs 1871 unter Bismarck galt sie als »erster geistiger Waffenplatz«. Burschenschaften und Reserveleutnants beherrschten das Bild. Die Humboldt-Professoren waren glühende Unterstützer und Befürworter der kaiserlichen Flottenpolitik und standen in der ersten Reihe deutscher Kolonialpolitik.

1914 diente die Friedrich-Wilhelms-Universität als ideologisches Zentrum für die Vorbereitung des Ersten Weltkriegs. Hier wurde der berüchtigte »Aufruf an die Kulturwelt« verfasst, in dem 93 Wissenschaftler, Künstler und Literaten die blutigen Verbrechen der deutschen Truppen in Belgien rechtfertigten und den Krieg als Kampf für die Kultur verherrlichten. Dieses Dokument der Schande war ein Ausdruck der politischen und moralischen Verkommenheit der Akademikerkaste.

Knapp zwanzig Jahre später, am 28. Februar 1933, dem Tag des Reichstagsbrands, veröffentlichten Professoren der Universität Berlin eine Unterstützungserklärung für Hitler:

> *Die unterzeichneten Hochschullehrer an der Universität Berlin erklären sich einig mit der nationalen Bewegung, die durch das deutsche Volk geht. Sie wollen mit allen ihren Kräften mitwirken am Wiederaufbau des Deutschen Vaterlandes und sehen in dem Zusammenschlusse der nationalen Kräfte unter Führung von Adolf Hitler als Reichskanzler den einzig möglichen Weg, das Vaterland aus seiner wirtschaftlichen Notlage und seelischen Bedrängnis herauszuführen, zur Wiedergewinnung nationaler Würde, Wehrhaftigkeit und Freiheit.*[5]

5 »Verlautbarung Berliner Universitätslehrer zur Unterstützung der Hitler-Regierung«, 28.2.1933, auf: *Jüdisches Museum Berlin*, http://www.jmberlin.de/1933/2013/02/28/verlautbarung-berliner-universitatslehrer-zu-unterstutzung-der-hitler-regierung/, aufgerufen am 27.6.2015.

An der Friedrich-Wilhelms-Universität wurden jüdische Professoren intensiver und systematischer als irgendwo sonst verfolgt, entlassen und vertrieben. Unter ihnen war auch der Nobelpreisträger Albert Einstein. Die Bücherverbrennungen, über die wir vorhin schon sprachen, nahmen hier ihren Ausgang. Hier hielt Goebbels seine berühmte »Brandrede«. Von hier aus wurden die Bücherverbrennungen im ganzen Land organisiert.

Warum haben die Nazis die Bücher nicht einfach verboten? Warum haben sie nicht nur die Werke jüdischer Autoren, sondern auch die Werke aller Sozialisten, Humanisten und fortschrittlichen Autoren ins Feuer geworfen?

Die Nazis standen einer Arbeiterklasse gegenüber, die seit den 1860er Jahren dank der Arbeiterbildungsvereine und der frühen Sozialdemokratie unter Wilhelm Liebknecht und August Bebel sehr belesen und mit Literatur vertraut war, die für Volksbildung gekämpft und Stadtteilbibliotheken aufgebaut hatte. Es genügte nicht, die Bücher zu verbieten, es war notwendig, sie durch diesen Feuerprozess quasi aus dem Gedächtnis und den Herzen von Millionen von Arbeitern zu reißen.

Wie zu Beginn des Ersten stand die Friedrich-Wilhelms-Universität auch zu Beginn des Zweiten Weltkriegs im Zentrum der ideologischen und strategischen Kriegsvorbereitung. Hier wurde Ostforschung betrieben und der »Generalplan Ost« ausgearbeitet mit dem Ziel, deutschen Lebensraum im Osten zu schaffen. Der Ostfeldzug, das Unternehmen Barbarossa und die damit verbundenen Massenmorde und Verbrechen waren von langer Hand vorbereitet und nicht, wie Ernst Nolte und Jörg Baberowski behaupten, eine Verteidigungsreaktion auf die Gewalt der Bolschewisten.

Konrad Meyer, Agrarwissenschaftler und Professor hier an der Universität, spielte dabei eine Schlüsselrolle. Er entwickelte die Pläne für die »Germanisierung des Ostens«. Meyer war ein glühender Nationalsozialist der ersten Stunde und SS-Schulungsleiter. Für seinen »Generalplan Ost« erhielt er nahezu unbegrenzte Forschungsmittel und sehr viele wissenschaftliche Mitarbeiter. Bereits sein erster Entwurf zur Eindeutschung und Zwangsumsiedlung sah vor, 560 000 Juden und 3,4 Millionen Polen aus dem zu besiedelnden westpolnischen Gebiet zu »entfernen«. Später wurde der Plan erweitert. 1942 wurde hier an der Universität ein

»Generalsiedlungsplan« entworfen, der die »Entfernung« von dreißig Millionen Menschen aus den geplanten Siedlungsgebieten vorsah.

In einer Rede, die Konrad Meyer in diesem Zusammenhang hielt, erklärte er, es gelte, »unserem Volk wieder das Bewusstsein seiner ostkolonisatorischen Mission« zu vermitteln und »den Willen zu einem totalen Umbau und einer damit verbundenen Auflockerung unseres gesamten Volks- und Wirtschaftsgefüges in Stadt und Land« zu wecken. In einem Artikel für die nationalsozialistische Münchner Studentenzeitung »Die Bewegung« schrieb Meyer:

> *Wir müssen uns heute darüber im klaren sein, dass der Osten erst in dem Augenblick wirklich erst für alle Zeiten deutsch bleiben wird, in dem aus dem geschlossenen deutschen Siedlungsraum alles fremde Blut, das die einheitliche Geschlossenheit des grenzdeutschen Volkstums irgendwie gefährden könnte, restlos entfernt ist.*[6]

Die Ostforschung war in vieler Hinsicht das Markenzeichen dieser Universität. Neben dem »Generalplan Ost« wurden in den besetzten Gebieten zahlreiche wissenschaftliche Institute und Reichsuniversitäten gegründet, die eng mit der Berliner Universität in Verbindung standen und den so genannten »Volkstumskampf« unterstützten.

Die Humboldt-Universität nach 1945

Nach Kriegsende lag die Berliner Universität im sowjetisch besetzten Sektor Berlins. Es würde einen eigenen Vortrag erfordern, über die Rolle der Humboldt-Universität in der DDR zu sprechen. Sie wird heute fast nur negativ dargestellt, aber ich will hier eine

6 Dr. Isabel Heinemann, »Wissenschaft, Planung, Umvolkung. Konrad Meyer und der ›Generalplan Ost‹«, 21.5.2003, in: *Die Berliner Universität und die NS-Zeit*, Vortragsreihe der Humboldt-Universität 2003, zitiert nach: https://www.geschichte.hu-berlin.de/en/forschung-und-projekte-en-old/foundmed/dokumente/forschung-und-projekte/ns-zeit/media/vortrag_heinemann.pdf, aufgerufen am 27.6.2015.

Arbeit nennen, die für unser Thema bedeutsam ist. Hier wurde während dieser Zeit das sogenannte »Braunbuch« ausgearbeitet und im Sommer 1965 veröffentlicht. Es beinhaltet die Namen und Kurzbiografien von 1800 ranghohen Nazifunktionären, die nach 1945 als Wirtschaftsführer, Politiker, Richter, Staatssekretäre und führende Beamte der Bundesrepublik Karriere machten.

Eine zweite Auflage umfasste sogar 2300 Namen, darunter fünfzehn westdeutsche Minister und Staatssekretäre, hundert Generäle und Admiräle der Bundeswehr, 828 Richter, Staatsanwälte und hohe Justizbeamte, 245 leitende Beamte des Auswärtigen Amts und 297 hohe Polizeiangehörige und Mitarbeiter des Inneren Dienstes und des Verfassungsschutzes. Soviel über die so genannte Selbstreinigung und Demokratisierung, die nach dem Ende des Zweiten Weltkriegs in der Bundesrepublik angeblich stattgefunden hat.

Nach der Wiedervereinigung nahm die Bundesregierung Rache für die Veröffentlichung des »Braunbuchs«, das viele Altnazis der Adenauerzeit entlarvt und in der Studentenrevolte der Sechzigerjahre eine wichtige Rolle gespielt hatte. Große Teile der Humboldt-Universität wurden abgewickelt. Dabei kamen auch alte Nazis zum Einsatz. So wurde der seit 1982 emeritierte Wilhelm Krelle aus Bonn zum Gründungsdekan der Wirtschaftswissenschaftlichen Fakultät ernannt. Er leitete auch deren zentrale Berufungs- und Strukturkommission, die über die Bewerbungen von Professoren entschied und dafür sorgte, dass rund neunzig Prozent der ehemaligen Professoren und Dozenten nicht weiterbeschäftigt wurden. Später fanden Studenten heraus, dass Wilhelm Krelle im Rang eines SS-Sturmbannführers in der Waffen-SS gekämpft hatte.

Seit der Wiedervereinigung knüpft die Humboldt-Universität wieder an die negativen Seiten ihrer historischen Tradition an. Sie arbeitet eng mit der Bundesregierung zusammen, um wieder ein geistiger Waffenplatz für Kriegsvorbereitung und Großmachtpolitik zu werden. Das Umschreiben der Geschichte spielt dabei eine wichtige Rolle.

David North schreibt im Vorwort seines Buchs »Die Russische Revolution und das unvollendete Zwanzigste Jahrhundert«, das der Mehring Verlag kürzlich in deutscher Sprache herausgebracht hat:

> *Die Geschichte ist zum Schlachtfeld geworden … Die ständig zunehmenden Konflikte und Krisen des 21. Jahrhunderts sind ausnahmslos mit Auseinandersetzungen über die Geschichte des 20. Jahrhunderts verwoben. Je stärker aktuelle politische Kämpfe an historische Fragen rühren, desto offener wird der Umgang mit ihnen durch politische Erwägungen bestimmt. Die Vergangenheit wird im Interesse der heutigen politischen Reaktion gefälscht … Die Geschichtsforschung – genau genommen Pseudo-Geschichtsforschung – wird immer schamloser den finanziellen und politischen Interessen der Herrschenden untergeordnet.*[7]

Damit möchte ich zum Abschluss meines Vortrags kommen. Angesichts der intensiven Kriegsvorbereitung, der täglichen Kriegshetze in den Medien und der rasanten militärischen Aufrüstung sind wir alarmiert. Wir lassen uns aber nicht einschüchtern. Wir stützen uns auf die große Mehrheit der arbeitenden Bevölkerung, die Rassismus und Krieg vehement ablehnt. Wir treten den Kampagnen in den Medien und hier an der Humboldt-Universität selbstbewusst entgegen. Wir werden verhindern, dass eine kriegslüsterne Elite diese und andere Universitäten wieder in ideologische Zentren der Kriegsvorbereitung verwandelt. Deshalb begrüße ich, dass die IYSSE an der Wahl zum Studentenparlament teilnehmen. Diese Wahlteilnahme ist Teil einer politischen Kampagne gegen die Verwandlung der Universität in eine Art »Hoover-Institution an der Spree«.

Wir gründen unsere Zuversicht und unseren Optimismus auf ein Studium der Geschichte. Das zwanzigste Jahrhundert mit seinen großen Klassenkämpfen, Revolutionen und Tragödien beinhaltet viele wichtige politische Lehren. Auf der Grundlage dieser Lehren bauen wir eine internationale Partei mit dem Ziel auf, die Arbeiterklasse weltweit zu mobilisieren. Sie ist die gesellschaftliche Kraft, die eine solche Kriegsentwicklung verhindern wird. Deshalb ist die Verteidigung der historischen Wahrheit für uns von solch entscheidender Bedeutung.

7 David North, *Die Russische Revolution und das unvollendete Zwanzigste Jahrhundert*, Essen 2015, S. 31, 24.

Die Wiederkehr deutscher Großmachtpolitik und die Attacken auf den Historiker Fritz Fischer[1]

Ulrich Rippert und Peter Schwarz

Der hundertste Jahrestag des Ersten Weltkriegs hat in Deutschland eine Flut von Artikeln, Kommentaren, Buchveröffentlichungen, Sondersendungen und Veranstaltungen aller Art ausgelöst. Sie beschränken sich nicht darauf, die »Urkatastrophe des zwanzigsten Jahrhunderts« nachzuerzählen; vielmehr gibt es gezielte Bemühungen, das bisherige Verständnis der Ursachen des Kriegs und der Verantwortung Deutschlands zu revidieren und in Übereinstimmung mit den neuen außenpolitischen Zielen der deutschen Regierung zu bringen.

Eine zentrale Rolle spielen dabei heftige Attacken auf den Hamburger Historiker Fritz Fischer (1908–1999), der seit den 1960er Jahren das Verständnis der deutschen Kriegspolitik maßgeblich geprägt hat. An der Spitze dieser Attacken steht Herfried Münkler, der an der Berliner Humboldt-Universität politische Theorie lehrt.

Münkler führt einen regelrechten Feldzug gegen Fischer. Er veröffentlicht seine Angriffe auf den renommierten Historiker in einem breiten Spektrum von Publikationen, das von den in der Tradition der Frankfurter Schule stehenden »Blättern für deutsche und internationale Politik« über den »Spiegel« und die »Süddeutsche Zeitung« bis hin zum elitären »Rotary Magazin« reicht. Er tritt regelmäßig in öffentlichen Diskussionen auf, spricht auf offiziellen Veranstaltungen des Bundespräsidenten und berät politische Parteien, die Bundesregierung sowie die Bundeswehr.

1 Erschienen auf der *World Socialist Web Site* am 31.7.2014. Dieser Artikel bildete die Grundlage des Vortrags »Die Kriegsschulddebatte und die Kontinuität der deutschen Außenpolitik«, den Peter Schwarz am 5.1.2015 auf Einladung der IYSSE an der Humboldt-Universität hielt.

Münklers Attacken auf Fischer zeichnen sich durch ihren gehässigen Ton und ihren Mangel an inhaltlicher Substanz aus. Er hat dem international anerkannten Historiker öffentlich vorgeworfen, seine Erkenntnisse seien »hanebüchen«[2] und unhaltbar, und seine »Methodik würde heute in keinem Proseminar mehr akzeptiert«[3]. Dabei greift er zu Verdrehungen und Lügen und unterstellt Fischer Auffassungen, die dieser nie vertreten und wiederholt zurückgewiesen hat.

Münkler beruft sich gern auf »wissenschaftliche Fragestellungen« und den »neuesten Stand der Forschung«. Tatsächlich findet sich in Münklers Tiraden gegen Fischer keine Spur von Wissenschaftlichkeit. Er stellt reihenweise Behauptungen in den Raum, ohne sie durch Quellen zu belegen. Umso offensichtlicher verfolgt Münkler eine politische Agenda: Er verteidigt vehement die Rückkehr zu einer aggressiven imperialistischen deutschen Außenpolitik.

Zu Beginn des Jahres verkündeten der Bundespräsident, der Außenminister und die Verteidigungsministerin, die Zeit der militärischen Zurückhaltung sei vorbei, Deutschland werde künftig wieder selbstbewusst und eigenständig in den Krisenregionen der Welt eingreifen. Münkler hat diesen außenpolitischen Kurswechsel mit vorbereitet und wirbt seither in zahlreichen Vorträgen und Artikeln dafür.

Im Mai veröffentlichte er einen Aufsatz[4] auf der Website »Review 2014«, einer offiziellen Publikation des Außenministeriums, die für mehr »deutsche Führung« in Europa und der Welt wirbt. Münkler macht sich darin für eine Außenpolitik stark, die sich weniger an den Werten als an den Interessen Deutschlands orientiert. Er rät der Bundesregierung dringend, offensiver für

2 Dirk Kurbjuweit, »Der Wandel der Vergangenheit«, in: *Der Spiegel 7/2014*, 10.2.2014, S. 114, http://www.spiegel.de/spiegel/print/d-124956878.html, aufgerufen am 16.6.2015.

3 Volker Ullrich, »Nun schlittern sie wieder«, auf: *Zeit Online*, 24.1.2014, http://www.zeit.de/2014/04/erster-weltkrieg-clark-fischer/seite-2, aufgerufen am 29.6.2015.

4 Herfried Münkler, »Die gefährliche Kluft zwischen Schein und Tun«, auf: *Review 2014*, http://www.review2014.de/de/pdf/aussensicht/show/article/die-gefaehrliche-kluft-zwischen-schein-und-tun.html, aufgerufen am 19.6.2015.

diese Interessen einzutreten. Nur so könne die »demokratische Vulnerabilität« der deutschen Politik reduziert werden, die sich aus der »Diskrepanz zwischen öffentlicher Darstellung und tatsächlicher Ausrichtung« ergebe.

Die »spezifischen Interessen Deutschlands« bestimmt Münkler in diesem Aufsatz ganz ähnlich wie die Propagandisten des deutschen Imperialismus zu Beginn des vorigen Jahrhunderts: Sie ergäben sich aus Deutschlands Rolle »als ›Handelsstaat‹ bzw. Exportnation, den Implikationen der geopolitischen ›Mittellage‹ Deutschlands in Europa und dem verstärkten Erfordernis einer sicherheitspolitischen Aufmerksamkeit für die europäische Peripherie«.

Münklers Angriffe auf Fritz Fischer und sein Eintreten für eine aggressivere imperialistische Außenpolitik hängen inhaltlich eng zusammen. Um neue Verbrechen des deutschen Imperialismus vorzubereiten, müssen seine historischen Verbrechen, zu deren Verständnis Fischer maßgeblich beigetragen hat, verharmlost und beschönigt werden.

Fritz Fischer hatte in den 1960er Jahren den ersten großen Historikerstreit im westlichen Nachkriegsdeutschland ausgelöst. Es ging dabei um die deutsche Verantwortung für den Ersten Weltkrieg sowie um die Kontinuität der deutschen Kriegsziele im Ersten und im Zweiten Weltkrieg. Der zweite Historikerstreit entbrannte 1986, als Ernst Nolte versuchte, die Verbrechen des Nationalsozialismus zu verharmlosen und als verständliche Reaktion auf den Bolschewismus darzustellen.

In beiden Kontroversen setzten sich damals Historiker durch, die eine deutsche Mit- oder Hauptverantwortung für die beiden Weltkriege bejahten: im ersten Fritz Fischer, der eine jüngere Generation von Historikern beeinflusste, die wesentlich zum Verständnis des Ersten Weltkriegs und seiner Ursachen beitrugen; im zweiten die Gegner Ernst Noltes, die eine Relativierung der nationalsozialistischen Verbrechen ablehnten.

Das soll nun geändert werden. Das Geschichtsverständnis soll in Übereinstimmung mit den neuen Zielen der deutschen Außenpolitik gebracht werden. Professor Münkler teilt sich diese Arbeit mit seinem Kollegen Jörg Baberowski, der den Lehrstuhl für osteuropäische Geschichte an der Humboldt-Universität leitet. Während Münkler Fritz Fischer attackiert, hat Baberowski die Aufgabe übernommen, Ernst Nolte zu rehabilitieren. »Nolte wurde Unrecht getan. Er hatte historisch recht«, sagte er dem »Spiegel« im Februar.

Die Fischer-Kontroverse

Bis Anfang der 1960er Jahre wurden der Geschichtsunterricht und die Geschichtswissenschaft in der Bundesrepublik von rechtskonservativen Historikern geprägt, die schon in der Weimarer Republik und größtenteils auch im Dritten Reich gelehrt hatten.

Der erste Vorsitzende des deutschen Historikerverbandes und spätere Hauptwidersacher Fischers, der Freiburger Historiker Gerhard Ritter (1888–1967), hatte im Ersten Weltkrieg an der Front gekämpft und danach deutschnationale Parteien unterstützt, die die Weimarer Republik ablehnten, eine Rückkehr zur Monarchie befürworteten und Hitlers Politik anfangs begrüßten. Später stand er der konservativen Opposition gegen Hitler nahe, beteiligte sich aber nicht aktiv am Widerstand. An seinen rechtskonservativen Auffassungen hielt Ritter auch nach dem Krieg fest. Seiner Ansicht nach war die Weimarer Republik an zu viel Demokratie gescheitert; wäre das Kaiserreich geblieben, hätte Hitler nicht an die Macht gelangen können.

Die offizielle Lehrmeinung zum Ersten Weltkrieg lautete damals, der Krieg sei Deutschland aufgezwungen worden, das Land habe einen defensiven Krieg geführt. Es gebe keinen Zusammenhang zwischen dem Krieg und der imperialistischen »Weltpolitik«, die das Kaiserreich seit Ende des 19. Jahrhunderts propagiert und verfolgt hatte. Bestenfalls wurde eingestanden, dass Deutschland in den Krieg »hineingeschlittert« sei, ohne dass ihn verantwortliche Politiker oder Militärs bewusst gewollt hätten.

Vor allem aber wurde jeder Zusammenhang zwischen den Kriegszielen des Kaiserreichs und denen der Nazidiktatur kategorisch geleugnet. Das Hitlerregime galt als »Betriebsunfall« der deutschen Geschichte, der weder mit den vorangegangenen noch mit den nachfolgenden Ereignissen etwas zu tun hatte.

Diese Frage war von außerordentlicher politischer Brisanz. Die Kontinuität der deutschen Eliten in Wirtschaft, Staat und Politik war in der Nachkriegszeit unübersehbar. Die großen Wirtschaftsunternehmen waren an ihre alten Besitzer zurückgegangen, die Hitler finanziert hatten. In hohen Staats- und Regierungsämtern, in der Justiz und auf den Lehrstühlen der Universitäten saßen viele Unterstützer und Mitläufer der Nazi-Diktatur, deren Karriere teilweise bis ins Kaiserreich zurückreichte. Die Anerkennung einer Kontinuität der deutschen Politik, die von Wilhelm II. bis zu Hitler reichte, hätte die gesamten herrschenden Eliten diskreditiert und die Behauptung, lediglich Hitler und seine engsten Getreuen seien für die Verbrechen der Nazis verantwortlich gewesen, wie ein Kartenhaus in sich zusammenbrechen lassen.

Fritz Fischer durchbrach diesen offiziellen Konsens. Als er im Oktober 1961 sein Buch »Griff nach der Weltmacht« vorlegte, löste er einen Sturm der Entrüstung aus und wurde von konservativen Historikern und Politikern heftig angefeindet.

Fischers Werk, das die Kriegszielpolitik des kaiserlichen Deutschland von 1914 bis 1918 zum Thema hat, weist minutiös nach, dass es einen direkten Zusammenhang zwischen der »Weltpolitik«, die die globalen Ansprüche des wirtschaftlich rasch expandierenden Deutschen Reichs formulierte, dem Kriegsausbruch im Sommer 1914 und den Zielen gab, die Deutschland während des Kriegs verfolgte. Das Buch stützt sich auf gründliche Recherchen und die systematische Auswertung einer Vielzahl neuer Quellen. Als einer der ersten deutschen Historiker hatte Fischer Zugang zu den Akten des Auswärtigen Amtes und der Reichskanzlei, die die Alliierten bisher unter Verschluss gehalten hatten, und – mit Erlaubnis der DDR-Regierung – zum Potsdamer Zentralarchiv.

Im ersten Kapitel, das die Überschrift »Deutscher Imperialismus. Von der Großmachtpolitik zur Weltmachtpolitik«[5] trägt, skizziert Fischer auf dreißig Seiten den Aufstieg des deutschen Imperialismus seit der Reichsgründung im Jahr 1871.

Er geht auf den Zusammenhang zwischen der rasanten wirtschaftlichen Expansion Deutschlands und seinem Anspruch auf

5 Fritz Fischer, *Griff nach der Weltmacht*, Düsseldorf 1961 und 2013, S. 19–49.

Weltmacht ein, der es in Konflikt zu seinen imperialistischen Rivalen brachte, die die Welt bereits unter sich aufgeteilt hatten:

> *Je größer das Produktionsvolumen der deutschen Wirtschaft wurde, desto stärker machte sich die eingeschränkte Basis des deutschen Rohstoffmarktes bemerkbar, und je weiter Deutschland in den Weltmarkt hinausgriff, desto mehr wurde die Enge empfunden.*[6]

Fischer beschreibt, wie »das Verhältnis von Wirtschaft und Politik im Laufe der ersten Jahre des neuen Jahrhunderts immer enger [wurde], und zwar je mehr die politischen Grundanschauungen der führenden Industriellen, Bankiers und Verbandssekretäre mit denen des Bildungsbürgertums, der hohen Bürokratie sowie der Armee und Marine übereinstimmten«. Er zeigt, wie das »Ineinandergreifen von wirtschaftlichem Denken, emotionalen Elementen und Weltmachtstreben« seinen Ausdruck in der breiten Zustimmung zum Bau einer Kriegsflotte und der Agitation des Flottenvereins fand. Dieser staatlich gelenkte und geförderte Verein hatte die Aufgabe, unter Beamten, Lehrern und anderen Teilen der Mittelklasse Unterstützung für den Militarismus zu mobilisieren.[7]

Auch auf die innenpolitische Funktion des Militarismus geht Fischer ein: die Ablenkung der wachsenden Klassenspannungen nach außen und die Unterdrückung der sozialistischen Arbeiterbewegung. Er zitiert eine Direktive, die Kaiser Wilhelm, der ein Übergreifen der russischen Revolution nach Deutschland fürchtete, nach der blutigen Niederschlagung des Moskauer Arbeiteraufstands im Dezember 1905 an Kanzler Bülow schickte:

> *Erst die Sozialisten abschießen, köpfen und unschädlich machen, wenn nötig, per Blutbad, und dann Krieg nach außen.*[8]

Wie sich im August 1914 herausstellen sollte, musste Wilhelm die Sozialisten nicht köpfen. Die SPD hatte sich inzwischen so weit

6 Ebd., S. 27–28.
7 Ebd., S. 27.
8 Ebd., S. 30.

mit den Zielen des deutschen Imperialismus identifiziert, dass sie ihr eigenes Programm verriet und den Krieg unterstützte.

Unter der Zwischenüberschrift »Der unvermeidliche Krieg« schildert Fischer dann, wie sich die internationalen Krisen (in Marokko, auf dem Balkan) in den Jahren vor Kriegsausbruch häuften und führende Vertreter der herrschenden Eliten zur Auffassung gelangten, dass ein Weltkrieg nicht nur unvermeidlich, sondern auch notwendig sei.

So schrieb Generalstabschef Helmuth von Moltke im Februar 1913 an seinen österreichischen Kollegen Conrad von Hötzendorf, er sei »der Ansicht, dass ein europäischer Krieg über kurz oder lang kommen muss, in dem es sich in letzter Linie handeln wird um einen Kampf zwischen *Germanentum und Slawentum*«.[9]

1912 veröffentlichte der Militärhistoriker Friedrich von Bernhardi den Bestseller »Deutschland und der nächste Krieg«, dessen Überlegungen und Forderungen, so Fischer, »mit großer Präzision die Intentionen des offiziellen Deutschland« zusammenfassen. Um Deutschlands Durchstoß zur Weltmacht zu sichern, nennt Bernhardi drei Ziele: »Ausschaltung Frankreichs«, »Gründung eines mitteleuropäischen Staatenbundes unter Deutschlands Führung« und »Deutschlands Ausbau als Weltmacht durch Gewinnung neuer Kolonien«.[10]

Die Julikrise – die Ereignisse zwischen dem Attentat von Sarajevo am 28. Juni 1914 und der österreichischen Kriegserklärung an Serbien am 28. Juli – untersucht Fischer in diesem Zusammenhang. Er schreibt:

> *Die deutsche Politik im Juli 1914 darf nicht isoliert gesehen werden. Sie erscheint erst dann im rechten Licht, wenn man sie als Bindeglied zwischen der deutschen »Weltpolitik« seit Mitte der 90er Jahre und der deutschen Kriegszielpolitik seit dem August 1914 betrachtet.*[11]

9 Ebd., S. 39.
10 Ebd., S. 39–40.
11 Ebd., S. 89.

Fischer schreibt explizit, dass von einem »Hineinschlittern« in den Krieg (der Ausdruck stammt vom britischen Politiker David Lloyd George) nicht die Rede sein könne. Berlin hatte Wien ermutigt, Serbien den Krieg zu erklären, und Österreich-Ungarn einen »Blankoscheck« ausgestellt, der ihm die militärische Unterstützung Deutschlands gegen Russland zusicherte. Allein das zeigt, dass die deutsche Führung den Krieg wollte oder zumindest billigend in Kauf nahm.

Fischer belegt dies außerdem durch Äußerungen mehrerer Zeugen. So zitiert er eine Tagebucheintragung des deutschfreundlichen österreichischen Politikers Joseph Maria Baernreither, der die deutsche Politik im Juli 1914 mit den Worten beschreibt: »Daher ergriff Deutschland nach dem Mord in Sarajevo die Gelegenheit beim Schopfe und benutzte den Anlass, der sich auf der österreichischen Seite ergeben hatte. Das ist die Geschichte des Krieges.«[12]

In den restlichen Kapiteln, die den Kern des Buches ausmachen, weist Fischer umfassend nach, wie die Kriegsziele, die vor dem Krieg formuliert worden waren, bis zur deutschen Niederlage konsequent weiter verfolgt wurden.

Eine wichtige Quelle, die er zitiert, ist das Septemberprogramm von Theobald von Bethmann Hollweg. Der Reichskanzler hatte es im militärischen Hauptquartier in Koblenz aufstellen lassen und im September 1914, als der Zusammenbruch Frankreichs in der Marneschlacht unmittelbar bevorzustehen schien, an seinen Stellvertreter in Berlin übersandt. Fischer hatte das Dokument, das vorher verheimlicht worden war, im Potsdamer Archiv gefunden.

Kern des Septemberprogramms war ein wirtschaftlich geeintes Mitteleuropa unter deutscher Hegemonie. Dieses Ziel war von führenden Bankiers und Industriellen wie Walther Rathenau schon lange vertreten worden:

12 Ebd., S. 86.

> *Nur ein durch »Mitteleuropa« verstärktes Deutschland sei in der Lage, sich zwischen den Weltmächten Großbritannien, USA und Russland als ebenbürtige Weltmacht zu behaupten.*[13]

Außerdem sollte Deutschland auf Kosten Frankreichs und Belgiens »ein zusammenhängendes mittelafrikanisches Kolonialreich« erhalten.

Die deutsche Vorherrschaft in Mitteleuropa sollte durch Gebietsabtretungen Frankreichs, Belgiens und Luxemburgs, Handelsverträge, die diese Länder in deutsche Abhängigkeit brachten, die Gründung eines mitteleuropäischen Wirtschaftsverbandes unter Einschluss Frankreichs, Belgiens, Hollands, Dänemarks, Österreich-Ungarns, Polens und eventuell Italiens, Schwedens und Norwegens, sowie die Zurückdrängung Russlands erreicht werden.

Das Septemberprogramm stellte »keine isolierten Forderungen des Kanzlers dar«, schreibt Fischer, »sondern repräsentierte Ideen führender Köpfe der Wirtschaft, Politik und des Militärs« und sollte »im Prinzip Grundlage der gesamten deutschen Kriegszielpolitik bis zum Ende des Krieges« sein.[14]

Die Reaktionen auf Fischers Buch waren heftig. Die Kontroverse darüber zog sich über zehn Jahre hin. Sie gipfelte 1964, fünfzig Jahre nach Ausbruch des Ersten Weltkriegs, in einer mehrstündigen Redeschlacht auf dem deutschen Historikertag. Neben Historikern bezogen auch führende Politiker wie Bundeskanzler Ludwig Erhard, Bundestagspräsident Eugen Gerstenmaier und Verteidigungsminister Franz Josef Strauß öffentlich Stellung gegen Fischer. Eine Vortragsreise Fischers durch die USA auf Einladung des Goethe-Instituts wurde 1964 verhindert, weil Außenminister Gerhard Schröder (CDU) auf Intervention des Historikers Gerhard Ritter die bereits bewilligten Fördergelder wieder strich.

Fischers Gegner warfen ihm Geschichtsfälschung vor. Er habe seine Quellen falsch oder einseitig interpretiert und es unterlassen, die deutsche Politik im Zusammenhang mit der Politik der

13 Ebd., S. 96.
14 Ebd., S. 100–101.

anderen Großmächte zu untersuchen. Deutschland sei durch Ententen und Militärbündnisse »eingekreist« gewesen und habe nicht daran denken können, nach der Weltmacht zu greifen. Die Hauptverantwortung für Kriegsausbruch und Kriegsverlauf trügen die beiden wirklichen Weltmächte England und Russland.

Als größter Tabubruch galt, was Fischer in »Griff nach der Weltmacht« nur angesprochen hatte, was sich aber unweigerlich aus seiner Analyse ergab: Die Kontinuität der deutschen Geschichte vom Ersten bis zum Zweiten Weltkrieg. Diese Frage rückte im Laufe der Debatte immer stärker ins Zentrum. Fischer selbst nahm in späteren Büchern und Artikeln dazu unmissverständlich Stellung.

Im Artikel »Hitler war kein Betriebsunfall«, der 1989 im »Spiegel« erschien,[15] weist Fischer darauf hin, dass Hitlers Ziel, die Eroberung und Kolonisation des Ostens, seit 1912–1913 offizielle Zielsetzung des Deutschen Reiches gewesen war. Er geht auch auf den Zusammenhang zwischen Hitlers Judenhass und den antisemitischen Traditionen des Kaiserreichs sowie seiner Feindschaft gegen die sozialistische Arbeiterbewegung ein. »Judentum und ›Bolschewismus‹ wurden in seinem Kopf eins«, schreibt er. »Von Karl Marx bis Rosa Luxemburg ist für Hitler der ›Marxismus‹ in jeder Spielart seiner Führung identisch mit dem ›zersetzenden‹ Judentum, dessen Ausschaltung auch und gerade um dieser Verbindung willen unabdingbar für ihn wurde.«

Fritz Fischer ging schließlich als Sieger aus der Kontroverse der 1960er Jahre hervor. Dazu trug sicher auch die politische Atmosphäre jener Zeit bei. Der Eichmann-Prozess (1961) und der Auschwitz-Prozess (1963–1965) hatten eine jüngere Generation angeregt, sich kritisch mit der Vergangenheit auseinanderzusetzen. Die Abrechnung mit den Verbrechen der Nazis war ein zentrales Thema der Studentenproteste von 1967–1968.

Viele namhafte deutsche Historiker wurden von Fischer beeinflusst, haben an seine Arbeiten angeknüpft und sie weiterentwickelt. »Trotz der abwehrenden Haltung nahezu aller führenden

15 Fritz Fischer, »Hitler war kein Betriebsunfall«, in: *Spiegel Special 2/1989*, 1.2.1989, http://www.spiegel.de/spiegel/spiegelspecial/d-52322577.html, aufgerufen am 19.6.2015.

Zeithistoriker der Bundesrepublik, ja selbst der Einschaltung politischer Instanzen, setzten sich Fischers Thesen aus ›Griff nach der Weltmacht‹ im Laufe der 1960er Jahre vor allem in der jüngeren Generation … zunehmend durch«, bilanziert der Zeithistoriker Klaus Große Kracht.[16]

Münklers Feldzug gegen Fischer

Herfried Münkler und eine Reihe weiterer Autoren haben sich zum Ziel gesetzt, die »Dominanz der Fischer-Schule in Deutschland« zu beenden und »die von Fischer und seinen Schülern vorgenommene Themenversiegelung« aufzulösen, wie Münkler am 20. Juni 2014 in einem Beitrag für die »Süddeutsche Zeitung« schrieb, der die Unterüberschrift »Für eine Abkehr von den Thesen Fritz Fischers« trägt.[17] Ohne den geringsten Beweis zu liefern, behauptet er: »Die jüngere Forschung neigt inzwischen stärker der Position Ritters zu.«

Es geht dabei um eine »geschichtspolitische Weichenstellung«, wie Volker Ullrich, einer der wenigen Historiker, die Fischer verteidigen, schon im Januar 2014 in der »Zeit« feststellte:

> *Was den Konservativen im »Historikerstreit« der achtziger Jahre noch missglückte – nämlich die Deutungshoheit über die deutsche Geschichte zurückzugewinnen –, das soll jetzt gelingen. Es fällt auf, wie matt der Widerspruch bislang war.*[18]

Die Argumente, deren sich Münkler und seine Mitstreiter bedienen, sind weder neu noch originell. Sie wiederholen altbekannte

16 Klaus Große Kracht, »Kriegsschuldfrage und zeithistorische Forschung in Deutschland«, auf: *zeitgeschichte online*, http://www.zeitgeschichte-online.de/site/40208199/default.aspx, aufgerufen am 19.6.2015.

17 Herfried Münkler, »Neuentdeckung des Ersten Weltkriegs«, in: *Süddeutsche Zeitung*, 20.6.2014, http://www.literarische.de/14–1/muenkler%20SZ140620.htm, aufgerufen am 19.6.2015.

18 Volker Ullrich, »Nun schlittern sie wieder«, auf: *Zeit Online*, 24.1.2014, http://www.zeit.de/2014/04/erster-weltkrieg-clark-fischer/komplettansicht, aufgerufen am 19.6.2015.

Behauptungen aus der Fischer-Kontroverse, die längst beantwortet und widerlegt worden sind. Münklers wichtigster Vorwurf gegen Fischer lautet, seine These »von einer Hauptschuld des Deutschen Reichs am Ersten Weltkrieg« sei falsch. Schon im Vorwort seines eigenen 900-seitigen Buchs über den Ersten Weltkrieg, das im Dezember letzten Jahres erschien, hatte Münkler »die Thesen Fritz Fischers, die den Deutschen die Hauptschuld am Krieg anlasten«, als überholt betrachtet.[19]

Nach der Veröffentlichung der deutschen Ausgabe des Buchs »Die Schlafwandler« des australischen Historikers Christopher Clark nahm dieser Vorwurf inflationäre Ausmaße an. In deutschen Medien erschienen reihenweise Artikel, die Clarks Werk als endgültige Widerlegung der »Alleinschuldthese« Fischers feierten.

Typisch ist ein Artikel von Dominik Geppert, Sönke Neitzel, Cora Stephan und Thomas Weber in der »Welt« vom 4. Januar 2014, »Warum Deutschland nicht allein schuld ist«. Darin heißt es unter Berufung auf Münkler und Clark:

> *Fritz Fischers These vom zielstrebigen deutschen Griff nach der Weltmacht hat sich als überspitzt und einseitig erwiesen. Von einem »deutschen Sonderweg« kann heute ebenso wenig mehr die Rede sein wie vom »preußischen Militarismus« als Ursache allen Übels. Die lange Zeit gängige Deutung der Außenpolitik des Deutschen Reiches als Inbegriff diplomatischer Grobschlächtigkeit, deplatzierter Krafthuberei, aggressiven Expansionsstrebens und permanenten Versagens ist längst relativiert.*[20]

In Wirklichkeit habe die deutsche Führung, »getrieben von Abstiegsängsten und Einkreisungssorgen, das defensive Ziel [verfolgt], jene prekäre Situation einer begrenzten Hegemonie auf dem europäischen Kontinent wieder zu errichten, die das Reich unter Bismarck besessen hatte«, schreiben die »Welt«-Autoren.

19 Herfried Münkler, *Der Große Krieg*, Bonn 2014, S. 13.

20 Dominik Geppert, Sönke Neitzel, Cora Stephan, Thomas Weber, »Warum Deutschland nicht allein schuld ist«, in: *Die Welt*, 4.1.2014, http://www.welt.de/debatte/kommentare/article123516387/Warum-Deutschland-nicht-allein-schuld-ist.html, aufgerufen am 19.6.2015.

Man fragt sich, was sie unter einer offensiven Politik verstehen, wenn sie die Errichtung der Hegemonie über den europäischen Kontinent als defensives Ziel betrachten.

In diesem Zusammenhang wundert es nicht, wenn Münkler den Schuldbegriff als »moralische beziehungsweise religiöse Kategorie« abtut, die in der Politiktheorie nichts zu suchen habe. Fischers Ansatz, »man könne bei der Entstehung von bewaffneten Konflikten und Kriegen einen eindeutig Schuldigen ausmachen«, sei »politisch gefährlich, weil moralisch simplifizierend«, doziert er.[21]

Diese ganze Argumentation ist von Grund auf verlogen. Sie unterstellt Fischer Aussagen, die er nie getroffen hat, um ihn dann mit Begründungen zu widerlegen, die auf die Rechtfertigung einer imperialistischen Kriegspolitik hinauslaufen.

In Wirklichkeit hat Fritz Fischer nie von einer Hauptschuld oder Alleinschuld der Deutschen am Ersten Weltkrieg gesprochen. Im Begleitwort zur Neuauflage von »Griff nach der Weltmacht« schrieb er im Januar 1977:

> *Es geht in diesem Buch nicht um das Anprangern des deutschen Imperialismus als einer maßlosen Machtpolitik, sondern um die Analyse seiner Voraussetzungen und seiner Stellung im Staatensystem.*«[22]

Und ein paar Absätze vorher betont er:

> *Dass auch die anderen Großmächte im Zeitalter des Imperialismus expansive Politik betrieben und im Kriege ihre eigenen Kriegsziele verfolgt haben, habe ich nie in Frage gestellt.*[23]

Schon bei der Erstveröffentlichung im Herbst 1961 wehrte sich Fischer gegen die Unterstellung, er vertrete die These einer deutschen Alleinschuld. »Die Zeit« hatte sein Buch wohlwollend

21 Herfried Münkler, »Neuentdeckung des Ersten Weltkriegs«, in: *Süddeutsche Zeitung*, 20.6.2014, http://www.literarische.de/14-1/muenkler%20SZ140620.htm, aufgerufen am 19.6.2015.

22 Fritz Fischer, *Griff nach der Weltmacht*, Düsseldorf 1961 und 2013, S. 16.

23 Ebd., S. 15.

besprochen, aber dabei von deutscher Alleinschuld gesprochen.[24] Fischer wies das umgehend in einem eigenen Artikel in der »Zeit« zurück. Er schrieb:

> *So dankbar ich für die eingehende Würdigung des Buches bin, so bedauere ich doch die dieser Besprechung gegebene Unter-Überschrift »Professor Fischers These von der Alleinschuld (Deutschlands) am Ersten Weltkrieg«. Diesen Begriff habe ich in meinem Buch nicht gebraucht, vielmehr ausdrücklich darauf hingewiesen, »dass in dem Zusammenstoß von politisch-militärischen Interessen, Ressentiments und Ideen, die in der Julikrise zur Wirkung kommen, die Regierungen der beteiligten europäischen Mächte in der einen oder anderen Weise und in sehr abgestufter Form an der Verantwortung für den Ausbruch des Weltkrieges teilhaben«.*[25]

Fischer betonte, dass er nicht die politische Verantwortung aller europäischen und internationalen Regierungen untersuchen konnte, weil das ein vielbändiges Mammutwerk erfordert hätte. Er habe sich auf die besondere deutsche Kriegsverantwortung konzentriert, in der Hoffnung, damit Historiker in anderen Ländern zu ermutigen, ihrerseits die Verantwortung ihrer Regierungen zu untersuchen. Er schrieb:

> *Wohl aber habe ich weit stärker, als es in der vorherrschenden deutschen Geschichtsanschauung geschieht, festgestellt, »dass die deutsche Reichsführung einen erheblichen Teil der historischen Verantwortung für den Ausbruch des allgemeinen Krieges trägt«, weil Deutschland den lokalen österreichisch-serbischen Krieg gewollt und gedeckt hat und dabei, »im Vertrauen auf die deutsche militä-*

24 Paul Sethe, »Als Deutschland nach der Weltmacht griff«, auf: *Zeit Online*, 17.11.1961, http://www.zeit.de/1961/47/als-deutschland-nach-der-weltmacht-griff, aufgerufen am 19.6.2015.

25 Fritz Fischer, »Die Schuld am Ersten Weltkrieg«, auf: *Zeit Online*, 24.11.1961, http://www.zeit.de/1961/48/die-schuld-am-ersten-weltkrieg, aufgerufen am 19.6.2015.

rische Überlegenheit, es im Jahre 1914 bewusst auf einen Konflikt mit Russland und Frankreich ankommen ließ«.[26]

Die Behauptung, Fischer habe eine deutsche Alleinschuld am Ersten Weltkrieg behauptet, ist ein Strohmann-Argument. Münkler unterstellt Fischer Ansichten, die er nie vertreten hat, um diese dann wortreich zu widerlegen und Fischer zu diskreditieren, ohne sich auf seine tatsächlichen Erkenntnisse einzulassen.

Fischer hat immer wieder betont, dass es ihm nicht vorrangig um die Kriegsschuldfrage gehe, sondern darum, »welche Schichten, Gruppen, Interessen und Ideen vor dem Kriege und im Kriege die entscheidenden waren«. Die deutsche Geschichtswissenschaft sei so auf die Kriegsschuldfrage fixiert gewesen, »dass in der Kontroverse um das Buch sein eigentlicher Gegenstand: die deutschen Kriegsziele in ihrer Verwurzelung in industrie-kapitalistischen, agrarischen und überseeisch-kommerziellen Interessen zusammengebunden mit den strategischen Forderungen von Heer und Marine«[27] verloren ging.

Auch wenn sich Fischer nie zum marxistischen Standpunkt bekannte, dass der Krieg das unausweichliche Ergebnis des grundlegenden Widerspruchs des Kapitalismus sei – des Widerspruchs zwischen der Weltwirtschaft und ihrer Aufspaltung in antagonistische Nationalstaaten, die die Grundlage für das Privateigentum an den Produktionsmitteln bilden –, enthält sein Buch doch reichhaltiges Material, um diesen Standpunkt zu untermauern.

Fischer suchte die Ursache des Krieges nicht »im mangelnden ›Krisenmanagement‹ der beteiligten Staaten«, sondern in den gesellschaftlichen Interessen der herrschenden Eliten. Er anerkannte durchaus, dass auch die anderen imperialistischen Mächte Schuld am Ausbruch des Kriegs trugen, aber das milderte nicht die Verantwortung der herrschenden Klasse Deutschlands für den Krieg.

Dagegen richten sich Münklers Attacken. Unter Umständen, unter denen der deutsche Imperialismus die militärische Zurückhaltung aufgibt, die ihm nach dem Zweiten Weltkrieg auferlegt

26 Ebd.
27 Fritz Fischer, *Griff nach der Weltmacht*, Düsseldorf 1961 und 2013, S. 14.

wurde, will Münkler ein historisches Verständnis der Triebkräfte von Krieg und Militarismus mit allen Mitteln unterdrücken.

Griff nach der Weltmacht 3.0

Man kann die Heftigkeit, mit der Münkler Fischer attackiert, nur im Zusammenhang mit der aktuellen politischen Lage verstehen. Nach zwei gescheiterten Versuchen unternimmt Deutschland heute einen dritten Anlauf zum »Griff nach der Weltmacht«. Dabei unterliegt es objektiven Faktoren, die sich kaum von jenen im Ersten und im Zweiten Weltkrieg unterscheiden. Münkler selbst nennt sie im eingangs zitierten Artikel für die Website »Review 2014«: Deutschlands Rolle als Exportnation, die geopolitische »Mittellage« Deutschlands in Europa und die sicherheitspolitische Bedeutung der europäischen Peripherie.

Die Europäische Union hat sich seit der Finanzkrise 2008 immer offener als Instrument der deutschen Vorherrschaft über Europa entpuppt. Als stärkste Wirtschaftsmacht diktiert Deutschland die Finanzpolitik der EU und die Angriffe auf die europäische Arbeiterklasse, einschließlich der deutschen. Bethmann Hollwegs »Septemberprogramm«, laut dem nur ein durch ein »Mitteleuropa« verstärktes Deutschland in der Lage sei, sich zwischen den anderen Großmächten als ebenbürtige Weltmacht zu behaupten, erlebt so seine Auferstehung.

Angesichts wachsender internationaler Rivalitäten und Konflikte wendet sich der deutsche Imperialismus wieder seiner traditionellen Expansionsrichtung zu, dem Osten. Liest man die Werke Fischers im Zusammenhang mit den jüngsten Ereignissen in der Ukraine, bekommen sie eine hochaktuelle Bedeutung.

Bereits im »Griff nach der Weltmacht« war Fischer ausführlich auf die deutsche Ukrainepolitik eingegangen, und 1968 hatte ein Doktorand Fischers, Peter Borowsky (1938–2000), zu diesem Thema promoviert. 1969 fasste Fischer seine Erkenntnisse im Artikel »Hitler war kein Betriebsunfall« folgendermaßen zusammen:

> *Zwei Tage nach seinem Beginn als Weltkrieg, am 6. August 1914, nannte der deutsche Reichskanzler als Kriegsziel die Zurückwer-*

> *fung der russischen Grenze auf Moskau und die Bildung einer Reihe von Pufferstaaten (Finnland, Polen, die Ukraine, Georgien) zwischen Deutschland, beziehungsweise Österreich-Ungarn, und Russland; und im vieldiskutierten Septemberprogramm des Kanzlers vier Wochen später heißt es, dass Russland soweit als möglich von der deutschen Ostgrenze zurückgeworfen und seine Herrschaft über die nicht-russischen Völker gebrochen werden muss.*[28]

Die deutsche Ostpolitik nach der Oktoberrevolution 1917 habe die Ziele von 1914 fortgesetzt und verwirklicht, schreibt Fischer:

> *Der Friede von Brest-Litowsk (März 1918) war ein Friede des Deutschen Reichs mit Sowjetrussland und einem selbständigen Staat Ukraine, nachdem Polen und Finnland schon vorher zu selbständigen Staaten gemacht worden waren. In den Zusatzverträgen vom August 1918 wurden auch noch Estland und Georgien von Russland abgetrennt. Neben raumpolitisch-strategischen waren es vor allem wirtschaftliche Interessen (die Ukraine als Kornkammer und Lieferant von Erzen), die das Motiv dieser Politik bildeten.*[29]

Russland sei auf seine Grenzen im 16. Jahrhundert zurückgeworfen worden.

Fischer weist darauf hin, dass eine gerade Linie von der deutschen Besetzung der Ukraine zum Milieu Adolf Hitlers in München führt. Unter den ukrainischen Emigranten, die sich dort sammelten, befand sich auch der ehemalige deutsche Statthalter in Kiew, »Hetman« Skoropadsky. Skoropadsky wurde Mitbegründer des Nazi-Parteiblatts »Völkischer Beobachter«, und seine politischen Vorstellungen flossen in Hitlers »Mein Kampf« ein. In Hitlers Ostfeldzug spielte die Eroberung der Ukraine dann eine zentrale Rolle. »Die geopolitisch-strategische und ökonomische Zielsetzung (›Nach Ostland wollen wir reiten!‹) ist Kontinuität des

28 Fritz Fischer, »Hitler war kein Betriebsunfall«, in: *Spiegel Special 2/1989*, 1.2.1989, http://www.spiegel.de/spiegel/spiegelspecial/d-52322577.html, aufgerufen am 19.6.2015.

29 Ebd.

wilhelminisch-alldeutschen Expansionismus«,[30] bemerkt Fischer dazu.

Nun hat sich der deutsche Imperialismus erneut das Ziel gesetzt, die Ukraine, Georgien und andere Länder, die einst der Sowjetunion und dem Zarenreich angehörten, aus dem Einflussbereich Moskaus zu lösen und in den Einflussbereich der von Deutschland dominierten Europäischen Union einzugliedern. Er arbeitet dabei mit politischen Kräften wie der Partei Swoboda und der Vaterlandspartei zusammen, die Skoropadsky und den Nazi-Kollaborateur Stepan Bandera als Nationalhelden verehren.

Münklers Attacken auf Fritz Fischer sollen verhindern, dass die historischen Vorbilder dieser Politik studiert und verstanden werden. Sie dienen dazu, das geistige Klima zu vergiften und Widerstand gegen den Militarismus zu ersticken. Das wird ihm allerdings nicht gelingen. Seine Tiraden gegen Fischer zeigen, wie schwach seine Argumente sind.

30 Ebd.

Herfried Münkler will Deutschland zum »Zuchtmeister« Europas machen[1]

Peter Schwarz

»›Zahlmeister‹ kann auf Dauer nur sein, wer auch bereit ist, die schwierige Rolle eines ›Zuchtmeisters‹ zu spielen«, schreibt Herfried Münkler in seinem neuen Buch »Macht in der Mitte«.[2] Der Berliner Politikwissenschaftler plädiert darin unverhüllt für eine deutsche Vormachtstellung in Europa. Deutschland sei »zur Zentralmacht Europas geworden« und müsse »die ihm zugefallene Rolle auch spielen«,[3] lautet die zentrale These seines Buches.

Münkler begründet den deutschen Machtanspruch damit, dass »der europäische Integrationsprozess zum Stillstand gekommen« sei und mit seiner Wiederaufnahme »vorerst nicht gerechnet werden«[4] könne. »Die Idee, aus dem Europaprojekt könne einmal eine europäische Nation hervorgehen«, sei gescheitert. Aus der »Achse Berlin–Paris« sei aufgrund der lange währenden wirtschaftlichen Krise Frankreichs »in den letzten Jahren eine deutsche Mitte geworden«.[5] Unter diesen Umständen obliege Deutschland als »*Macht in der Mitte*« die Aufgabe, »Europa zusammenzuhalten«[6] und »die Europäer auf eine gemeinsame Linie zu bringen«.[7]

»Deutschland muss in Europa führen«, fordert Münkler. Dies müsse zwar in einer umsichtigen Weise geschehen, was »jedoch nicht mit Zögerlichkeit und Entschlusslosigkeit zu verwechseln«[8] sei. Die Rolle einer *Macht in der Mitte* lasse »sich heute nicht mehr auf die eines finanziellen Ausgleichers beschränken«, sondern

1 Erschienen auf der *World Socialist Web Site* am 12.3.2015.
2 Herfried Münkler, *Macht in der Mitte*, Hamburg 2015, S. 179.
3 Ebd., S. 43.
4 Ebd., S. 13.
5 Ebd., S. 54.
6 Ebd., S. 8 (eigene Hervorhebung).
7 Ebd., S. 11.
8 Ebd., S. 163.

schließe »die einer entschlossenen politischen und wirtschaftlichen Führung mit ein«.[9]

Münkler ist sich im Klaren, dass der von ihm propagierte deutsche Machtanspruch sowohl in der Bevölkerung Deutschlands als auch in anderen europäischen Ländern auf Widerstand stößt. Er muss zugeben, dass »der Blick in die Geschichte der letzten eineinhalb Jahrhunderte ein einziges großes Warnschild bezogen auf die geopolitische Konstellation einer starken Mitte«[10] sei. Die »wahrscheinlich schwerwiegendste Verwundbarkeit« der von ihm propagierten Politik sei »die durch die deutsche Geschichte, der jederzeit mögliche Verweis auf den Aufstieg des Nationalsozialismus mitsamt seiner Rassenideologie, die von Hitler seit 1938 betriebene Politik der Erpressung und Annexionen, die Angriffskriege seit September 1939, die Verbrechen der Wehrmacht vor allem im Krieg gegen die Sowjetunion und schließlich die Ermordung der europäischen Juden«.[11]

Die Tatsache, dass die deutschen Eliten bei ihrem letzten Versuch, sich zum Herrscher Europas aufzuschwingen, unsägliche Verbrechen begingen, kann Münkler allerdings nicht davon abhalten, dasselbe Ziel ein weiteres Mal zu propagieren. Ein großer Teil von »Macht in der Mitte« widmet sich der Aufgabe, entsprechende Einwände zu entkräften und die deutsche Außenpolitik dagegen zu wappnen.

Als erstes schlägt Münkler vor, demokratische Mitsprache weitgehend zu unterdrücken. »Die europäische Integration war und ist ein viel zu komplexer Prozess, als dass man diesen der begleitenden Kontrolle und Einspruchnahme der Bevölkerung aussetzen könnte«,[12] schreibt er und bezeichnet das »Wahlverhalten der Bürger« als »Achillesferse der Europapolitik«.[13] »Wir werden uns abgewöhnen müssen, von allen und jedem geliebt werden zu wollen«, bemerkt er an anderer Stelle, »denn das ist für eine *Macht in der Mitte* nicht möglich, wenn sie ihren Aufgaben gerecht

9 Ebd., S. 179.
10 Ebd., S. 54.
11 Ebd., S. 168.
12 Ebd., S. 20.
13 Ebd., S. 168.

werden will ... Antideutsche Demonstrationen an den Rändern des EU-Raumes« und »antideutsche Invektiven« dürften »uns nicht überraschen und nicht irritieren«.[14] Dafür, so Münkler, seien rücksichtslose Politiker erforderlich. Als »sicherheitspolitische Führungsmacht« brauche Deutschland ein anderes »Profil der politischen Eliten«. Es benötige Personal, das nicht nur Wohlstand administriere, sondern imstande sei, »riskante Entscheidungen zu treffen«.[15]

Man könnte Münklers Buch als überhebliches Werk eines großspurigen Professors abtun, wenn es nur seine eigene Meinung wiedergäbe. Doch der Lehrstuhlinhaber an der Berliner Humboldt-Universität steht in enger Verbindung zu den Führungsspitzen des Landes und betätigt sich als Berater von Parteien, Regierung und Bundeswehr. Viele Thesen seines Buches finden sich in den Diskussionen und Planspielen wieder, die das Außen- und das Verteidigungsministerium im vergangenen Jahr veranstaltet haben.

So orderte Außenminister Frank-Walter Steinmeier im Rahmen des Prozesses »Review 2014 – Außenpolitik weiter denken« über fünfzig internationale »Expertenmeinungen«, die alle darauf hinauslaufen, dass Deutschland »mehr Verantwortung« übernehmen müsse. Und Verteidigungsministerin Ursula von der Leyen sprach vor einem Monat auf der Münchner Sicherheitskonferenz in direkter Anlehnung an Münkler zum Thema »Führen aus der Mitte«. Münklers Buch fasst diese Auffassungen zusammen, rechtfertigt sie und entwickelt sie weiter. Es ist Propagandaschrift, politischer Ratgeber und Versuch der historischen Rechtfertigung in einem.

Dementsprechend strotzt es vor grotesken Widersprüchen und ideologischen Verrenkungen. So behauptet Münkler immer wieder, Deutschland habe sich nach der Rolle einer Zentralmacht »nicht gedrängt, ja nicht einmal um sie beworben« und sei davor »regelrecht zurückgeschreckt«.[16] Doch – »gewollt oder eher unbe-

14 Ebd., S. 180–181 (eigene Hervorhebung).

15 Ebd., S. 184.

16 Ebd., S. 43.

absichtigt« – sei Deutschland »in die Position der *Macht in der Mitte* eingetreten« und müsse nun »damit zurechtkommen«.[17]

An einer Stelle versucht Münkler sogar, die Verbrechen des Nazi-Regimes ins Positive zu wenden. Die »historische Verwundbarkeit Deutschlands« sei womöglich »gar kein Handicap, sondern eine Voraussetzung für die Akzeptanz einer deutschen Führungsrolle in Europa«, erklärt er. Auf »einen politisch unverwundbaren Akteur als europäische Zentralmacht« hätten sich die anderen EU-Mitglieder vermutlich nicht eingelassen. In Anbetracht der europäischen Geschichte wollten sie »nur einen verwundbaren Hegemon akzeptieren, einen, den sie notfalls bremsen zu können glauben«.[18]

Um die Notwendigkeit einer »Macht in der Mitte« zu rechtfertigen – das Wort »Mitte« kommt allein im Inhaltsverzeichnis zwanzig Mal vor –, unternimmt Münkler lange Exkurse in die Geschichte. Er befasst sich mit den Reichen Alexanders des Großen, der Römer, der Karolinger und der Habsburger, mit den Kreuzzügen, dem Dreißigjährigen Krieg und den napoleonischen Kriegen. An einer Stelle versteigt er sich sogar zur Behauptung, »das unabweisbare Bedürfnis nach einer Mitte« stelle eine »anthropologische Konstante« dar.[19] Einer Frage weicht er dagegen konsequent aus: der Frage nach den gesellschaftlichen Interessen, die dem deutschen Streben um die Vorherrschaft in Europa zugrunde liegen.

Vor einem Jahr hatte Münkler einen regelrechten Feldzug gegen den Historiker Fritz Fischer geführt. Dieser hatte 1961 in seinem bahnbrechenden Buch »Griff nach der Weltmacht« nachgewiesen, dass die deutschen Kriegsziele im Ersten Weltkrieg in den Interessen des deutschen Kapitals und den strategischen Forderungen von Heer und Marine verwurzelt waren und sich weitgehend mit den Zielen deckten, die Hitler im Zweiten Weltkrieg verfolgte. Wir kommentierten damals:

17 Ebd., S. 174–175.
18 Ebd., S. 176–177.
19 Ebd., S. 76.

> *Münklers Angriffe auf Fritz Fischer und sein Eintreten für eine aggressivere imperialistische Außenpolitik hängen inhaltlich eng zusammen. Um neue Verbrechen des deutschen Imperialismus vorzubereiten, müssen seine historischen Verbrechen, zu deren Verständnis Fischer maßgeblich beigetragen hat, verharmlost und beschönigt werden.*[20]

Münklers jüngstes Buch bestätigt diese Einschätzung. Es propagiert die deutsche Vorherrschaft in Europa und verschleiert, in wessen Interesse sie liegt. Sie entspringt weder einem abstrakten »Bedürfnis nach einer Mitte« noch dem Ruf anderer Länder nach »deutscher Führung«, sondern dem historischen Dilemma, vor dem der deutsche Kapitalismus steht, seit er sich Ende des 19. Jahrhunderts zum stärksten in Europa entwickelte.

Um sich auf dem Weltmarkt zu behaupten und zu expandieren, muss er das in fünfzig Länder zersplitterte Europa in seinem Interesse organisieren. Zweimal – 1914 und 1939 – versuchte er dies mit Gewalt, und beide Versuche führten in die Katastrophe. Die Zuspitzung der internationalen Finanz- und Wirtschaftskrise und die damit verbundene Verschärfung der nationalen und sozialen Spannungen in Europa treiben die herrschenden Eliten Deutschlands nun zu einem dritten Versuch, der ebenso katastrophal enden wird, wenn ihnen die Arbeiterklasse nicht rechtzeitig in den Arm fällt.

In der Ukraine und Griechenland haben sie bereits gezeigt, wozu sie fähig sind. In der Ukraine hat die Bundesregierung gemeinsam mit den USA einen pro-westlichen Putsch unterstützt, der das Land in den Bürgerkrieg und Russland und die Nato an den Rand eines möglichen Atomkriegs getrieben hat. In Griechenland ist sie treibende Kraft hinter dem Spardiktat, das den Lebensstandard der Arbeiterklasse um Jahrzehnte zurückgeworfen hat.

Beides soll nun, geht es nach Münkler, Vorbild für die Politik Deutschlands als Zentralmacht Europas sein. Er schreibt: »Fasst man die wesentlichen Elemente des deutschen Agierens in der

20 Ulrich Rippert und Peter Schwarz, »Die Wiederkehr deutscher Großmachtpolitik und die Attacken auf den Historiker Fritz Fischer«, siehe ab S. 59 in diesem Buch.

Eurokrise und im Russland-Ukraine-Konflikt zusammen, dann bekommt man die Merkmale der Politik, denen Deutschland in den nächsten Jahren folgen sollte, um seinen Aufgaben als *Macht in der Mitte* nachzukommen.«[21]

21 Ebd., S. 162 (eigene Hervorhebung).

Mehr Diktatur wagen

Professor Münkler preist die Vorzüge autoritärer Herrschaftsformen[1]

Ulrich Rippert

Angesichts der Weltwirtschaftskrise kehren die Gespenster von Weimar zurück. Die Erinnerung sitzt tief. Der Zusammenhang von Wirtschaftskrise, Massenarbeitslosigkeit, Parlamentsauflösung, Notverordnungen und Diktatur ist allseits bekannt. Kommentare in den Medien werfen die Frage auf: »Wie viel Ungleichheit verträgt die Demokratie?«, und warnen vor den politischen Konsequenzen der sozialen Spaltung der Gesellschaft.

Doch nun meldet sich ein Professor der Berliner Humboldt-Universität mit dem Vorschlag zu Wort, die Ängste der Vergangenheit zu überwinden und unvoreingenommen über das »Bedürfnis nach bonapartistischen Lösungen« zu sprechen. Unter der Überschrift »Lahme Dame Demokratie«[2] fordert Professor Herfried Münkler dazu auf, einen frischen, unverkrampften Blick auf das Verhältnis von Demokratie und Diktatur zu werfen.

Münkler lehrt politische Theorie am Institut für Sozialwissenschaften der Berliner Humboldt-Universität und wird in einem »Spiegel«-Bericht als »einer der gefragtesten Politikberater Deutschlands« bezeichnet, der »interessante Denkanstöße« gebe. Sein jüngster »Denkanstoß« erschien in der Mai/Juni-Ausgabe des Magazins »Internationale Politik«, das von der renommierten Deutschen Gesellschaft für Auswärtige Politik (DGAP) herausgegeben wird.

Münkler wendet sich darin gegen eine schroffe Gegenüberstellung von Demokratie und Diktatur. Wörtlich schreibt er: »Im Allgemeinen gilt Diktatur als der Gegenbegriff zu Demokratie. Doch

1 Erschienen auf der *World Socialist Web Site* am 10.7.2010.

2 Herfried Münkler, »Lahme Dame Demokratie«, auf: *IP-Die Zeitschrift*, 1.5.2010, https://zeitschrift-ip.dgap.org/de/ip-die-zeitschrift/archiv/jahrgang-2010/mai-juni/lahme-dame-demokratie, aufgerufen am 22.6.2015.

das trifft nur in Grenzen zu.« Viel stärker als die Demokratie stehe »der gewaltenteilige Verfassungsstaat in Opposition zur Diktatur«.

Demokratie und Diktatur, so Münkler, hätten dagegen viele Gemeinsamkeiten. Nicht von ungefähr habe der französische Politiker und Historiker Alexis de Tocqueville »in seinem Buch ›Über die Demokratie in Amerika‹ von der Gefahr einer ›Tyrannei der Mehrheit‹ gesprochen«. Auch Karl Marx habe »mit der ›Diktatur des Proletariats‹ keineswegs eine Herrschaft gegen die Mehrheit des Volkes, sondern eine in deren Sinne, wenn nicht mit deren Unterstützung gemeint«, fügt Münkler hinzu.

Er führt diesen Gedanken nicht weiter aus, deutet aber an, dass er sich von den herkömmlichen Antikommunisten unterscheidet. Diese nutzen die undemokratischen Strukturen und den Terror des Stalinismus, um ihren Antikommunismus zu begründen. Münkler dagegen sieht das Problem nicht in der Einschränkung und Abschaffung der Demokratie, sondern in deren Verwirklichung. Das ist für ihn die »Tyrannei der Mehrheit«.

Dass Demokratie tatsächlich die Herrschaft der Mehrheit bedeutet, und dass Sozialisten dies anstreben und die Demokratie auf alle Bereiche der Wirtschaft und der Verwaltung ausdehnen wollen, um eine Politik im Interesse der Mehrheit durchzusetzen, ist ihm ein Dorn im Auge. Er kommt immer wieder auf diese Frage zurück.

So betont er: »Auch in der Antike bezeichnete man als Demokratie die Herrschaft der Vielen und Armen, weswegen man sie auch als ›Parteidiktatur des Demos‹ übersetzt hat.« Heute verstehe man unter Demokratie dagegen etwas völlig anderes. Aristoteles habe es als »Politie« bezeichnet und damit »die Herrschaft der Mittelschichten« gemeint. Die »Politie« habe sich durch »Vorkehrungen gegen eine konsequente Interessenpolitik der Vielen und Armen« ausgezeichnet. »Die Bezeichnung für die Anführer des Volkes, Demagogen, hat bis heute den pejorativen [abwertenden, herabsetzenden] Klang, der allem anhaftete, was mit dem Demos im Sinne der Volksmassen zu tun hat«, schreibt der Professor.

Nachdem er uns so belehrt hat, dass Demokratie die Herrschaft der Mittelschichten bedeute und sich gegen »die Herrschaft der Vielen und Armen« richte, geht Münkler zum nächsten Punkt über. Unter Berufung auf den britischen Soziologen Colin Crouch beschreibt er eine Ära der »Postdemokratie«. Darunter sei »weniger der Beginn einer neuen Ära der Diktaturen gemeint ..., sondern ein Zustand der Erschöpfung demokratischer Energie und der Erosion demokratischer Institutionen«.

Münkler verliert kein Wort über die gesellschaftlichen Ursachen dieser »Erosion demokratischer Institutionen«. Sie zeigen sich in der Arroganz und Kaltschnäuzigkeit, mit denen eine superreiche Finanzoligarchie die Politik bestimmt, sich über demokratische Regeln und parlamentarische Gepflogenheiten hinwegsetzt und den Banken im Eilverfahren Hunderte von Milliarden an Steuergeldern zur Verfügung stellt. Öffentliche Debatten, Wahlen und demokratische Verfahren sind für diese Finanzoligarchie ein Hindernis, die Last der Krise auf die Bevölkerung abzuwälzen.

Münkler verleiht dieser Haltung Ausdruck, wenn er die positiven Seiten der Diktatur lobt. Er schreibt, das Unbehagen an der Demokratie erwachse aus der Langsamkeit der Verfahren, der Schwerfälligkeit der Entscheidungsprozesse, den Mängeln in der Auswahl des politischen Personals, der verbreiteten Neigung von Politikern, um die Dinge herumzureden, weil sie fürchten, für das Aussprechen von Wahrheiten politisch abgestraft zu werden, und schließlich aus dem Einfluss von Parteien und Interessengruppen.

Daraus wachse der Wunsch nach »ein klein wenig Diktatur«. Wenn der Vollzug von Entscheidungen mit immer neuen Rechtsmitteln verhindert werde, wenn die opponierenden Interessengruppen gleich stark seien und Probleme deswegen unerledigt liegen blieben, verstärke das die Sehnsucht nach administrativer Autorität und »bonapartistischen Lösungen«.

Zwar fordere niemand ein neues »Zeitalter der Cäsaren«, aber die Demokratie weise »Ermüdungserscheinungen und Überforderungssymptome auf« und bedürfe einer »Revitalisierungskur«. »Die Demokratie«, so Münkler, »wirkt wie eine betuliche alte Tante, die zwar alles weiß, aber vieles nicht mehr hinbekommt. Es gibt jedoch einen jungen und kraftvollen Neffen, der zur Hilfe bereit ist, aber mitunter diktatorische Neigungen hat. Soll man ihn der Tante zur Seite stellen? ... Oder ist ihre Zeit abgelaufen, und es will bloß keiner wahr haben, weil sie so nett und freundlich gewesen ist?«

Die Frage sei nicht neu und habe sich seit der griechischen Demokratie immer wieder gestellt. Das hänge damit zusammen, dass Verfassungsordnungen ebenso altern wie Menschen, erklärt uns der Herr Professor. Gesellschaftssysteme würden im Laufe der Zeit »immer komplexer und störanfälliger«, litten wie betagte Menschen unter »Überforderung« und bedürften daher »Entschlackungs- und Verjüngungskuren«.

Die »Schlüsselfrage« laute, mit welchen Mitteln sich eine solche Verjüngungskur vollziehen lasse: »Gibt es jenseits der Legalordnung Legitimitätsreserven, die angezapft und in Anspruch genommen werden können, um eine in die Jahre gekommene Ordnung zu verjüngen?«, fragt Münkler.

Einige politische Theoretiker hätten »gelegentliche Kriege zur Revitalisierung der politischen Ordnung vorgeschlagen«, doch solche Vorschläge hätten »heute keine Überzeugungskraft mehr«, fährt er fort. Eine andere Möglichkeit sei die »Ankündigung drohenden Unheils«. Diese bedürfe heute keines biblischen Propheten mehr, sondern könne »durch den Hinweis auf die Natur«, durch »ökologische Einwände gegen Wachstumsökonomien« abgelöst werden. Offenbar denkt Münkler hier an den aufgeklärten, gebildeten Bürger, der sich über die drohende Umweltkatastrophe und die natürliche Begrenzung fossiler Brennstoffe und Energiequellen Sorgen macht und ein starkes Eingreifen des Staates für unverzichtbar hält.

»Was aber passiert, wenn das Volk nicht hören will?«, fragt er dann und antwortet: »Dann taucht die Idee einer Ökodiktatur auf.« Schon Plato habe seine »demokratiekritische Rechtfertigung der Philosophenherrschaft« damit begründet, dass »das unvernünftige Volk, das immer nach den Zuckerbäckern ruft, … von klugen Ärzten auf Diät gesetzt werden« müsse.

Ausführlich befasst sich Münkler dann mit der Frage, wie die »drei Quellgründe der europäischen Kultur – die abrahamitischen Religionen, die griechische Philosophie und das römische Rechtsdenken – … mit dem Problem der Regeneration einer politischen Ordnung und der Bewältigung von Ausnahmesituationen und außerordentlichen Herausforderungen« umgegangen seien.

Während er den biblischen Propheten und der griechischen Tyrannis wenig Positives abgewinnen kann, gesteht er der altrömischen Diktatur zu, dass sie »als Ordnung der Unordnung« konzipiert und lange Zeit recht nützlich gewesen sei. »Über mehrere Jahrhunderte ist Rom mit dieser extrakonstitutionellen Reserveinstitution gut gefahren«, schreibt er. Erst im Bürgerkrieg des ersten vorchristlichen Jahrhunderts sei »der Ruf der Diktatur als Mittel zur Wiederherstellung der Ordnung« dann beschädigt worden.

Damit sei der Begriff frei gewesen, »um als Bezeichnung für eine gegen die Verfassungsordnung gerichtete Machtzusammenballung zu dienen«. So habe der spanische Antiliberale Juan Donoso Cortés 1848 die Errichtung einer Diktatur gefordert, um der revolutionären Dynamik in Europa entgegenzutreten, während der deutsche Emigrant Karl Marx in exaktem Gegensatz dazu auf die Diktatur des Proletariats gesetzt habe, um den Fortschritt der Geschichte zu beschleunigen.

Erst Carl Schmitt habe dann angesichts der Russischen Revolution und ihren Auswirkungen auf Deutschland – bei Münkler heißt das: »unter dem Eindruck der Wirren am Ende des Ersten Weltkriegs« – »in der Manier eines Juristen Ordnung in die verworrene Lage der Begriffe und Kompetenzen zu bringen versucht«. Schmitt habe »zwischen der kommissarischen und der souveränen Diktatur unterschieden. Erstere definierte er als den Versuch zur Verteidigung der Verfassung mit extrakonstitutionellen Mitteln, letztere als Instrument zur Neuschaffung einer Ordnung, die zunächst nur in der Vorstellungswelt des Diktators und seiner Anhängerschaft besteht.«

Obwohl Münkler mehrfach betont, er wolle nur die bisherige Sichtweise hinterfragen und sei kein Verfechter diktatorischer Maßnahmen, lässt seine Bezugnahme auf Carl Schmitt keinen Zweifel daran, wes Geistes Kind er ist. Mit keinem Wort distanziert er sich vom einstigen Kronjuristen des Dritten Reiches. Im Gegenteil, er preist ihn als Verfechter einer gemäßigten kommissarischen Diktatur. »Wenn heute verschiedentlich von diktatorischen Befugnissen und Maßnahmen die Rede ist, dann zumeist im Sinne dessen, was Schmitt als kommissarische Diktatur bezeichnet hat.«

Carl Schmitt hatte die Parlamentarische Demokratie in seinen politischen Schriften als »veraltete bürgerliche Regierungsmethode« bezeichnet, die gegenüber den aufkommenden »vitalen Bewegungen« – gemeint war vor allem Hitlers NSDAP – ihre Evidenz verloren habe. Der »relativen« Rationalität des Parlamentarismus trete der Irrationalismus mit einer neuartigen Mobilisierung der Massen gegenüber, schrieb Schmitt. Der Irrationalismus versuche gegenüber der ideologischen Abstraktheit und den »Scheinformen der liberal-bürgerlichen Regierungsmethoden« zum »konkret Existenziellen« zu gelangen. Dabei stütze er sich auf einen »Mythos vom vitalen Leben«. Er verkörpere Wille und Tat.

Hier ist der »vitale Neffe«, den Professor Münkler der »alten Tante« Demokratie als kommissarischen Diktator zur Seite stellen will.

Es ist mehr als vier Jahrzehnte her, seit Willy Brandt 1969 in seiner Regierungserklärung versprach: »Mehr Demokratie wagen!« Das war nur eine Phrase, die dazu dienen sollte, die protestierenden Studenten und streikenden Arbeiter von der Straße zu holen. Verwirklicht wurde sie nie. Nachdem die damalige Politik der sozialen Reformen in Trümmern liegt und ein beispielloser sozialer Niedergang stattfindet, treten nun Leute auf, die ungeniert fordern: »Mehr Diktatur wagen!«

Münklers Artikel, der als Aufmacher in einem führenden Politik-Magazin erschien, sollte nicht leicht genommen und als professorales Geschwätz eines überdrehten Historikers abgetan werden. Münkler ist in höchsten Politikerkreisen bestens vernetzt und seine – bewusst in akademischem Ton gehaltenen – Ausführungen machen deutlich, wie intensiv in der gegenwärtigen Krise über den Abbau demokratischer Rechte und die Errichtung neuer, autoritärer Herrschaftsformen nachgedacht wird.

Herfried Münkler preist Kampfdrohnen und Giftgas als »humane« Waffen[1]

Johannes Stern

Rund zwei Wochen, nachdem die Bundesregierung und die französische Regierung auf einer gemeinsamen Kabinettssitzung den Bau einer europäischen Kampfdrohne beschlossen haben, preist Humboldt-Professor Herfried Münkler in einem ausführlichen Gespräch mit der »Frankfurter Allgemeinen Zeitung« (F. A. Z.)[2] Kampfdrohnen als »humane« Waffen. Er zieht eine Parallele zum Giftgas, das erstmals im Ersten Weltkrieg eingesetzt wurde, und das er ebenfalls als »human« bezeichnet.

Von der F. A. Z. darauf angesprochen, dass Gift »als besonders schrecklich« wahrgenommen werde, erklärt Münkler: »Es gibt diese auffällige Paradoxie: Von Gasvergifteten sterben zwischen drei oder vier Prozent, während bei Artillerieverwundungen die Letalitätsrate um die fünfzig Prozent liegt, bei MG- oder Gewehrfeuer bei dreißig Prozent. Das heißt: Eigentlich könnte man sagen: Gas ist eine eher ›humane‹ Waffe, weil es eine relativ niedrige Letalität hat.« Zum Einsatz von Drohnen sagt er unter anderem, bei einem Drohnenangriff habe »der Angreifer sehr viel mehr Beobachtungszeit als der Pilot eines Jagdbombers«, und »die Kollateralschäden der Drohnenangriffe« seien »deutlich niedriger als die von Jagdbombern«.

Es ist schwer zu sagen, was abstoßender ist. Münklers Verharmlosung des Gaskriegs im Ersten Weltkrieg oder sein Plädoyer für Kampfdrohnen!

In genau einer Woche jährt sich der erste Einsatz von Giftgas als Massenvernichtungswaffe zum hundertsten Mal. Am 22. April

1 Erschienen auf der *World Socialist Web Site* am 15.4.2015.

2 Julia Encke, »Die gemeine Waffe«, in: *F. A. Z. Feuilleton*, 13.4.2015, http://www.faz.net/aktuell/feuilleton/die-gemeine-waffe-ein-gespraech-mit-herfried-muenkler-ueber-die-entwicklung-der-kriegstechnik-13533124.html, aufgerufen am 23.6.2015.

1915 setzten deutsche Truppen in der Schlacht bei Ypern Chlorgas ein. Die »Deutsche Welle« schilderte vor einem Jahr, wie damals eine gelbliche Wolke von 180 Tonnen flüssigem Chlor aus den deutschen Schützengräben auf die gegnerische Linie zuschwebte: »Dort beginnt das Grauen. Rot angelaufen, blind und hustend taumeln die vom Gas eingehüllten Soldaten umher. 3000 von ihnen ersticken, weitere 7000 überleben schwer verätzt.«[3]

Im eskalierenden Gaskrieg, bei dem immer wirksamere chemische Waffen zum Einsatz kamen, wurden laut einem Informationsblatt der Bundeszentrale für politische Bildung »rund 120 000 Tonnen von 38 Kampfstofftypen verschossen, dadurch starben circa 100 000 Soldaten, und 1,2 Millionen Mann wurden verwundet«.[4]

Der Wissenschaftshistoriker Ernst Peter Fischer kommentiert im Beitrag der »Deutschen Welle« den ersten Giftgaseinsatz bei Ypern mit den Worten: »In dem Moment hat die Wissenschaft ihre Unschuld verloren.« Bis dahin habe das Ziel der Wissenschaft darin bestanden, die Lebensbedingungen der Menschen zu erleichtern, »und nun lieferte die Wissenschaft Bedingungen, um menschliches Leben zu töten«.

Er bezog sich auf einen Kollegen Herfried Münklers, den Berliner Chemiker Fritz Haber, Gründer und Leiter des Kaiser-Wilhelm-Instituts für Physikalische Chemie und Elektrochemie. Haber stellte im Ersten Weltkrieg sein gesamtes wissenschaftliches Können in den Dienst der Massenvernichtung. Seiner Karriere tat dies keinen Abbruch. Nach Kriegsende erhielt der »Vater des Gaskriegs« den Nobelpreis für Chemie und saß im Aufsichtsrat des Chemiegiganten I. G. Farben, der später das Giftgas Zyklon B für die Gaskammern in Auschwitz herstellte. Haber selbst unter-

3 »Der erste Einsatz von Giftgas als Kriegswaffe«, auf: *Deutsche Welle*, 15.4.2014, http://sicherheitspolitik.bpb.de/massenvernichtungswaffen/hintergrundtexte-m6/Chemische-Kampfstoffe-im-Einsatz, aufgerufen am 23.6.2015.

4 »Chemische Kampfstoffe im Einsatz«, auf: *Bundeszentrale für politische Bildung*, http://sicherheitspolitik.bpb.de/massenvernichtungswaffen/hintergrundtexte-m6/Chemische-Kampfstoffe-im-Einsatz, aufgerufen am 23.6.2015.

stützte die Nazis allerdings nicht, er war jüdischer Abstammung, emigrierte 1933 und starb kurz danach.

Der Einsatz von Giftgas, das Münkler als »humane Waffe« preist, symbolisierte nicht nur eine neue Qualität des Abschlachtens von Millionen Soldaten, er war auch ein Kriegsverbrechen und ist es heute noch. Er verstieß gegen die Haager Konvention von 1907 und wurde im bis heute gültigen Genfer Protokoll von 1925 noch einmal explizit verboten. Sowohl im Krieg gegen den Irak als auch bei den Kriegsdrohungen gegen Syrien führte die imperialistische Propaganda den tatsächlichen oder angeblichen Einsatz von Giftgas durch diese Länder als Kriegsgrund an. Es ist daher bezeichnend, wenn Münkler nun eine Parallele zwischen dem Giftgas- und dem Drohnenkrieg zieht. Dieser Vergleich trifft zu, aber nicht weil es sich um eine »humane« Form der Kriegsführung handelt, sondern weil beide eine neue Stufe der imperialistischen Barbarei verkörpern.

Der US-geführte Drohnenkrieg in Afghanistan, Pakistan, Somalia und im Jemen verstößt nicht nur gegen das Völkerrecht, sondern hat in den letzten Jahren tausende unschuldige Todesopfer (Münklers »Kollateralschäden«) gefordert. Nach Recherchen des in London ansässigen Bureau of Investigative Journalism hat das US-Militär allein in Pakistan zwischen 2400 und 3900 Menschenleben durch »gezielte Tötungen« ausgelöscht. Die Opfer waren dabei nicht selten Frauen und Kinder oder unschuldige Teilnehmer von Geburtstagsgesellschaften oder Hochzeiten, die von Kampfdrohnen heimgesucht wurden.

Münklers Rechtfertigung der Kriegsführung mit Giftgas und Kampfdrohnen ist äußerst zynisch. So wirft er den Gegnern des Gas- und Drohnenkriegs vor, den kriegerischen Idealen eines längst verflossenen »heroischen« Zeitalters anzuhängen. »Die Kritik des Gaskriegs und die Kritik des Drohnenkriegs sind dort verbunden, wo es um das Ethos des Kämpfers geht. Das Erstaunliche ist, dass die Drohne in einer postheroischen Gesellschaft kritisiert wird, aber mit den Argumenten des Heroischen, die den Kampf Mann gegen Mann fordern«,[5] führt der Professor aus.

5 Julia Encke, »Die gemeine Waffe«, in: *F. A. Z. Feuilleton*, 13.4.2015.

Unter »postheroisch« versteht Münkler, dass im Krieg nicht mehr gekämpft, sondern die Soldaten und die Zivilbevölkerung des technisch unterlegenen Gegners kaltblütig abgeschlachtet werden, dass sie durch ferngesteuerte Drohnen oder durch Giftgas dem Soldaten hilflos ausgeliefert sind. »Wir beobachten eine Verpolizeilichung des Krieges«, erklärt er in der *F. A. Z.* »Es werden Ziele verfolgt, die als Investitionen in die Zukunft des Interventionsgebiets bei Minimierung eigener Verluste zu verstehen sind … Hegel hat die Waffen als ›das Wesen des Kämpfers‹ bezeichnet – Drohnen sind die typischen Waffen der postheroischen Gesellschaft. Da gibt es kein Kriegerethos und keine Ästhetik des Kampfes. Es gibt lediglich die Effektivität der Gefechtsfeldbewirtschaftung.«[6]

Es braucht schon die intellektuelle Verkommenheit eines deutschen Professors, um Hegel zu dem Zweck zu bemühen, Kampfdrohnen als »effektive« Waffengattung zu feiern und gegen jede ethische oder moralische Kritik in Schutz zu nehmen. Münklers Argument ist zudem eine Verhöhnung der Bevölkerung, die Kampfdrohnen mit großer Mehrheit ablehnt. Sie tut dies nicht, weil sie sich nach einem »heroischen« Zeitalter zurücksehnt und mit dem Schwert »Mann gegen Mann« kämpfen möchte. Drohnen sind verhasst, weil sie wie kaum eine andere Waffe mit völkerrechtswidrigen imperialistischen Feldzügen, Kriegsverbrechen und unendlichem Leid für die Zivilbevölkerung assoziiert werden.

Münkler führt außerdem sozialdarwinistische Argumente zur Rechtfertigung des Drohnenkriegs an. Die »postheroische Gesellschaft« sei »durch zwei Elemente« gekennzeichnet, sagt er im Gespräch mit der F. A. Z.: »Eine niedrige demographische Reproduktionsrate. Es gibt nicht mehr die überzähligen jungen Männer fürs Schlachtfeld. Und die Vorstellung des Sich-selbst-Darbringens auf dem Altar des Vaterlandes ist uns völlig fremd.«[7]

Münkler hatte bereits vor zwei Jahren eine Art Grundsatzrede zum Drohnenkrieg gehalten und darin ethische und moralische Einwände gegen die moderne Mordwaffe abgelehnt. Auf der

6 Ebd.
7 Ebd.

14. Außenpolitischen Jahrestagung der Grünen-nahen Heinrich-Böll-Stiftung hielt er einen Vortrag zum Thema »Neue Kampfsysteme und die Ethik des Krieges«.[8] Damals warnte Münkler: »Postheroische Gesellschaften, wie die unsere eine ist, sollten also mit äußerster Vorsicht zu Werke gehen, wenn sie über die Ethik des Krieges sprechen. Sie spielen mit einem heißen Eisen, zumal dann, wenn sie diese Ethik benutzen, um von den Soldaten mehr einzufordern, als sie sich selbst zumuten würden.«

Dann schärfte er den anwesenden Politikern und außenpolitischen Experten ein: »Der ›Bürger in Uniform‹ ist waffentechnisch der Kampfdrohne sehr viel näher als der Soldat einer klassischen Armee und er zieht ihren Gebrauch dem Einsatz leichter Infanterie in feindlichem Gelände vor, der das Ziel hat, in direkter Feindberührung eine tatsächliche oder vermeintliche Bedrohung auszuschalten. Pointiert formuliert: In der Kritik an den Drohnen äußert sich die Ethik einer vorbürgerlichen Gesellschaft mit heroischen Idealen in nostalgischer Form. Es ist eine Kritik, die sich selbst nicht begriffen hat.«

Es sei dahingestellt, ob man das aufgeblasene Geschwätz des Professors »begreifen« muss, aber der zutiefst militaristische Standpunkt, der sich dahinter verbirgt, ist eindeutig. In einer Situation, in der weder die Bevölkerung noch die Mehrheit der Soldaten gewillt sind, sich im offenen Krieg abschlachten zu lassen, empfiehlt er der herrschenden Elite Drohnen als geeignetes Mittel, die Ziele des deutschen Imperialismus auch militärisch durchzusetzen.

Dass Münkler nun das Giftgas in eine Reihe mit den Drohnen stellt, zeigt, mit welcher Dynamik inhumane und militaristische Auffassungen in den herrschenden Kreisen Berlins siebzig Jahre nach dem Ende des Zweiten Weltkriegs wieder um sich greifen. Im Bericht der Böll-Stiftung zur Konferenz vor zwei Jahren hieß es noch, Münklers Darstellung der »umstrittenen Kampfdrohnen aus ethischer Sicht als positive waffentechnologische Weiterentwicklung« sei als »kleine Provokation« verstanden worden.

8 Herfried Münkler, »Neue Kampfsysteme und die Ethik des Krieges«, 21.6.2013, auf: *Heinrich Böll Stiftung*, http://www.boell.de/de/node/277436, aufgerufen am 17.6.2015.

Mittlerweile ist Münklers »kleine Provokation« gefährliche Realität. Die Böll-Stiftung wirbt für eine Konfrontation mit Russland, die Bundesregierung schafft Kampfdrohnen an und der Herr Professor gibt an der Humboldt-Universität ein Seminar unter dem Titel: »Theorien des Krieges: Neue Kriege, humanitäre Interventionen, Drohnenkrieg«. In seinem neuen Buch »Macht in der Mitte« fordert Münkler von Deutschland, in Europa wieder »die schwierige Rolle eines ›Zuchtmeisters‹ zu spielen«.[9] Auch daran arbeitet die Bundesregierung!

9 Zu: Herfried Münkler, *Macht in der Mitte*, Hamburg 2015, siehe ab S. 77 in diesem Buch.

Jörg Baberowskis Geschichtsfälschung[1]

Christoph Vandreier

Im Vorfeld des Ersten und Zweiten Weltkriegs spielten deutsche Universitäten eine wichtige Rolle dabei, den Waffengang ideologisch vorzubereiten. Gerade die Geschichtswissenschaften stellten sich in den Dienst des Militarismus, verfälschten die historischen Ereignisse und entwarfen deutsche Identitätsmythen.

Auch heute arbeiten Historiker daran, die Geschichte umzuschreiben und zu fälschen, um neue Kriege zu rechtfertigen und Opposition dagegen zu diskreditieren. Ihre Fälschungen zielen »darauf ab, die schlimmsten Verbrechen des kapitalistischen Imperialismus im 20. Jahrhundert zu beschönigen und zu rechtfertigen und zugleich den gesamten Kampf der internationalen sozialistischen Bewegung zu kriminalisieren und in den Schmutz zu treten«,[2] wie David North feststellt.

In Deutschland spielt Professor Jörg Baberowski eine wichtige Rolle bei dieser Unternehmung. Der Inhaber des Lehrstuhls Geschichte Osteuropas an der Humboldt-Universität Berlin verfolgt die benannten Ziele in seinen Lehrveranstaltungen, auf Podien, in Talkshows und in den Feuilletons der großen Zeitungen in besonders aggressiver Weise. Die Fälschung der Geschichte verbindet er direkt mit vehementen Forderungen nach militärischer Intervention.

Im Februar letzten Jahres sprach er sich im »Spiegel« für eine Neubewertung des Nationalsozialismus aus. Das Nachrichtenmagazin zitierte ihn mit den Worten: »Hitler war kein Psychopath, er war nicht grausam. Er wollte nicht, dass an seinem Tisch über

1 Weiterentwickelte Version des Vortrags »Die Relativierung der Nazi-Verbrechen an der Humboldt-Universität«, den Christoph Vandreier am 12.1.2015 auf Einladung der IYSSE an der Humboldt-Universität hielt.

2 David North, *Die Russische Revolution und das unvollendete Zwanzigste Jahrhundert,* Essen 2015, S. 24.

die Judenvernichtung geredet wird.«[3] Es handelt sich bei dieser haarsträubenden Aussage nicht etwa um einen Lapsus oder um eine politische Entgleisung. Baberowski hat seine akademische Arbeit in den Dienst der Revision der Geschichte gestellt. Sein aufgeblähter Lehrstuhl an der Humboldt-Universität arbeitet daran, die Verbrechen des Faschismus zu relativieren und neue Kriege zu rechtfertigen.

Werdegang

Baberowski wurde im März 1961 nahe Konstanz geboren. Im selben Jahr löste Fritz Fischer mit der Veröffentlichung seines Buchs »Griff nach der Weltmacht« den ersten Historikerstreit aus. Wie im vorliegenden Band ausführlich behandelt wird, wies Fischer die imperialistischen Kriegsziele der deutschen Elite vor dem Ersten Weltkrieg nach und räumte mit dem Mythos auf, dass es sich um einen Defensivkrieg gehandelt habe.

Fischer leistete auch einen wichtigen Beitrag zur Aufarbeitung des Nationalsozialismus in der Bundesrepublik der Nachkriegszeit. Er wies nach, dass die Nazis an die Ziele des deutschen Imperialismus im Ersten Weltkrieg angeknüpft hatten, und dass Hitler von den herrschenden Eliten bewusst an die Macht gebracht worden war, um dieses Programm zu verwirklichen.[4] Diese Analyse trug maßgeblich zum Verständnis der Nazi-Diktatur bei. Zur selben Zeit begann die Auseinandersetzung mit den Nazi-Verbrechen. Ebenfalls 1961 fand in Israel der Eichmann-Prozess statt. Zwei Jahre später folgte der erste Auschwitz-Prozess in Frankfurt.

In den 1950er Jahren hatte an den Universitäten und in Bildungsschichten noch Schweigen und Verdrängung vorgeherrscht. Hitler wurde als eine Art Betriebsunfall gesehen, der nichts mit

3 Dirk Kurbjuweit, »Der Wandel der Vergangenheit«, in: *Der Spiegel 7/2014*, 10.2.2014, S. 116, http://www.spiegel.de/spiegel/print/d-124956878.html, aufgerufen am 16.6.2015.

4 Vgl. etwa: Fritz Fischer, »Hitler war kein Betriebsunfall«, in: *Spiegel Spezial 1989/2*, 1.2.1989, http://www.spiegel.de/spiegel/spiegelspecial/d-52322577.html, aufgerufen am 16.06.2015.

den imperialistischen Zielen der Elite zu tun gehabt habe. Die ungeheuren Verbrechen der Nazis seien nur vom engsten Führungskreis um Hitler zu verantworten gewesen. Oft wurde die Propaganda der Nazis wiederholt, die auch bei den Nürnberger Kriegsverbrecherprozessen zur Verteidigung vorgebracht worden war. So hieß es etwa, der Überfall auf die Sowjetunion habe einen präventiven Charakter gehabt, weil sich Stalin auf einen Krieg gegen Deutschland vorbereitet habe. In diesem Krieg seien auf allen Seiten Verbrechen begangen worden, insbesondere von der Roten Armee.

Dieser Kontinuität der Argumentation lag die Kontinuität des Personals zugrunde. Beamte, Richter, Ärzte, Professoren, Wirtschaftsführer und Politiker rekrutierten sich aus den Reihen der alten Nazis. Die Entnazifizierung wurde vom Bundestag 1951 im Wesentlichen rückgängig gemacht, weil man die alten Nazis im Kalten Krieg gegen die Sowjetunion brauchen konnte.[5]

Mit der Aufarbeitung der Verbrechen des Holocaust, des Vernichtungskriegs im Osten und der zahlreichen weiteren Verbrechen der Nazis war es den Rechten nicht mehr möglich, ihre üblen Thesen aufrecht zu erhalten. Insbesondere die Studentenrevolte von 1968 und das Erstarken der Arbeiterbewegung brachten die Verteidiger des Nationalsozialismus in die Defensive.

Mit dieser Bewegung hatte Baberowski nie etwas zu tun. Als er in ein politisch bewusstes Alter gelangte, schloss er sich noch in seiner Schulzeit in Holzminden dem Kommunistischen Bund Westdeutschlands (KBW) an und sammelte nach eigenen Angaben Geld für den kambodschanischen Diktator Pol Pot.[6]

Beim KBW handelte es sich um die größte der sogenannten K-Gruppen, die Ende der 1960er Jahre als Zerfallsprodukt der Studentenbewegung entstanden waren. Die maoistischen Organisationen führten die Aufarbeitung der Nazi-Verbrechen, die mit der Studentenbewegung begonnen hatte, nicht fort, sondern stell-

5 Das so genannte Entnazifizierungsschlussgesetz vom 11. Mai 1951, auch als 131er-Gesetz bekannt, ermöglichte die Wiedereinstellung so genannter »Mitläufer« in den öffentlichen Dienst.

6 Siehe Dirk Kurbjuweit, »Der Wandel der Vergangenheit«, in: *Der Spiegel 7/2014*, S. 115.

ten eher eine Gegenreaktion dar. Hinter Phrasen über Sozialismus und das Proletariat verbarg sich eine extrem nationalistische Perspektive. Die Verherrlichung autoritärer Regimes zeugte von der tiefen Verachtung gegenüber einem unabhängigen Handeln der Arbeiter.

Ihre politische Linie übernahmen die Gruppen weitgehend von der stalinistischen Volksrepublik China, zu der sie enge Kontakte pflegten. Delegationen des KBW statteten der chinesischen Regierung in den 1970er Jahren mehrfach offizielle Besuche ab. Enge Verbindungen gab es ferner zu den autoritären Regimes in Albanien und Kambodscha.

Peter Schwarz sieht den Hauptgrund für die Orientierung der Studenten auf den Maoismus im »Klasseninhalt des stalinistischen Programms, das alle kleinbürgerlichen Angriffe auf den Marxismus in konzentrierter Form reproduziert und mit dem Kleinbürgertum die Feindschaft gegen die politische Unabhängigkeit der Arbeiterklasse teilt«.[7]

> *Wenn Mao Zedong für seine »Ideen« … überhaupt irgendwelche Originalität beanspruchen kann, dann höchstens die, dass er es wie kein anderer verstanden hat, pseudomarxistische Phrasen auf eine Bewegung zu übertragen, deren soziale Grundlage fast ausschließlich aus dem Kleinbürgertum, nämlich der Bauernschaft bestand und die jede selbstständige politische Regung des städtischen Proletariats systematisch unterdrückt hat.*[8]

Von dieser sozialen Ausrichtung war auch die Feindschaft der K-Gruppen gegen die Sowjetunion geprägt. Sie lehnten den ersten Arbeiterstaat der Welt nicht wegen seiner bürokratischen Degeneration ab, sondern weil er in entstellter Art und Weise noch immer die Errungenschaften der Oktoberrevolution repräsentierte. Die brutale Diktatur der Bürokratie fand hingegen die Zustimmung der K-Gruppen. Sie verteidigten nicht nur den Terror der Regimes von Pol Pot in Kambodscha, Enver Hoxha in Alba-

7 Peter Schwarz, *Marxismus gegen Maoismus*, Essen 1988, S. 53.
8 Ebd., S. 62–63.

nien und Mao Zedong in China, sondern verherrlichten auch Josef Stalin, der die Diktatur der Bürokratie verkörperte und hunderttausende Kommunisten ermorden ließ.

KBW und Co. gingen davon aus, dass die Entstalinisierung Chruschtschows die Übernahme der Macht durch eine neue Bourgeoisie eingeleitet habe. Die Sowjetunion bezeichneten sie daher als »sozialimperialistisch«. Angelehnt an die Linie der KP Chinas wurden die USA und die UdSSR als die Hauptfeinde der Völker dargestellt. Diese beiden Großmächte zu bekämpfen, sollte Aufgabe eines Bündnisses der kleineren Industrienationen mit den Entwicklungsländern sein. Daraus leiteten die K-Gruppen einen extremen Nationalismus ab, der die nationalistischen Positionen Stalins und Maos auf die Spitze trieb. Die KPD/ML ging so weit, dass sie die Aufrüstung der Bundeswehr und die Schaffung einer »Nationalen Einheitsfront« forderte, um dem »sowjetischen Hegemoniestreben« entgegenzutreten. In Bezug auf die KPD sind auch Treffen mit offen rechtsextremistischen Gruppierungen dokumentiert.[9]

In der zweiten Hälfte der 1970er Jahre arbeitete der KBW des Öfteren mit der KPD und der KPD/ML zusammen. Stand die Gruppe der »Vaterlandsverteidigung« zunächst kritisch gegenüber, näherte sie ihre Position jener der anderen K-Gruppen systematisch an. 1978 hieß es in ihrem theoretischen Organ bereits, dass die UdSSR »gemeinsam mit dem US-Imperialismus die deutsche Nation spaltet und unterdrückt«. Die nationale Frage wurde »als Hebel für die proletarische Revolution« propagiert.[10]

Im Auflösungsprozess der K-Gruppen Anfang der 1980er Jahre vollzogen ihre Mitglieder einen weiteren Rechtsruck. Einige wandten sich offen rechtsextremistischen Positionen zu.[11] Die »Kommunistische Volkszeitung«, das Zentralorgan des KBW, veröffentlichte bereits im Februar 1982 eine Anzeige für die neu-

9 Andreas Kühn, *Stalins Enkel, Maos Söhne. Die Lebenswelt der K-Gruppen in der Bundesrepublik der 70er Jahre*, Frankfurt am Main 2005, S. 128, 129–130.

10 »Kommunismus und Klassenkampf 7/1978«, S. 335, zitiert nach: Andrea Ludwig, *Neue oder deutsche Linke? Nation und Nationalismus im Denken von Linken und Grünen*, Opladen 1995, S. 53.

11 Vgl. Andreas Kühn, *Stalins Enkel, Maos Söhne*, S. 130–131.

rechte Zeitung »wir selbst«. Die Mehrheit der Gruppe wechselte zunächst zu den Grünen und bildete dort den Realo-Flügel. Heute besetzen ehemalige Kader des KBW zentrale Stellen in Wirtschaft, Politik und Medien.[12]

Wie viele seiner damaligen Weggefährten nahm Jörg Baberowski die frühe Prägung durch den KBW zum Ausgangspunkt einer extrem rechten Agenda. Dabei lässt sich eine erstaunliche Kontinuität feststellen. Baberowski behielt sein Faible für autoritäre Regimes, auch wenn es heute nicht mehr Stalin, Mao und Pol Pot gilt, sondern dem russischen Präsidenten Wladimir Putin, dem ägyptischen Diktator Abd al-Fattah al-Sisi[13] sowie Stalins Nachfolger Nikita Chruschtschow. Auch blieb Baberowskis Verachtung für die Arbeiter bestehen, wie sich insbesondere in seinen Schilderungen der Russischen Revolution zeigt (siehe unten).

Vor allem aber knüpfte er an die deutsch-nationalen Standpunkte des KBW an. Schon während seines Geschichtsstudiums in Göttingen, das er 1982 begann und 1988 abschloss, stellte sich Baberowski auf die Seite derjenigen, die die Verbrechen des Nationalsozialismus relativieren wollten, um den deutschen Nationalismus zu rehabilitieren. Rechte Akademiker fühlten sich damals durch die Wahl Helmut Kohls zum Bundeskanzler ermutigt, die Entwicklungen der vorangegangenen Jahrzehnte rückgängig zu machen. Bei den Bundestagswahlen 1983 rief Kohl die »geistig-moralische Wende« aus. Die Deutschen müssten zu einem »aufrechten Gang« zurückfinden, erklärte er. Was er damit meinte, machte der Kanzler am 5. Mai 1985 deutlich, als er zusammen mit US-Präsident Ronald Reagan die Kriegsgräberstätte Bitburg besuchte. Dort ehrte er nicht nur gefallene Wehrmachtssoldaten, sondern auch Mitglieder der Waffen-SS.

12 Zu den wichtigsten politischen Akteuren zählen der baden-württembergische Ministerpräsident Winfried Kretschmann, die ehemalige Bundesgesundheitsministerin Ulla Schmidt, der Leiter der Heinrich-Böll-Stiftung Ralf Fücks sowie Joscha Schmierer, früherer außenpolitischer Berater von Joschka Fischer und Frank-Walter Steinmeier; bekanntester Manager ist der frühere Vorstandsvorsitzende des Logistikkonzerns Schenker, Hans-Jörg Hager.

13 Vgl. Jörg Baberowski, »Putin ist immer einen Schritt voraus«, in: *Tagesanzeiger*, 19.5.2015, http://www.tagesanzeiger.ch/kultur/Putin-ist-immer-einen-Schritt-voraus/story/12196544, aufgerufen am 31.5.2015.

Ein Jahr später startete eine Gruppe rechter Historiker und Publizisten eine Offensive, die den Historikerstreit auslöste. Unmittelbarer Anlass des Streits war ein Artikel des Historikers Ernst Nolte in der »Frankfurter Allgemeinen Zeitung«. Darin forderte er, dass man den Bezug zur deutschen Geschichte normalisieren müsse. Auch andere Nationen hätten Kriegsverbrechen begangen, erklärte er. Um die Normalisierung durchzusetzen, musste er den Holocaust und die Nazi-Verbrechen relativieren. Er tat dies, indem er die industrielle Vernichtung der Juden als verständliche Reaktion auf die Gewalt des Bolschewismus darstellte. Das lief auf die Wiederholung der Nazi-Propaganda hinaus, dass der Krieg und der Terror gegen die Sowjetunion präventiven Charakter gehabt hätten.

> *Aber gleichwohl muss die folgende Frage als zulässig, ja unvermeidbar erscheinen: Vollbrachten die Nationalsozialisten, vollbrachte Hitler eine »asiatische« Tat vielleicht nur deshalb, weil sie sich und ihresgleichen als potentielle oder wirkliche Opfer einer »asiatischen« Tat betrachteten? War nicht der »Archipel GULag« ursprünglicher als Auschwitz? War nicht der »Klassenmord« der Bolschewiki das logische und faktische Prius des »Rassenmords« der Nationalsozialisten?*[14]

Diese Äußerungen lösten einen Sturm der Entrüstung aus. Zahlreiche Intellektuelle wie Jürgen Habermas, Rudolf Augstein, Heinrich August Winkler, Hans-Ulrich Wehler und Hans Mommsen wiesen sie scharf zurück und kritisierten Nolte öffentlich. Die Kritik an Nolte war unterschiedlich und komplex, aber in der Summe wurde deutlich gemacht,

1. dass Noltes Versuch, den Holocaust aus Hitlers persönlichen Ängsten heraus zu erklären, dazu dient, die Rolle der herrschenden Eliten in Deutschland zu verschleiern;

14 Ernst Nolte, »Vergangenheit, die nicht vergehen will. Eine Rede, die geschrieben, aber nicht gehalten werden konnte«, in: *Frankfurter Allgemeine Zeitung*, 6.6.1986, zitiert nach: Reinhard Kühnl (Hrsg.), *Streit ums Geschichtsbild. Die »Historiker-Debatte«. Darstellung, Dokumentation, Kritik*, Köln 1987, S. 36.

2. dass die Behauptung, Nazi-Deutschland habe sich nur verteidigt, historisch unhaltbar ist;
3. dass die sozialen und politischen Grundlagen des stalinistischen Terrors auf der einen und der Nazi-Verbrechen auf der anderen Seite höchst unterschiedlich sind und ein gegenseitiges Aufwiegen daher verbieten.

Nach diesen Auseinandersetzungen waren Noltes Standpunkte diskreditiert. Hans Mommsen attestierte Nolte eine Annäherung an »rechtsextreme Standpunkte«,[15] und Nolte selbst sprach bald nur noch vor rechtsradikalen Versammlungen.

Jörg Baberowski hingegen verteidigte Nolte schon 1986. Dem »Spiegel« berichtet er, dass er sich als einziger Student in seinem Hauptseminar für den Nazi-Apologeten ausgesprochen habe. Im gleichen Artikel hält Baberowski an diesem Standpunkt fest und erklärt: »Nolte wurde Unrecht getan. Er hatte historisch recht.«[16]

Baberowski machte es sich zur Aufgabe, Nolte zu rehabilitieren. Er widmete sich fortan der Geschichte Russlands und der Sowjetunion. 1994 promovierte er an der Universität Frankfurt zum Thema »Autokratie und Justiz. Zum Verhältnis von Rechtsstaatlichkeit und Rückständigkeit im ausgehenden Zarenreich 1864–1914«. Sieben Jahre später habilitierte er über »Zivilisatorische Mission, Nationalismus und die Ursprünge des Stalinismus in Azerbajdžan 1828–1941« in Tübingen.

Seither beschäftigt sich Baberowski in erster Linie mit der Oktoberrevolution und dem Stalinismus in der Sowjetunion. Sein Hauptziel besteht dabei in der Relativierung der Nazi-Verbrechen und damit der Rehabilitierung Noltes. Indem er die Revolution der Bolschewiki als barbarischen Angriff auf die europäische Zivilisation verfälscht, den Stalinismus als unausweichliche Folge der Oktoberrevolution darstellt und Stalins Gewalt aus ihrem politi-

15 Hans Mommsen, »Das Ressentiment als Wissenschaft. Anmerkungen zu Ernst Noltes ›Der europäische Bürgerkrieg 1917–1945. Nationalsozialismus und Bolschewismus‹«, in: *Geschichte und Gesellschaft*, Jg. 14, Heft 4, 1988, S. 502.

16 Dirk Kurbjuweit, »Der Wandel der Vergangenheit«, in: *Der Spiegel 7/2014*, S. 115, 116.

schen und gesellschaftlichen Kontext löst, rechtfertigt er den deutschen Überfall auf die Sowjetunion implizit als Notwehr.

Nach der Restauration des Kapitalismus in der Sowjetunion und der Wiedervereinigung Deutschlands gewannen solche Auffassungen an Boden. Insbesondere mit der Wiederkehr des deutschen Militarismus wird in den letzten Jahren systematisch daran gearbeitet, die Geschichte umzuschreiben und die Verbrechen des deutschen Imperialismus zu relativieren, um neue Kriege vorzubereiten.

Baberowski an der Humboldt-Universität

Das ist der Grund für Baberowskis rasche Karriere. Nur ein Jahr nach seiner Habilitation wurde er, ohne bis dahin besondere Leistungen erbracht zu haben, als ordentlicher Professor an die HU berufen. In seiner Antrittsvorlesung legte er sein Programm bereits dar. Sie war eine wütende Hetze gegen die Bolschewiki und stellte den stalinistischen Terror als logische Fortsetzung der Oktoberrevolution dar.[17]

Seinen aufgeblähten Lehrstuhl mit fast vierzig Mitarbeitern finanziert Baberowski zu erheblichen Teilen aus Drittmitteln. Geld kam unter anderem von der Volkswagen-Stiftung und dem Hamburger Institut für Sozialforschung. In den letzten Jahren wurden zudem mindestens acht Angestellte über den Sonderforschungsbereich »Repräsentationen sozialer Ordnungen im Wandel« durch die staatliche Deutsche Forschungsgemeinschaft finanziert.

Ein inniges Verhältnis pflegt Baberowski auch mit dem Zentrum für Militärgeschichte und Sozialwissenschaften der Bundeswehr (ZMSBw) in Potsdam, für das er schreibt und referiert. Für das Militärgeschichtliche Forschungsamt (MGFA), das 2012 im ZMSBw aufging, schrieb er an zwei Publikationen mit, die für die

17 Vgl. Jörg Baberowski, »Zivilisation der Gewalt. Die kulturellen Ursprünge des Stalinismus«, Antrittsvorlesung, auf: *Humboldt-Universität zu Berlin*, 10.7.2003, http://edoc.hu-berlin.de/humboldt-vl/136/baberowski-joerg-3/PDF/baberowski.pdf, aufgerufen am 6.7.2015.

deutschen Soldaten »als Orientierung im Einsatz« gedacht sind.[18] Ein Bild auf der Website des MGFA[19] zeigt Baberowski zusammen mit Oberstleutnant Dr. Burkhard Köster. Die beiden stellten im Juni 2009 im Auswärtigen Amt einen Balkan-Band des MGFA vor. Das Bild belegt die gemeinsamen Auftritte Baberowskis mit Vertretern der Bundeswehr und unterstreicht die enge Zusammenarbeit und Verzahnung seiner Arbeit an der HU mit den Interessen des deutschen Militarismus. Das hat erhebliche inhaltliche Auswirkungen auf den Lehrstuhl.

So betreute Baberowski auch mindestens ein Dissertationsprojekt in Zusammenarbeit mit dem Leiter des MGFA, Rolf-Dieter Müller. Dabei handelte es sich um die Doktorarbeit Sebastian Stoppers, der 2012 bei Baberowski promovierte. Stoppers Arbeit über die Partisanenbewegung im Brjansker Gebiet wurde von einem russischen Gericht als extremistische Schrift eingestuft, weil der Autor den deutschen Vernichtungskrieg als verständliche Reaktion auf das Wirken der Partisanen darstellt.[20] »Die Verbrechen deutscher Truppen im besetzten Teil der Sowjetunion« seien nicht »deutsch« oder »nationalsozialistisch« gewesen, so der Autor, sondern ähnlich auch von sowjetischen Truppen begangen worden.[21]

18 Vgl. Hans Ehlert, »Vorwort«, in: MGFA (Hrsg.), *Wegweiser zur Geschichte. Afghanistan*, Paderborn 2009, S. 7–8; Jörg Baberowski, »Der hundertjährige Krieg 1774–1878: Russische Expansion und zaristische Herrschaft«, in: MGFA (Hrsg.), *Wegweiser zur Geschichte. Kaukasus*, Paderborn 2008, S. 37–45; Jörg Baberowski, »Afghanistan als Objekt britischer und russischer Fremdherrschaft im 19. Jahrhundert«, in: MGFA (Hrsg.), *Wegweiser zur Geschichte. Afghanistan*, Paderborn 2009, S. 27–35.

19 Vgl. »Angebote«, auf: *Zentrum für Militärgeschichte und Sozialwissenschaften der Bundeswehr*, http://www.mgfa-potsdam.de/html/zms_bildAnzeige.php?img_id=810&PHPSESSID=, aufgerufen am 6.7.2015.

20 Benjamin Bidder, »Partisanen-Propaganda. Moskau stuft deutschen Historiker als Extremisten ein«, auf: *Spiegel Online Politik*, 16.6.2014, http://www.spiegel.de/politik/ausland/russland-stuft-deutschen-historiker-stopper-als-extremisten-ein-a-974971.html, aufgerufen am 6.7.2015.

21 Sebastian Stopper, »Das Brjansker Gebiet unter der Besatzungsherrschaft der Wehrmacht 1941 bis 1943«, Dissertation, auf: *Humboldt-Universität zu Berlin*, 9.7.2012, S. 168, http://edoc.hu-berlin.de/dissertationen/stopper-sebastian-2012-07-09/PDF/stopper.pdf, aufgerufen am 2.6.2015.

Baberowski unterhält ferner enge Verbindungen zur Hoover Institution an der Stanford University. Die Anregung zu seiner letzten Monografie »Verbrannte Erde« erhielt er nach eigenen Angaben von dem Hoover Fellow und notorischen Antikommunisten Paul Gregory. Im Sommer 2013 nahm er an einem Summer Workshop der Hoover Institution teil, auf dem er Robert Service traf. Daraufhin lud Baberowski den als Geschichtsfälscher entlarvten Service ein, im Februar 2014 an der HU seine diskreditierte Trotzki-Biografie vorzustellen.

Während Baberowski alle medialen Kanäle nutzt, um seine reaktionären Auffassungen zu verbreiten, geht er aggressiv gegen Kritiker vor und versucht, jede Diskussion über seine Thesen zu unterdrücken. Auf der als öffentlich angekündigten Veranstaltung mit Robert Service verweigerte er kritischen Professoren, Studierenden und Publizisten mithilfe eines Sicherheitsdienstes den Zugang. Im letzten Herbst wurde er bei der Universitätsleitung vorstellig, um eine Veranstaltung der International Youth and Students for Social Equality (IYSSE) unter dem Titel »Warum wollen die deutschen Eliten wieder Krieg?« auf dem Campus zu verhindern. Auf Podiumsdiskussionen weigert er sich regelmäßig, Fragen zu seinen rechten Thesen zu beantworten, und reagiert mit schweren Wutanfällen.

Als die Initiativen der IYSSE wachsende Unterstützung erfuhren und mit dem Münkler-Watch-Blog andere Studierende begannen, den Militarismus ihrer Professoren zu kritisieren, verlor Baberowski vollends die Fassung. Im Berliner »Tagesspiegel« bezeichnete er die Studierenden als »Spinner« und forderte, ihnen Hausverbot zu erteilen und Strafanzeige gegen sie zu stellen.[22] Zuvor hatte er in der »Frankfurter Allgemeinen Zeitung« die Universitätsleitung beschimpft, weil sie seine Forderungen nicht erfülle, sondern den Ball flach halte. Die Leitung sei »feige«, so

22 Tilmann Warnecke und Anja Kühne, »Herfried Münkler wirft Bloggern antisemitische Muster vor«, auf: *Der Tagesspiegel*, 20.5.2015, http://www.tagesspiegel.de/wissen/muenkler-watch-an-hu-berlin-herfried-muenkler-wirft-bloggern-antisemitische-muster-vor/11801382.html, aufgerufen am 16.6.2015.

Baberowski, denke nur an sich und fürchte negative Schlagzeilen.[23]

Die IYSSE hatten bereits nach dem Ausschluss von Kritikern aus der Veranstaltung mit Service erklärt, Baberowskis autoritäres Gebaren stehe mit seinem Versuch im Zusammenhang, die Geschichte umzuschreiben: »Ein bestimmtes politisches Ziel erfordert entsprechende Methoden. Baberowskis Verhalten am 12. Februar hat gezeigt, dass sich eine solche Revision der Geschichte nur mithilfe von Einschüchterungsmaßnahmen und der Unterdrückung abweichender Meinungen verwirklichen lässt.«[24] Diese Einschätzung hat sich inzwischen bestätigt.

Eine andere Strategie Baberowskis besteht darin, seinen Kritikern Verleumdung vorzuwerfen. Im Falle der IYSSE konnte er diesen Vorwurf zu keinem Zeitpunkt belegen. Stattdessen versucht er, seine Spuren zu verwischen. So erklärte er auf einer Podiumsdiskussion der Körber-Stiftung am 1. Juni dieses Jahres entgegen bisheriger Verlautbarungen, Nolte sei im Unrecht gewesen. Inhaltlich grenzte er sich freilich nicht von Noltes Thesen ab, für die er stets geworben hatte. Baberowski rechnet offensichtlich damit, dass es seine Verteidiger mit der wissenschaftlichen Redlichkeit nicht allzu genau nehmen. Im Folgenden soll daher ein genauerer Blick auf Baberowskis akademisches Werk geworfen werden, um – bei allen taktischen Zickzacks seiner Standpunkte – die Grundlinien herauszuarbeiten.

23 Friederike Haupt, »Unser Professor, der Rassist«, auf: *Frankfurter Allgemeine Politik*, 17.5.2015, http://www.faz.net/aktuell/politik/inland/attacken-gegen-professoren-muenkler-und-baberowski-13596126.html, aufgerufen am 16.6.2015.

24 »IYSSE protestieren gegen Unterdrückung der Diskussionsfreiheit an der Humboldt-Universität durch Professor Baberowski«, 22.2.2014, siehe ab S. 171 in diesem Buch.

Geschichts- und Gewalttheorie

Jörg Baberowski ist kein Wissenschaftler, sondern ein rechter Ideologe. Er argumentiert für einen rein subjektiven bzw. ideologischen Zugang zur Historie. Es geht ihm nach eigenen Worten vor allem darum, »neue Sichtweisen« auf Ereignisse zu präsentieren. In seiner Argumentation stützt er sich auf die irrationalistischen Positionen Michel Foucaults, Martin Heideggers und Hans-Georg Gadamers und treibt diese auf die Spitze.

»Denn es gibt keine Wirklichkeit jenseits des Bewusstseins, das sie produziert«, schreibt Baberowski. »Wir müssen uns von der Vorstellung befreien, man könne durch die Rekonstruktion der in den Dokumenten vermittelten Ereignisse erfahren, wie die russische Revolution wirklich gewesen ist.«[25]

> *Aber die Existenz von Sachverhalten ist an Beobachtungen gebunden und sie erweist sich als wahr, wenn andere bestätigen, was man selbst beobachtet hat. Wahrheiten beruhen auf Vereinbarungen zwischen Menschen … Was »objektives Wissen« genannt wird, ist bei Lichte besehen nichts weiter als ein intersubjektives Wissen, das auf Hypothesen beruht. Wahrheit ist, was ich und andere für wahr halten und einander als Wahrheit bestätigen.*[26]

Wenn sich also die Holocaustleugner Günter Deckert und Horst Mahler darüber verständigen, dass es Auschwitz nie gegeben hat, ist das eine Wahrheit, die gleichwertig neben anderen steht. In einem Text von 2014 verneint Baberowski gar jede Kausalbeziehung zwischen Ereignissen:

> *Man könne das Geschehen der Gegenwart nur historisch erklären. Diesen Satz halten nicht nur Historiker für wahr. Er ist uns zur Selbstverständlichkeit geworden. Aber das Geschehen in der Vergangenheit ist nicht die Quelle für das Handeln der Nachkommen. Wir wissen nicht einmal, ob und wie sich ein Ereignis zugetragen*

25 Jörg Baberowski, *Der Sinn der Geschichte. Geschichtstheorien von Hegel bis Foucault*, München 2005, 2. Auflage 2013, S. 22.

26 Ebd., S. 28.

> *hat. Denn das Leben ist keine Aneinanderreihung von Ereignissen, die kausal miteinander verknüpft sind. Es setzt sich aus Augenblicken zusammen.*[27]

Von dieser irrationalistischen Erkenntnistheorie ausgehend, entwickelt Baberowski dann eine sehr explizite Auffassung davon, was die Aufgabe der Geschichtswissenschaft ist:

> *Die Wissenschaft kann nichts anderes leisten, als dem Dargestellten Plausibilität und innere Konsistenz zu verleihen. Die Wissenschaftlichkeit der Geschichte besteht darin, dass sie die Prämissen erfüllt, die sie sich selbst gesetzt hat …*[28]

Offener kann man eine ideologische Herangehensweise an einen Gegenstand kaum formulieren. Das wissenschaftliche Instrumentarium dient hiernach nicht dazu, Sachverhalte durch eine kritische Analyse aufzuklären, sondern dazu, dem bereits Dargestellten Plausibilität zu verleihen. Ob es eine Lüge ist, die plausibel erscheinen soll, ist für Baberowski irrelevant. Wichtig ist nur, dass der Autor seinen eigenen Prämissen entspricht.

Baberowski bezieht sich dabei nicht nur auf den Postmodernisten Foucault, sondern auch auf Heidegger und Gadamer. Er greift den reaktionären Kern ihrer Ideologie auf. Geschichte versteht er als die Tradition von Personen oder Personengruppen, etwa Völkern. Sie ist keine Entwicklung, die verstanden werden kann, sondern legt ganz im Gegenteil fest, wie Menschen etwas verstehen und welche Identität sie entwickeln.

> *Wir sehen jetzt ein, dass es nicht unsere Aufgabe ist, vom Überlieferten Abstand zu nehmen. Wir haben nicht einmal eine Wahl, denn wir stehen selbst in Überlieferungen. Diese Überlieferung ist*

27 Jörg Baberowski, »Angst und Macht. Tätergemeinschaften im Stalinismus«, in: Jörg Baberowski, Robert Kindler (Hrsg.), *Macht ohne Grenzen. Herrschaft und Terror im Stalinismus*, Frankfurt am Main 2014, S. 47.

28 Jörg Baberowski, *Der Sinn der Geschichte. Geschichtstheorien von Hegel bis Foucault*, München 2005, 2. Auflage 2013, S. 29–30.

nicht objektivierbar, sie ist nicht etwas, das als Fremdes vergegenständlicht wird.[29]

Laut Baberowski können also Grundbegriffe und Theorien, die wissenschaftlicher Erkenntnis zugrunde liegen, selbst nicht Gegenstand der Analyse sein. Ganz im Gegenteil stellt Baberowski gerade die Unhintergehbarkeit des eigenen Referenzrahmens fest. Geschichte ist für ihn die Tradition, in der man steht, aber kein objektivierbarer Prozess, den man kritisch untersuchen könnte. Der Geschichtswissenschaft kann es nach dieser Logik nur um die Herstellung von Identität, nicht aber um objektive Erkenntnis gehen.

Die Grundbegriffe, auf die Baberowski sein Werk basiert, sind dabei ganz und gar nicht unreflektierbar und drücken glasklar die gesellschaftlichen Interessen der Herrschenden aus. Die zentrale Kategorie ist für ihn die Gewalt. Dabei stützt er sich auf die Arbeiten Wolfgang Sofskys[30] und Jan-Philipp Reemtsmas,[31] die Gewalt als conditio humana, als Grundbedingung des Menschseins begreifen. Gewalt wird in diesem Konzept als erstes und elementares Grundbedürfnis verstanden, das keiner konkreten Gründe oder Anlässe bedarf. Dementsprechend könne ständige Gewaltanwendung zwischen den Menschen nur durch einen starken Staat und dessen Gewaltmonopol verhindert werden. Baberowski fasst das Konzept mit den folgenden Worten zusammen:

Was immer Gewalt auch sein mag, stets wird sie als Abweichung, als Irrweg, Abweg oder Krankheit vorgestellt, die eines Tages geheilt sein wird. Wenn Krankheiten erst einmal diagnostiziert sind, so lautet das Argument der Therapeuten, können sie auch geheilt werden: durch Zivilisierung, durch Toleranz oder soziale Gerechtigkeit. Alle Erklärungen, die Kultur- und Sozialwissenschaftler für den Ausbruch von Gewalt vorgetragen haben, waren immer nur Variationen dieses einen Motivs, dessen Wirkungen sich aus dem Glauben der Machbarkeit der Verhältnisse erklären. Vielleicht ist der

29 Ebd., S. 115.

30 Wolfgang Sofsky, *Traktat über die Gewalt*, Frankfurt am Main 2005.

31 Jan-Philipp Reemtsma, *Die Gewalt spricht nicht. Drei Reden*, Leipzig 2002.

Glaube an das Ende der Gewalt die letzte Utopie, an der man sich noch festklammern mag.[32]

In dieser flachen Argumentation ist Gewalt grund- und ursachenlos. Sie ist einfach da und kommt spontan über die Menschen, ganz unabhängig davon, unter welchen Bedingungen sie leben, wie sie aufgewachsen sind, welche Interessen sie haben etc. Wer sich »den Vernichtungskrieg als Perversion der menschlichen Natur vorstellt, hat von der Gewalt nichts verstanden«, schreibt Baberowski.[33]

Das einzige Mittel, das Baberowski gegen Gewalt gelten lässt, ist die Gewalt des Staatsapparats.[34] Solche haarsträubenden Thesen kann Baberowski natürlich weder biologisch oder evolutionstheoretisch noch psychologisch oder soziologisch begründen. Er behauptet sie einfach. Die Wurzeln seiner These liegen auch nicht in der Wissenschaft, sondern in der Tradition ultra-reaktionären Denkens, wie es etwa durch Martin Heidegger oder Arthur Moeller van den Bruck vertreten wurde. Bei beiden steht die Unverstehbarkeit und Unveränderbarkeit der gesellschaftlichen Verhältnisse im Zentrum ihrer Denksysteme. Dahinter steht die Verteidigung der bestehenden Ausbeutungs- und Unterdrückungsverhältnisse. Bei aller Relativität seiner Erkenntnistheorie ist Baberowski hier sehr eindeutig. Im Kapitel über Karl Marx schreibt er:

Leben ist Zwang. Und nichts spricht dafür, dass sich die unsichtbaren Mächte und komplexen Systeme, die die moderne Gesellschaft beherrschen, von selbst auflösen. Wir werden allenfalls eine alte

32 Jörg Baberowski, »Ermöglichungsräume exzessiver Gewalt«, in: Jörg Baberowski, Gabriele Metzler (Hrsg.), *Gewalträume. Soziale Ordnungen im Ausnahmezustand*, Frankfurt am Main 2012, S. 12–13.

33 Jörg Baberowski, »Kriege in staatsfernen Räumen. Russland und die Sowjetunion 1905–1950«, in: D. Beyrau, M. Hochgeschwender, D. Langewiesche (Hrsg.), *Formen des Krieges. Von der Antike bis zur Gegenwart*, Paderborn 2007, S. 309.

34 Vgl. Jörg Baberowski, »Ermöglichungsräume exzessiver Gewalt«, in: Jörg Baberowski, Gabriele Metzler (Hrsg.), *Gewalträume. Soziale Ordnungen im Ausnahmezustand*, Frankfurt am Main 2012, S. 24.

gegen eine neue Form der Hörigkeit austauschen und neue Begriffe von Freiheit gewinnen.[35]

Damit hat Baberowski die grundlegende Stoßrichtung seiner Arbeit umrissen. Es geht ihm darum, die wachsende Brutalität der herrschenden Klasse, die Militarisierung der Gesellschaft und die Einschränkung demokratischer Rechte zu rechtfertigen sowie Kriege vorzubereiten, wie er sie auf einer Podiumsdiskussion im Oktober 2014 im Deutschen Historischen Museum selbst gefordert hat (siehe unten). Zwang gehört zum menschlichen Dasein, und die Gewalt des Staates ist notwendig, um Anarchie und Terror zu vermeiden. Das ist der Kern von Baberowskis Theoriegebäude.

Auf dieser Grundlage entwirft er ein Bild der Geschichte des zwanzigsten Jahrhunderts, das nur wenig mit den tatsächlichen Ereignissen gemein hat. Da er jede Kausalbeziehung in der Geschichte leugnet, dienen ihm die historischen Ereignisse lediglich als Ausgangspunkt für seine reaktionären Thesen und als Ausdruck der unbedingten Gewalt. »Verbrannte Erde« ist in dieser Hinsicht ein Lehrstück. Das Buch ist eine wütende Hetzschrift gegen die Bolschewiki, die in einer vulgären Sprache verfasst ist und immer wieder offene Verachtung für die russischen Arbeiter und Bauern zum Ausdruck bringt. Die zentrale These des Werkes lautet, dass die Oktoberrevolution der Ausgangspunkt der Barbarei des zwanzigsten Jahrhunderts gewesen sei. Sie habe die bürgerliche Ordnung zerstört und damit einen Gewaltraum geöffnet, in dem sich Psychopathen wie Stalin voll hätten ausleben können.

Verfälschung der Oktoberrevolution

Die Oktoberrevolution wird als Eruption der Gewalt einer rückständigen, brutalen und alkoholabhängigen Arbeiterschaft dargestellt. »Die Revolution des Jahres 1917 war eine Revolte verbitterter und vom Krieg verrohter Menschen, die mit der alten Ord-

35 Jörg Baberowski, *Der Sinn der Geschichte. Geschichtstheorien von Hegel bis Foucault*, München 2005, 2. Auflage 2013, S. 98.

nung auch den Geist der europäischen Zivilisation buchstäblich aus dem Land trieb«, schreibt Baberowski.[36] Die Bolschewiki hätten zu den verrohten Massen keinen politischen Zugang gefunden, sondern ausschließlich über ihre Vorliebe für Gewalt und ihr männliches Auftreten eine kurzzeitige Beziehung aufgebaut.

> *Sie gewannen nicht, weil sie über das attraktivere politische Programm geboten, sondern weil sie ihren Widersachern als Gewalttäter überlegen waren und weil sich die hungernde und abgestumpfte Bevölkerung dem Wahnsinn apathisch hingab.*[37]

Lenin bezeichnet Baberowski als einen »bösartige[n] Schreibtischtäter, dem menschliche Tragödien, Leid und Elend nichts bedeuteten«.[38] Für ihn »waren Kriege Abstraktionen, Menschen Nummern im großen Spiel der Gewalt, das ihm und seinesgleichen half, an die Macht zu gelangen«.[39] Schließlich versteigt sich Baberowski sogar zu der Behauptung, dass die Bolschewiki den Ersten Weltkrieg herbeigesehnt hätten.

> *Die Bolschewiki brauchten nicht nur den Krieg, weil er ihnen entsprach. Sie brauchten auch die Niederlage, damit der große Umsturz, den sie sich vorgenommen hatten, gelingen konnte.*[40]

Über den Bürgerkrieg schreibt er: »Hätte es ihn nicht gegeben, hätten sie ihn erklären müssen, um zu tun, wonach ihnen der Sinn stand.«[41]

Diese Darstellung der Bolschewiki und der Oktoberrevolution hat nicht das Geringste mit den historischen Ereignissen zu tun. Sie ist eine plumpe Verleumdung. Die Bolschewiki waren neben der serbischen Sozialdemokratie die einzige Partei in Europa, die

36 Jörg Baberowski, *Verbrannte Erde. Stalins Herrschaft der Gewalt*, München 2012, S. 49.
37 Ebd., S. 58.
38 Ebd., S. 66.
39 Ebd., S. 44.
40 Ebd.
41 Ebd., S. 58.

den Krieg von Anfang an vehement ablehnte. Aufgrund ihrer prinzipiellen Opposition genossen sie großes Ansehen in der Arbeiterklasse. Auf der Grundlage ihrer systematischen politischen und theoretischen Arbeit waren die Bolschewiki bereits vor Kriegsausbruch in den Jahren 1913 und 1914 in der Lage, ihren Einfluss auf Kosten der Menschewiki massiv auszudehnen.

David North belegt in seinem Text »Die Machtübernahme der Bolschewiki im Oktober 1917: Staatsstreich oder Revolution?« eindrucksvoll, dass die Oktoberrevolution auf dem politischen Fundament jahrelanger Agitation und Ausbildung der Arbeiterklasse durch die russische Sozialdemokratie beruhte. Er stellt fest,

> *dass die Machteroberung der bolschewistischen Partei alles andere als ein Putsch war ... Eher versuchte die bolschewistische Partei in jenem Jahr über weite Strecken, mit der Massenbewegung Schritt zu halten, die eine Dynamik entwickelte, wie man sie seit der Französischen Revolution nicht mehr erlebt hatte.*[42]

Der amerikanische Historiker Alexander Rabinowitch fasst die Bedeutung seines Buchs »Die Revolution der Bolschewiki 1917«, das auch Baberowski in seinen Seminaren nicht umhin kommt, als Standardwerk zu bezeichnen, mit den folgenden Worten zusammen:

> *Ich kam zu dem Ergebnis, dass die Oktoberrevolution in Petrograd weniger eine militärische Operation war, sondern eher ein allmählicher Prozess auf dem Boden einer in der Bevölkerung tief verwurzelten politischen Kultur sowie einer weit verbreiteten Unzufriedenheit mit den Ergebnissen der Februarrevolution, kombiniert mit der unwiderstehlichen Anziehungskraft der Versprechen der Bolschewiki – sofortiger Friede, Brot, Land für die Bauern und Basisdemokratie durch Mehrparteiensowjets.*[43]

42 David North, *Die Russische Revolution und das unvollendete Zwanzigste Jahrhundert*, Essen 2015, S. 42.

43 Alexander Rabinowitch, *Die Sowjetmacht. Das erste Jahr*, Essen 2010, S. x.

Die Oktoberrevolution war der erste Schritt zur Befreiung der Menschheit von der kapitalistischen Barbarei. Sie beendete den Ersten Weltkrieg, der allein in Russland mehr als zwei Millionen Arbeitern und Bauern das Leben gekostet hatte. Das Ziel war die sozialistische Weltrevolution, die Krieg und Ausbeutung für immer beenden sollte.

Nachdem die Sowjets unter Führung der Bolschewiki am 7. November 1917 die Macht in Russland übernommen hatten, wandte sich nicht nur die herrschende Klasse Russlands, sondern der ganzen Welt gegen die junge Arbeitermacht. Im Laufe des Bürgerkriegs intervenierten vierzehn ausländische Mächte militärisch auf Seiten der Weißen Armee. In der enormen Brutalität der weißen Truppen zeigte sich die ganze Gewalt des alten Regimes, das die Arbeiter und Bauern ins Schlachthaus des Ersten Weltkriegs gezwungen hatte. Antisemitische Pogrome, Massaker an Bauern und Massenhinrichtungen von Arbeitern waren integraler Bestandteil der konterrevolutionären Kriegsführung. Sie forderten hunderttausende Opfer.

In seinem zweiten großen Werk »Die Sowjetmacht. Das erste Jahr« beschreibt Rabinowitch detailliert und faktenreich, wie sich der Rote Terror in Petrograd als Akt der Selbstverteidigung gegen die ausländische Intervention und die weiße Konterrevolution entwickelte. Es handelte sich dabei keinesfalls um den willkürlichen Ausbruch von Gewalt, sondern um notwendige Maßnahmen, die von heftigen Debatten innerhalb der Sowjets und der bolschewistischen Partei begleitet wurden.[44]

Leo Trotzki, der die Rote Armee im Bürgerkrieg anführte, beschrieb 1920 in dem Text »Terrorismus und Kommunismus«, wie sich in der Brutalität des Krieges der Umstand ausdrückte, dass sich die Bourgeoisie der ganzen Welt durch den Arbeiterstaat bedroht sah, und dass sich die russischen Arbeiter gegen eine mächtige Reaktion zu wehren hatten. In Antwort auf den deutschen Sozialdemokraten Karl Kautsky verteidigte Trotzki daher den Roten Terror und betonte den zentralen Unterschied zwi-

44 Vgl. ebd., »Wie es zum ›Roten Terror‹ kam«, S. 419–479.

schen der Gewalt der Unterdrückten und der Gewalt der Unterdrücker.

> *Der Terror des Zarismus war gegen das Proletariat gerichtet. Die zaristische Gendarmerie würgte die Arbeiter, die für die sozialistische Ordnung kämpften. Unsere Außerordentlichen Kommissionen erschießen die Gutsherren, Kapitalisten, Generäle, die die kapitalistische Ordnung wiederherzustellen bestrebt sind.*[45]

Nach einer Analyse der Ursachen für die Gewaltmaßnahmen der Bolschewiki sucht man bei Baberowski vergeblich. Er erwähnt nicht ein einziges Mal die Intervention durch ausländische Mächte und tut den weißen Terror als unorganisierte Einzeltaten ab. »Der Feind lebte nur in den Köpfen der Kommunisten. Daraus bezog der bolschewistische Terror seine Maßlosigkeit und Monstrosität«, schreibt er in »Verbrannte Erde«.[46] Durch eine solche Ausblendung sämtlicher historischer Bedingungen der Sowjetmacht versucht Baberowski, das Bild eines grundlosen Gewaltausbruchs zu zeichnen, der sich allein auf die vermeintliche Geisteskrankheit der Bolschewiki und die Rückständigkeit der Massen zurückführen lasse. »Der rote Terror verband Obsession und Wahnvorstellungen mit der Lust an der Gewalt.«[47]

Diese vulgären und ahistorischen Tiraden dienen Baberowski dazu, staatliche Gewaltregimes zu rechtfertigen und jeden Widerstand gegen die vorherrschende Ordnung zu kriminalisieren. Zugleich bilden sie die Grundlage für seine Erklärung des Stalinismus, den er ebenfalls von seinem historischen Kontext löst und als nahtlose Fortsetzung der Oktoberrevolution darstellt.

45 Leo Trotzki, *Terrorismus und Kommunismus*, Dortmund 1976, S. 44.

46 Jörg Baberowski, *Verbrannte Erde. Stalins Herrschaft der Gewalt*, München 2012, S. 63.

47 Ebd., S. 68.

Entkontextualisierung des Stalinismus

Baberowski zieht eine direkte Linie von der Revolution zum stalinistischen Terror. Der Bürgerkrieg sei die »Generalprobe für den Stalinismus, ein Experimentierfeld« gewesen, ein »Stalinismus vor dem Stalinismus«, behauptet er.[48] Auch das Ausmaß des stalinistischen Terrors liege in dem Versuch der Oktoberrevolution begründet, die bürgerliche Ordnung zu überwinden:

> *Nur in einer Situation totaler Willkür und Unsicherheit konnte es Stalin gelingen, seine Allmachtsphantasien und Gewaltgelüste Wirklichkeit werden zu lassen. Der bolschewistische Feldzug gegen das alte Russland öffnete die Schleusen, aus denen sich die Gewalt ungebremst ergießen konnte.*[49]

Baberowski verneint explizit jeden Sinn hinter Stalins Terror und stellt ihn als individuelle Tat eines Wahnsinnigen dar, die möglich geworden sei, weil die Revolution einen »Gewaltraum« geöffnet habe.

> *Der Terror vollzog sich in Wellenbewegungen, er nahm an Intensität zu, wenn Stalin entschieden hatte, die Gewalt sprechen zu lassen, und er verlor an Intensität, wenn er ihrer überdrüssig geworden war. Die Gewalt wurde weder vom System noch von sozialen Konflikten erzeugt.*[50]

Im ganzen Buch reiht Baberowski eine detaillierte Gewaltdarstellung an die nächste, ohne den historischen Kontext auch nur zu umreißen. Ganz im Gegenteil muss er, um seine absurde These unbedingter Gewalteruption aufrecht erhalten zu können, die realen historischen Ereignisse komplett ausblenden oder verfälschen.

Tatsächlich war der Massenterror Stalins in den 1930er Jahren nicht das Ergebnis der Oktoberrevolution. Er richtete sich vielmehr gerade gegen das sozialistische Erbe der Revolution. Hun-

48 Ebd., S. 61.
49 Ebd., S. 131.
50 Ebd., S. 217.

derttausende Kommunisten wurden in den großen Säuberungen umgebracht oder verendeten in den Lagern des GULags.

Die 1920er Jahre waren in der Sowjetunion von den heftigen Kämpfen zwischen der herrschenden stalinistischen Clique und der Linken Opposition um Leo Trotzki geprägt. Während erstere die Diktatur der bürokratischen Schicht gegen die Arbeiter vertrat, verteidigte letztere das internationalistische Programm der Oktoberrevolution und die Arbeiterdemokratie. Die sozialen und politischen Gegensätze zwischen Bürokratie und Arbeiterklasse, die sich in diesen Kämpfen ausdrückten, nahmen immer schärfere Formen an und mündeten in den Säuberungen der 1930er Jahre, dem Höhepunkt der stalinistischen Konterrevolution.

Der russische Historiker Wadim Rogowin fasst seine umfassende Arbeit zu den stalinistischen Säuberungen damit zusammen, »dass sie die einzig mögliche Antwort Stalins auf die wachsende Opposition in der kommunistischen Bewegung sowohl innerhalb wie außerhalb der Sowjetunion darstellten«.[51] Trotzki selbst fand eine ähnliche Charakterisierung des großen stalinistischen Terrors.

> *Die nach Maß und Methode ungeheuerlichen »Säuberungen« spiegeln die unerträgliche Spannung zwischen der sowjetischen Bürokratie und dem Volk wider … Stalin initiierte diese Säuberung nicht aus der sinnentleerten Laune des orientalischen Despoten: Er war durch den Kampf um die Machterhaltung dazu gezwungen.*[52]

In der Einleitung zu Trotzkis bedeutendem Werk »Verratene Revolution« fasst David North die Gründe für das Erstarken der Bürokratie unter Führung Stalins treffend zusammen. Es handelte sich um grundlegende soziale Prozesse.

> *Hatte die verspätete Entwicklung des Kapitalismus in Russland die Schaffung des Sowjetstaates ermöglicht, so war die unerwartete*

51 Wadim S. Rogowin, *Gab es eine Alternative zum Stalinismus?*, Essen 1996, S. 39.

52 Leo Trotzki, »Rätsel UdSSR«, 21.6.1939, auf: *MLWerke*, http://www.mlwerke.de/tr/1939/390621a.htm, aufgerufen am 23.6.2015.

> *Verzögerung des Siegs der sozialistischen Weltrevolution der wichtigste Grund für ihre Degeneration. Deren Form war das enorme Anwachsen der Bürokratie im Apparat des sowjetischen Staates und der bolschewistischen Partei und die außerordentliche Machtkonzentration in seinen Händen.*[53]

Doch Baberowski interessiert sich weder für die politischen Auseinandersetzungen noch für ihre soziale Grundlage. Denn sie widersprechen seiner einfältigen Gewalt-These. In dem ganzen 600-Seiten-Buch widmet er den Auseinandersetzungen der 1920er Jahre gerade einmal vier Seiten. Darin sieht er »Einfluss und Macht« als Grund für die Konflikte, die nur »vordergründig« mit »unterschiedlichen Auffassungen« verbunden gewesen seien.[54] Später erklärt Baberowski, dass es sich bei den Trotzkisten nur um eine »Handvoll ohnmächtiger Kommunisten« gehandelt habe und Stalins Angst vor einer »existenziellen Bedrohung« seiner Herrschaft ein Hirngespinst gewesen sei.[55] Nachweise für diese These bleibt er schuldig.

In seinem Versuch, den Stalinismus als unausweichliche Folge der Revolution darzustellen, geht Baberowski noch weit über solche Auslassungen und Bagatellisierungen hinaus. Er greift zu offenen Fälschungen. Ein besonders abstoßendes Beispiel ist seine Darstellung von Trotzkis Vision des neuen Menschen.

Trotzki hatte seine Auffassungen über die Entwicklung des »neuen Menschen« in der sozialistischen Gesellschaft in einem Abschnitt seiner Schrift »Literatur und Revolution« dargelegt. Darin beschreibt er, wie sich die Menschen in einer wirklich demokratischen Gesellschaft entfalten werden, wenn die wichtigen gesellschaftlichen Entscheidungen »die breiten Volksmassen mitreißen werden«.[56] Trotzki führt aus, wie der Mensch unbewusste Prozesse der Politik, Wirtschaft und Kultur ins Bewusstsein

53 David North, »Einleitung«, in: Leo Trotzki, *Verratene Revolution*, Essen 1997, S. 15.

54 Jörg Baberowski, *Verbrannte Erde. Stalins Herrschaft der Gewalt*, München 2012, S. 110–111.

55 Ebd., S. 227.

56 Leo Trotzki, *Literatur und Revolution*, Essen 1994, S. 245.

bringen und sich so zum Herren der Gesellschaft und seiner eigenen Natur machen werde. Der Text unterstreicht das Ziel der Oktoberrevolution, eine Gesellschaft zu schaffen, »worin die freie Entwicklung eines jeden die Bedingung für die freie Entwicklung aller ist«.[57]

Nachdem Baberowski sehr selektiv aus Trotzkis Text zitiert hat, stellt er dessen Aussagen auf den Kopf. Statt der Selbstermächtigung des Menschen unterstellt er dessen diktatorische Zurichtung und Unterdrückung, wie sie insbesondere aus dem deutschen Nationalsozialismus und in schwächerer Form auch aus der stalinisierten Sowjetunion bekannt sind. In Bezug auf Trotzkis Auffassungen schreibt Baberowski:

> *Für die bolschewistischen Führer war die Gewalt nicht nur ein Mittel zum Zweck. Der Gewalt- und Tötungskult war ein Teil des bolschewistischen Weltbildes, das den Gewalttäter als neuen Menschen auswies … Deshalb musste der neue Mensch seinen Körper disziplinieren und ihn in eine standardisierte, willenlose Maschine verwandeln, die nur noch dem Kollektiv gehörte.*[58]

Durch seine bodenlose Fälschung der Auffassungen Trotzkis versucht Baberowski den Bolschewismus mit dem Stalinismus zu identifizieren. Aus dem gleichen Grund blendet er all die ungeheuren gesellschaftlichen Fortschritte aus, die durch die Oktoberrevolution geschaffen und durch die stalinistische Diktatur zu großen Teilen wieder rückgängig gemacht wurden. Dazu zählen neben der Beendigung des Weltkriegs und der Vergesellschaftung der Produktionsmittel auch die Aufteilung des Landes, die Gleichberechtigung der Frau, das Recht auf nationale Selbstbestimmung unterdrückter Ethnien und eine nie dagewesene Blüte der Kunst und Kultur.

Dabei verfälscht Baberowski nicht nur die Taten und Ziele der Bolschewiki, er wird in seiner einseitigen Gewaltdarstellung auch

57 Karl Marx, Friedrich Engels, »Manifest der Kommunistischen Partei«, in: *MEW*, Bd. 4, Berlin 1974, S. 482.

58 Jörg Baberowski, *Verbrannte Erde. Stalins Herrschaft der Gewalt*, München 2012, S. 136–138.

dem stalinistischen Regime nicht gerecht. Denn die stalinistische Herrschaft beruhte auf einem grundlegenden Widerspruch, der den brutalen Charakter des Regimes gerade ausmachte. Während die Bürokratie die Arbeiter unterdrückte und alle sozialistischen Ideale mit Füßen trat, verdankte sie ihre Position dem Arbeiterstaat und den Eigentumsverhältnissen der Oktoberrevolution. Die sozialistischen Eigentumsverhältnisse ermöglichten eine beispiellose gesellschaftliche und ökonomische Entwicklung. Trotz seiner stalinistischen Degeneration übte der erste Arbeiterstaat auf die Arbeiter der Sowjetunion und der ganzen Welt deshalb eine starke Anziehungskraft aus.

Nur so ist etwa der heroische Kampf der sowjetischen Arbeiter und Bauern gegen die nationalsozialistischen Truppen zu erklären. Obwohl Stalin die Rote Armee enthauptet und zahlreiche strategische Fehlentscheidungen getroffen hatte, warfen sich die sowjetischen Soldaten dem Faschismus mit aller Macht entgegen. Sie verteidigten die Errungenschaften der Revolution gegen die faschistische Gefahr.

Für Baberowski spielen diese Fragen keine Rolle. In seiner Version des Zweiten Weltkriegs wurden die sowjetischen Arbeiter und Bauern ausschließlich durch die unmittelbare Gewaltandrohung Stalins an die Front getrieben. »Denn Ideen spielen im Kampf überhaupt keine Rolle«, schreibt Baberowski. »Ideologien kommen nach dem Krieg ins Spiel, wenn es darauf ankommt, erbrachten Opfern einen Sinn zu verleihen.«[59]

Wie die Revolution stellt Baberowski den antifaschistischen Kampf der Roten Armee als bloßen Ausbruch der Gewalt dar. Dabei lässt er wiederum den historischen Kontext des deutschen Überfalls weitestgehend außen vor und arbeitet mit Fälschungen und Übertreibungen. Christoph Dieckmann weist darauf hin, dass Baberowski die Zahl der durch die Rote Armee getöteten Gefangenen beim Rückzug aus Lemberg kurzerhand verdreifacht und deutsche Kriegsmythen unkommentiert reproduziert.[60]

59 Ebd., S. 439.

60 Vgl. Christoph Dieckmann, »Die Suche geht weiter. Stalin, der Stalinismus und das Rätsel der Gewalt«, in: *Osteuropa*, Jg. 62, Heft 4, April 2012, S. 135.

Revision früherer Thesen

Die Standpunkte, die Baberowski in »Verbrannte Erde« formuliert, sind Revisionen seiner früheren Thesen. Das Buch ist eine Überarbeitung des 2003 erschienenen Bands »Der Rote Terror«. Darin vertritt Baberowski noch die klassisch-antikommunistische Auffassung, dass der Stalinismus eine logische Folge des Modernisierungsstrebens des Marxismus war. Die Bolschewiki seien »gelehrige Schüler des Zeitalters der Vernunft und der Aufklärung« gewesen. Gerade daraus habe sich angesichts der Rückständigkeit Russlands der Terror Stalins entwickelt. »Für sie war der Staat ein Gärtner, der wilde Landschaften in symmetrisch angelegte Parks verwandelte.«[61]

Im Vorwort zu »Verbrannte Erde« stellt Baberowski nun fest, dass ihm diese Thesen »nicht mehr gefielen« und ihm vieles als »Unfug« erscheine, was er damals geschrieben habe. Entsprechend seiner Gewalttheorie sieht er jetzt nicht mehr den ordnenden Staat, sondern die Auflösung der Ordnung als Grundlage des Stalinismus an. »Die Sowjetunion der dreißiger Jahre wurde nicht von Bürokraten und ihren Regelwerken beherrscht, sondern von Patronen und Klienten regiert. Über allen erhob sich der Diktator, der seine Herrschaft auf die Loyalität seiner Vasallen in den Provinzen stützte.« Die Gewalt wird nicht mehr mit dem Modernisierungsstreben, sondern mit der Brutalität der Rückständigkeit erklärt: »Seine tödlichen Wirkungen entfaltete das moderne Streben nach Eindeutigkeit vor allem dort, wo dem Machbarkeitswahn und dem Vernichtungswillen fanatisierter Ideologen keine Grenzen gesetzt wurden: in den staatsfernen, vormodernen Gewalträumen.«[62]

Seine frühere, auf den Soziologen Zygmunt Bauman gestützte These bezeichnet Baberowski nun als »nichts weiter als eine Behauptung«.[63] Damit hat er zweifelsfrei recht. Aber auch seine

61 Jörg Baberowski, *Der Rote Terror. Die Geschichte des Stalinismus*, Frankfurt am Main 2003, 2. Auflage 2008, S. 13, 12.

62 Jörg Baberowski, *Verbrannte Erde. Stalins Herrschaft der Gewalt*, München 2012, S. 9, 10, 28, 27.

63 Ebd., S. 10.

neue Gewalt-Position belegt er in keiner Weise mit historischen Fakten, noch legt er die Motive für seine Revision dar. Von einem Wissenschaftler, der frühere Positionen revidiert, würde man erwarten, dass er sich intensiv mit den Quellen auseinandersetzt, frühere Urteile mit ihnen konfrontiert und so die neuen Ergebnisse begründet. Nicht so Baberowski: Auf der Grundlage seiner irrationalistischen Geschichtstheorie geht es ihm nicht darum, die historischen Ereignisse zu verstehen, sondern sie zur Identitäts- und Ideologiebildung zu missbrauchen.

Die Stoßrichtung seiner neuen Auffassung ist eindeutig: Wenn es staatsferne Gewalträume sind, die zu Terror und Barbarei führen, ist damit zugleich die militärische Intervention durch die großen Mächte gerechtfertigt, die für staatliche Ordnung und Frieden stehen. So reaktionär seine Modernisierungs-These auch war, enthielt sie demgegenüber doch auch eine gewisse Kritik an Kolonialpolitik und Imperialismus. Irma Kreiten, die zeitweise mit Baberowski zusammenarbeitete, führt seinen Sinneswandel auf seine Tätigkeit für das Zentrum für Militärgeschichte und Sozialwissenschaften der Bundeswehr (ZMSBw) zurück und weist nach, dass er in neueren Schriften die Kolonialpolitik des Zarenreichs verklärt.[64]

Doch die eigentliche Stoßrichtung Baberowskis geht weit darüber hinaus. Im Wesentlichen geht es ihm um eine Relativierung der Nazi-Verbrechen und die Rehabilitierung des deutschen Imperialismus. Schon die Behauptung, dass die Barbarei des zwanzigsten Jahrhunderts ihren Schwerpunkt in den staatsfernen Regionen gehabt habe, ist angesichts der industriellen und generalstabsmäßig geplanten Vernichtung der europäischen Juden durch den deutschen Faschismus eine bodenlose Geschichtsklitterung. Dasselbe gilt für die Behauptung, die Gewalt des Zweiten Weltkriegs sei keinen politischen Motiven gefolgt.

64 Vgl. Irma Kreiten, »Wenn das Militär Geschichte schreibt. Jörg Baberowski und das Kolonialklischee vom ›kriminellen Nordkaukasier‹«, auf: *Sochi 2014 und der Völkermord an den Tscherkessen – Nachgefragt*, 2.3.2014, http://sochi2014-nachgefragt.blogspot.com.tr/2014/03/wenn-das-militar-geschichte-schreibt.html, aufgerufen am 6.7.2015.

Bei der Lektüre von »Verbrannte Erde« wird mehr als deutlich, worum es Baberowski mit seiner Gewalt-These eigentlich geht. Nachdem er die Gewalt entpolitisiert und entkontextualisiert hat, setzt er die sowjetische mit der nationalsozialistischen Gewalt gleich. Erklärte er in »Der Rote Terror« noch, dass der faschistische Terror jenen der Sowjetunion »in den Schatten stellte«,[65] lässt er sie nun mindestens ebenbürtig erscheinen.[66]

Relativierung der Naziverbrechen und Rehabilitierung des deutschen Imperialismus

Im Lichte seiner Haltung zum Zweiten Weltkrieg ergeben all seine Auslassungen, Verdrehungen und Fälschungen der sowjetischen Geschichte einen neuen Sinn. Baberowskis Schilderungen der Bolschewiki und der sowjetischen Gesellschaft lassen barbarische Horden vor dem geistigen Auge erscheinen, die nur darauf warteten, das zivilisierte Europa zu überrennen. Es ist kein Zufall, dass seine Beschreibungen der Bolschewiki erstaunliche Ähnlichkeit mit der Propaganda der Nazis besitzen. Wenn Baberowski schildert, wie sich die alkoholkranken russischen Arbeiter in der zügellosen Gewalt mit den Bolschewiki trafen, deckt sich dies in erstaunlicher Weise mit den Ausführungen des NS-Propagandaministers Joseph Goebbels. Auf dem Parteitag der NSDAP von 1936 erklärte dieser etwa:

> *Der Bolschewismus ist deshalb schon allen anderen politischen Machtgruppen, die sich ihm nicht in schroffster Gegnerschaft entgegenstellen, überlegen, weil er in rücksichtslosester Weise das Untermenschentum, das in jedem Volke als Hefe vorhanden ist, gegen den Staat und seine erhaltenden Ideen mobilisiert. Er ist die*

65 Jörg Baberowski, *Der Rote Terror. Die Geschichte des Stalinismus*, Frankfurt am Main 2003, 2. Auflage 2008, S. 225.

66 Vgl. Jörg Baberowski, *Verbrannte Erde. Stalins Herrschaft der Gewalt*, München 2012, S. 417.

> *Organisation der niedrigsten Instinkte eines Volkes zur Vernichtung aller hochwertigen rassischen Elemente.*[67]

Bis auf den rassistischen Einschlag gleichen diese Tiraden jenen Baberowskis. Sie waren die unmittelbare Vorbereitung auf den Krieg gegen die Sowjetunion. Goebbels führt in seiner Rede aus, dass die Sowjetunion Krieg gegen Deutschland vorbereite und nur auf einen günstigen Moment warte, um loszuschlagen. Und auch hier ist Baberowski bei Goebbels. In »Verbrannte Erde« schreibt er implizit, dass Stalin einen Krieg gegen Deutschland führen wollte:

> *Im Krieg waren Stalin und seine Gefolgsleute ganz bei sich, nichts hätte dem Diktator mehr gefallen, als Kriege zu führen, die er auch gewinnen konnte.*[68]

Diese unerhörte Behauptung kann Baberowski mit keinem einzigen Verweis belegen. Außer in der Nazi-Propaganda finden sich auch keine Hinweise darauf.

Baberowskis Lügen dienen dazu, den deutschen Überfall auf die Sowjetunion als Notwehr darzustellen. Indem er suggeriert, die barbarischen Horden der Sowjetunion hätten nur auf einen günstigen Moment für den Angriff auf Deutschland gewartet, impliziert er, dass ein Präventivkrieg Hitlers gerechtfertigt war. Um diese unverschämte These aufrechterhalten zu können, muss Baberowski Hitlers Ziel eines Vernichtungskriegs gegen die Sowjetunion leugnen oder zumindest relativieren. Hitler hatte schon 1925 in seiner Schrift »Mein Kampf« einen Vernichtungskrieg gegen Russland angekündigt und diese Haltung immer wieder bestätigt. In diversen Führererlassen hatte er die Vernichtung der »sowjetisch-jüdischen Intelligenz« und später großer Teile der Zivilbevölkerung der Region befehligt. In der rassistischen Kon-

67 Joseph Goebbels, »Rede auf dem Parteikongress der NSDAP in Nürnberg«, 10.9.1936, auf: *History in Movements*, http://histmove.ouvaton.org/pag/chr/pag_009/de/docu_1936_09_10_Goebbels.htm, aufgerufen am 7.7.2015.

68 Jörg Baberowski, *Verbrannte Erde. Stalins Herrschaft der Gewalt*, München 2012, S. 396.

zeption der Nazis sollte auf diese Weise »Lebensraum im Osten« geschaffen werden. Der Generalplan Ost sah die Dezimierung der slawischen Bevölkerung um dreißig Millionen Menschen vor.

Doch laut Baberowski war es nicht der deutsche Imperialismus und der rassistische Vernichtungswille der Nazis, der zum Terror gegen die Zivilbevölkerung und schließlich zum Holocaust führte, sondern die Gegebenheiten der Ostfront, die vornehmlich durch die Sowjetunion hergestellt worden seien. Baberowski schreibt:

> *In jedem Krieg ist solch ein Zustand* [wie er an der Ostfront herrschte] *Grund genug, um dem Gegner Widerstand zu leisten und Grausamkeiten zu begehen. Mit Hinweis auf ideologische Überzeugungen ist solches Verhalten überhaupt nicht erklärbar. Hitlers Soldaten führten keinen Weltanschauungskrieg, sie führten vielmehr einen Krieg, dessen Dynamik sie nicht mehr entkamen … Hitler war schlecht beraten, Krieg gegen ein Regime zu führen, dem die Massengewalt zur zweiten Natur geworden war und dessen Soldaten mit dieser Gewalt umzugehen verstanden. Gegen eine solche Macht konnte die Wehrmacht auf Dauer nicht Sieger bleiben.*[69]

In einem früheren Text behauptete Baberowski sogar, dass die Sowjetunion für den Vernichtungskrieg verantwortlich gewesen sei. Er schrieb:

> *Stalin und seine Generäle zwangen der Wehrmacht einen Krieg neuen Typs auf, der die Zivilbevölkerung nicht mehr verschonte.*[70]

Das sind Formulierungen, wie sie sich sonst nur in rechtsradikalen Kreisen und bei Holocaustleugnern finden. Es ist eine historische Tatsache, dass die deutschen Truppen ein geschichtlich beispielloses Besatzungsregime führten, das schließlich in die industrielle Vernichtung der europäischen Juden mündete. Allein in den

69 Ebd., S. 403.

70 Jörg Baberowski, »Kriege in staatsfernen Räumen. Russland und die Sowjetunion 1905–1950«, in: D. Beyrau, M. Hochgeschwender, D. Langewiesche (Hrsg.), *Formen des Krieges. Von der Antike bis zur Gegenwart*, Paderborn 2007, S. 305.

besetzten Gebieten der Sowjetunion töteten die Nazis drei Millionen Juden. Insgesamt wurden etwa 27 Millionen Sowjetbürger ermordet, davon über die Hälfte Zivilisten. Dass die Sowjetunion den Kampf gegen dieses monströse Regime gewann, lag nicht daran, dass ihr die Massengewalt zur zweiten Natur geworden war, sondern unter anderem an dem heroischen Kampf der Roten Armee und der industriellen Überlegenheit der Sowjetunion, die ab 1942 deutlich effektiveres Kriegsgerät produzierte. Die Verbrechen der stalinistischen Bürokratie hatten die Schlagkraft der Roten Armee hingegen eher geschwächt.[71]

Baberowski lässt keinen Zweifel daran, dass er den deutschen Faschismus und den Holocaust für weniger brutal hält als die stalinistische Diktatur in der Sowjetunion:

> *Es gab kein Land, in dem die Klassengegensätze schlimmer, die Privilegien der herrschenden Kaste größer gewesen wären, kein Land, in dem Menschen in solcher Angst leben mussten wie in der Sowjetunion.*[72]

In einem Text von 2009 ist Baberowski noch expliziter:

> *Die Unterschiede zwischen den Systemen* [des Stalinismus und Nationalsozialismus] *überwiegen, wenn man ihre Vorkriegsgeschichte erzählt. Und aus moralischer Perspektive fällt dieser Vergleich nicht zugunsten der Bolschewiki aus.*[73]

Nach Kriegsbeginn hätten die Faschisten den Bolschewismus lediglich nachgeahmt:

71 Vgl. Jürgen Zarusky, »Schematische Übertragungen. Stalinismus und Nationalsozialismus bei Jörg Baberowski«, in: *Osteuropa*, Jg. 62, Heft 4, April 2012, S. 125.

72 Jörg Baberowski, *Verbrannte Erde. Stalins Herrschaft der Gewalt*, München 2012, S. 11.

73 Jörg Baberowski, »Totale Herrschaft im staatsfernen Raum. Stalinismus und Nationalsozialismus im Vergleich«, in: *Zeitschrift für Geschichtswissenschaft 57*, Berlin 2009, S. 1026.

> *Der Krieg im Osten ermöglichte es ihnen, das Denkbare zu tun und ihr Vorhaben, Millionen Menschen zu töten, auch zu verwirklichen. So gesehen holten Hitler und seine Helfer nach, was Stalin und seine Gefolgsleute in der Sowjetunion bereits vollbracht hatten.*[74]

Zudem tut er den Terror, den die Nazis gegen in Deutschland lebende Kommunisten, Sozialdemokraten, Juden, Homosexuelle etc. ausübten, als Nebensächlichkeit ab:

> *Im Gegensatz zu den Nationalsozialisten führten die Bolschewiki nicht nur Krieg gegen den äußeren Feind, sie erledigten auch den inneren.*[75]

Und an anderer Stelle:

> *Innerhalb Deutschlands aber blieb die Diktatur eine Zustimmungsdiktatur, die von der Loyalität der Bürger getragen wurde und die nur einer Minderheit Furcht und Schrecken einjagte.*[76]

Schließlich löst Baberowski sogar den Holocaust selbst von seinen Wurzeln im deutschen Imperialismus und der nationalsozialistischen Ideologie und stellt ihn als bloße Eskalationsstufe der Gewalt an der Ostfront dar. Er erklärt, dass auch die Sowjetunion die industrielle Vernichtung von Volksgruppen organisiert hätte, wenn sie nicht genug Raum für deren Deportation gehabt hätte:

> *Wie aber kam es, dass die stalinistische Gewaltspirale nicht in den industriell organisierten Massenmord führte? … Das Regime konnte stigmatisierte Kollektive nach Mittelasien verschicken und sie auf diese Weise aus der »Gefahrenzone« bringen. Die ethnische*

74 Ebd.

75 Jörg Baberowski, Anselm Doering-Manteuffel, *Ordnung durch Terror. Gewaltexzesse und Vernichtung im nationalsozialistischen und im stalinistischen Imperium*, Bonn 2006, S. 83.

76 Jörg Baberowski, »Totale Herrschaft im staatsfernen Raum. Stalinismus und Nationalsozialismus im Vergleich«, in: *Zeitschrift für Geschichtswissenschaft 57*, Berlin 2009, S. 1023–1024.

> *und soziale »Flurbereinigung« des Imperiums war nur möglich, weil die Machthaber im asiatischen Teil der Sowjetunion neue Räume der Ambivalenz einrichteten, in denen sie die Feinde sich selbst überlassen konnten.*[77]

Das waren nur einige Beispiele für dutzende Formulierungen, die Baberowski immer wieder findet, um Hitlers Angriff auf die Sowjetunion zu rechtfertigen und die Verbrechen der Nazis zu relativieren. Was Baberowski heute formuliert, geht weit über die Positionen Noltes von 1986 hinaus.

Rezeption

Doch anders als in den 1980er Jahren rührt sich in den offiziellen Medien keinerlei Widerstand dagegen. Zwar wurde »Verbrannte Erde« in Fachkreisen scharf kritisiert,[78] doch kam nichts davon an die breite Öffentlichkeit. Stattdessen erhielt Baberowski für sein revisionistisches Werk »Verbrannte Erde« den Sachbuchpreis der Leipziger Buchmesse.

Dass es heute keinen Protest gegen Baberowskis Thesen gibt, hängt nicht mit der Qualität seiner Argumente, sondern mit dem Bankrott der ehemaligen Kritiker zusammen. In den letzten dreißig Jahren hat ein substanzieller Rechtsruck in Teilen des ehemals linken akademischen Milieus stattgefunden.

Einer der Protagonisten des Historikerstreits, Jürgen Habermas, hatte schon in den 1980er Jahren nur schwache Argumente gegen Nolte gefunden. Seither ist er kontinuierlich nach rechts gegangen. 1998 rechtfertigte er den ersten Kriegseinsatz der deutschen Armee seit dem Zweiten Weltkrieg. Aufgrund seiner

77 Jörg Baberowski, Anselm Doering-Manteuffel, *Ordnung durch Terror. Gewaltexzesse und Vernichtung im nationalsozialistischen und im stalinistischen Imperium*, Bonn 2006, S. 89.

78 Vgl. etwa Benno Ennker, »Ohne Ideologie, ohne Staat, ohne Alternative? Fragen an Jörg Baberowski«, Jürgen Zarusky, »Schematische Übertragungen. Stalinismus und Nationalsozialismus bei Jörg Baberowski«, Christoph Dieckmann, »Die Suche geht weiter. Stalin, der Stalinismus und das Rätsel der Gewalt«, in: *Osteuropa*, Jg. 62, Heft 4, April 2012.

Geschichte habe Deutschland die Pflicht, gegen Serbien Krieg zu führen, erklärte er damals in der »Zeit«.[79]

Hans-Ulrich Wehler hatte den Historikerstreit angestoßen und einige wertvolle historische Argumente gegen Nolte geliefert. Er starb im Juli vergangenen Jahres als Verteidiger Thilo Sarrazins und dessen fremdenfeindlicher und rassistischer Thesen.

Hans Mommsen, der in den 1980ern einige sehr wesentliche Argumente über die grundlegenden Unterschiede zwischen der stalinistischen Sowjetunion und dem nationalsozialistischen Deutschland vorgebracht hatte, schrieb das Vorwort für das bereits zitierte revisionistische Werk von Baberowski und Doering-Manteuffel[80] und lobte es darin nachdrücklich.

Besonderen Applaus erhält Baberowski von Vertretern der Linkspartei. Die Parteizeitung »Neues Deutschland« verfasste eine Lobeshymne auf »Verbrannte Erde«, in der Baberowski als »Tiefblicker in endlich geöffnete Archive« bezeichnet wird, der die »verbrecherisch ausgerichtete Psyche« Stalins aufgedeckt habe.[81] Die Rezension stellt sich ausdrücklich hinter Baberowskis Verfälschung der Oktoberrevolution und des Stalinismus:

> *Der putschistische Revolutions-Überfall Lenins auf die russische Geschichte; der radikale Stiefelmarsch der Bolschewiki über alle bürgerlichen Keimfelder hinweg; jener irrwitzige, mehrheitsferne Kampf der neuen Staatsmacht gegen Krieg und Ausbeutung, der doch nur neuen Krieg und weiteres Elend erzeugte; eine Kollektivierungshitze, die Hassbrände zwischen Stadt und Land legte – dies alles schuf jenen ständig brüchigen Staat, jenes Chaos, darin sich Stalins pathologische Lust an der Grausamkeit, getarnt unterm Pathosbanner einer rettenden Führerschaft, jahrelang ausleben konnte.*[82]

79 Jürgen Habermas, »Bestialität und Humanität«, in: *Die Zeit*, 29.4.1999.

80 Jörg Baberowski, Anselm Doering-Manteuffel, *Ordnung durch Terror. Gewaltexzesse und Vernichtung im nationalsozialistischen und im stalinistischen Imperium*, Bonn 2006.

81 Hans-Dieter Schütt, »Beruhige Dich? Ruhig kann ich nicht sein«, in: *Neues Deutschland*, 19.3.2012, http://www.neues-deutschland.de/artikel/221705.beruhige-dich-ruhig-kann-ich-nicht-sein.html, aufgerufen am 26.3.2015.

82 Ebd.

Die revisionistischen Positionen Baberowskis werden in dem Artikel nicht einmal erwähnt. Das Gleiche gilt für Besprechungen des Buches von der Rosa-Luxemburg-Stiftung oder der Linkspartei-Bundestagsabgeordneten Halina Wawzyniak. Letztere unterstreicht in ihrer Besprechung ausdrücklich die Kontinuitätsthese zwischen Bolschewismus und Stalinismus.[83] Auch Reemtsmas Gewalttheorien finden Anklang bei Linkspartei-Ideologen wie Michael Brie, wie der Autor im persönlichen Gespräch erfuhr.

Evrim Sommer, die für die Linkspartei im Berliner Abgeordnetenhaus sitzt, lud Baberowski im Mai 2015 zu einer Diskussion in ihren Wahlkreis in Lichtenberg ein und schloss jeden aus der Versammlung aus, der verdächtigt wurde, kritische Fragen zu stellen. Sie selbst stellte sich explizit hinter Baberowski und attackierte die kritischen Studierenden der Humboldt-Universität.

Diese klare Positionierung von erheblichen Teilen vormals linker oder liberaler Akademiker und Politiker ist Ausdruck einer sozialen Orientierung. In dem Maße, in dem die soziale Polarisierung wächst und der Militarismus vorangetrieben wird, wenden sich die wohlhabenden Teile der Mittelschichten und ihre Fürsprecher den herrschenden Eliten zu. Mit der Restauration des Kapitalismus in der Sowjetunion und der Wiedervereinigung Deutschlands ließen sie jede Scheu fallen und formulierten immer offener ihre eigenen sozialen Interessen.

Das Schmieröl für die Rechtswende dieser Schichten bilden die Theorien der Postmoderne, die Jörg Baberowski wie kaum ein anderer auf die Spitze treibt. Bei der Vorstellung seines Buchs »Die Russische Revolution und das unvollendete Zwanzigste Jahrhundert« auf der Buchmesse in Leipzig fasste David North die Grundlagen der Postmoderne treffend zusammen:

> *In* theoretischer *Hinsicht beruht sie auf einem subjektiven, idealistischen Irrationalismus. In* politischer *Hinsicht ist sie durch Feindschaft gegen den Sozialismus motiviert. In* gesellschaftlicher

83 Halina Wawzyniak, »Verbrannte Erde«, auf: *Blog von Halina Wawzyniak*, 8.1.2013, http://blog.wawzyniak.de/tag/baberowski/, aufgerufen am 23.6.2015.

Hinsicht wurzelt sie in den materiellen Interessen der herrschenden Klasse und wohlhabender Teile der Mittelschicht.[84]

In den letzten Jahren haben sich mit der Wiederkehr des deutschen Militarismus die gesellschaftlichen Konflikte weiter zugespitzt. Die aggressive Außenpolitik der Bundesregierung stößt auf die Ablehnung der überwältigenden Mehrheit der Bevölkerung. Um sie dennoch durchzusetzen, sind auf politischer Ebene autoritäre Maßnahmen und auf ideologischer Ebene Geschichtsfälschungen und Lügen nötig.

Jörg Baberowski verkörpert beide Elemente. Er verbindet seine üblen Tiraden gegen die Oktoberrevolution und seine Relativierung der Nazi-Verbrechen mit der Forderung nach einer aggressiveren Außenpolitik. Im Oktober 2014 erklärte er auf einer Podiumsdiskussion des Deutschen Historischen Museums in betont legerer Haltung, wie wichtig es sei, dass »Deutschland Verantwortung übernimmt, vor allem in solchen Konflikten, die es selbst betreffen«.

Dabei müsse man »sich darüber im Klaren sein, dass das viel Geld kosten wird, und dass man Soldaten und Waffen in ein Machtvakuum hinein schicken muss«, sagte Baberowski. Dafür brauche man »den politischen Willen und die politische Strategie. Und vor allem muss man dann auch sagen, damit das klappt, müssen wir da auch reingehen. Und das muss es uns wert sein. Das kostet Geld. Wir müssen da Truppen rein schicken. Diese Länder wie der Irak oder Syrien oder Libyen sind nicht mehr im Stande, dieses Problem selbst zu lösen.«

Um die Terroristen zu besiegen, schlägt Baberowski schließlich nichts weniger als die Methoden des Vernichtungskriegs vor. Wörtlich sagte er:

Und wenn man nicht bereit ist, Geiseln zu nehmen, Dörfer niederzubrennen und Menschen aufzuhängen und Furcht und Schrecken zu verbreiten, wie es die Terroristen tun, wenn man dazu nicht

84 David North, »Sozialismus und historische Wahrheit«, siehe ab S. 143 in diesem Buch.

> *bereit ist, wird man eine solche Auseinandersetzung nicht gewinnen, dann soll man die Finger davon lassen.*[85]

Dass solche Aussagen ebenso wie Baberowskis üble Geschichtslügen in den Medien und im Wissenschaftsbetrieb nicht nur unwidersprochen bleiben, sondern unterstützt und verteidigt werden, ist ein Zeichen für den heruntergekommenen Zustand der deutschen Intelligenz. Sie ist eine zentrale Säule des deutschen Militarismus geworden.

Der Kampf für die historische Wahrheit ist deshalb aufs Engste mit dem Kampf gegen Militarismus und seine Wurzeln im Kapitalismus verbunden. So sehr die Arbeiter die historischen Erfahrungen brauchen, um unabhängig ins politische Geschehen eingreifen zu können, so sehr braucht eine an der Aufdeckung der Wahrheit orientierte Geschichtswissenschaft die politische Bewegung der Arbeiterklasse.

85 »Schlüterhofgespräch« im Deutschen Historischen Museum, 1.10.2014, Audiodatei, https://www.dhm.de/fileadmin/medien/relaunch/AUDIO/Schlueterhofgespraeche_01.10.2014_1.mp3, aufgerufen am 21.6.2015 (das Zitat ist ab der 20. Minute zu hören).

Kriegspropaganda im Deutschen Historischen Museum[1]

Johannes Stern

Gegenwärtig zeigt das Deutsche Historische Museum (DHM) in Berlin eine Ausstellung, die die Gräuel, Schrecken und Verbrechen des Ersten Weltkriegs thematisiert. Im gleichen Gebäude fand letzte Woche eine Veranstaltung statt, auf der neue Kriege und Kriegsverbrechen propagiert wurden.

Jörg Baberowski, Inhaber des Lehrstuhls Geschichte Osteuropas an der Humboldt-Universität zu Berlin, sagte dort über Kriege gegen nichtstaatliche Kräfte wie die Taliban in Afghanistan und den Islamischen Staat in Irak und Syrien:

> *Und wenn man nicht bereit ist, Geiseln zu nehmen, Dörfer niederzubrennen und Menschen aufzuhängen und Furcht und Schrecken zu verbreiten, wie es die Terroristen tun, wenn man dazu nicht bereit ist, wird man eine solche Auseinandersetzung nicht gewinnen, dann soll man die Finger davon lassen.*[2]

Eine deutsche Teilnahme an derartigen Kriegen lehnte Baberowski keineswegs ab. Voraussetzung sei aber, dass Deutschland bereit sei, mit aller Konsequenz vorzugehen: »Also auf der einen Seite: Ja natürlich, Deutschland soll eine Funktion übernehmen, und es ist wichtig, dass Deutschland Verantwortung übernimmt, vor allem in solchen Konflikten, die es selbst betreffen. Aber man sollte sich schon gut überlegen, für welchen Krieg man a) gerüstet ist, und ob man ihn b) gewinnen kann. Und wenn man ihn nicht gewinnen kann, dann soll man es lassen. Das wäre meine Auffassung zu diesem Thema.«

1 Erschienen auf der *World Socialist Web Site* am 8.10.2014.

2 »Schlüterhofgespräch« im Deutschen Historischen Museum, 1.10.2014, Audiodatei, https://www.dhm.de/fileadmin/medien/relaunch/AUDIO/Schlueterhofgespraeche_01.10.2014_1.mp3, aufgerufen am 21.6.2015.

Etwas später fügte er hinzu: »Mit so einer Institution wie ISIS kann das Militär mit Enthauptungsschlägen schnell fertig werden. Das ist kein Problem. Das können die Amerikaner lösen. Man kann die Anführer dieser Bande durch Killerkommandos umlegen lassen. Das ist alles gar kein Problem. Das ist machbar. Aber danach stellt sich die Frage: Wenn durch einen langen Bürgerkrieg staatliche Strukturen völlig zerstört worden sind, und es gibt nichts mehr dort, dann stellt sich die Frage: Ja und dann?«

Man müsse »sich darüber im Klaren sein, dass das viel Geld kosten wird, und dass man Soldaten und Waffen in solch ein Vakuum hinein schicken muss, um die Konfliktparteien erstens voneinander zu trennen … Man braucht dafür den politischen Willen und die politische Strategie. Und vor allem muss man dann auch sagen, damit das klappt, müssen wir da auch reingehen. Und das muss es uns wert sein. Das kostet Geld. Wir müssen da Truppen rein schicken am Ende. Diese Länder wie der Irak oder Syrien oder Libyen sind inzwischen nicht mehr im Stande, dieses Problem selbst zu lösen.«

Baberowski traf diese bemerkenswerten Aussagen am 1. Oktober im Rahmen des sogenannten »Schlüterhofgesprächs« im DHM. Unter dem Titel »Interventionsmacht Deutschland?« diskutierte eine illustre Runde über die von Bundespräsident Gauck aufgestellte Forderung nach militärischen Interventionen Deutschlands.[3]

Auf dem Podium saß neben Baberowski Horst Teltschik, der als Vizekanzleramtschef von Helmut Kohl eine zentrale Rolle bei der deutschen Wiedervereinigung gespielt hatte und von 1999 bis 2008 die Münchner Sicherheitskonferenz leitete. Weitere Diskussionsteilnehmer waren die Militärhistoriker Sönke Neitzel und Michael Wolffsohn. Moderiert wurde die Veranstaltung von Peter Voß, der in seiner Karriere als Journalist unter anderem Redaktionsleiter des »heute journals«, Gründungsintendant des Südwestrundfunks und Leiter des Presseclubs war. Gegenwärtig moderiert er die Gesprächssendung »Peter Voß fragt« auf 3sat.

3 Ebd.

Keiner der Diskutanten störte sich an den Aussagen Baberowskis, die dunkle Erinnerungen an die schrecklichen Kriegsverbrechen der Nazis wach riefen. Hitler hatte vor Beginn des deutschen Überfalls auf die Sowjetunion im Zweiten Weltkrieg gefordert, »zunächst schnell die bolschewistischen Führer zu erledigen« und »mit brutalsten Methoden« vorzugehen, um den Krieg zu gewinnen. Baberowskis Forderung, brutaler vorzugehen als der Gegner und nicht davor zurückzuschrecken, »Geiseln zu nehmen«, »Dörfer niederzubrennen«, »Menschen aufzuhängen«, »Killerkommandos« zu schicken und »Furcht und Schrecken« zu verbreiten, entspricht der Logik des Vernichtungskriegs.

Für das gesamte Podium stand außer Frage, dass Deutschland Interventionsmacht ist und sein muss. Die Diskussion war geprägt von Rufen nach militärischer Gewalt und imperialistischer Kriegspolitik, die an die Rhetorik und die Methoden der deutschen Führung im Ersten und Zweiten Weltkrieg erinnerten. Immer wieder griffen die Teilnehmer die Außenpolitik der Bundesregierung von rechts an: Sie habe »keine Strategie« und sei nicht bereit, Kriege aggressiv genug und auch gegen den Willen der Bevölkerung zu führen.

Teltschik mahnte, die Kriegsziele klarer zu formulieren und mehr Soldaten zu schicken. »Ich hab dem damaligen Verteidigungsminister gesagt: ›Erklären Sie doch mal dem deutschen Volk, warum Afrika für uns wichtig ist. Haben wir strategische Interessen in Afrika? Und wenn ja …, erklären Sie den Deutschen die strategische Bedeutung Afrikas für Europa und die Bundesrepublik, und dann können Sie sagen, aus diesen Gründen schicken wir jetzt die Bundeswehr in den Kongo oder nach Mali.‹«

Dann forderte er die Bundesregierung in zynisch-arroganter Weise auf, sich weniger um die öffentliche Meinung zu scheren. Sie solle nicht »nur auf Umfragen gucken« und feststellen: »Ui, siebzig Prozent sind dagegen, dass die Bundeswehr da und dort hingeht. Da kannst du ja gleich abrüsten, da kannst du ja gleich zu Hause bleiben. Denn bei jeder militärischen Intervention wird die Mehrheit der Deutschen – emotional verständlich – sagen: ›Nein, da haben wir nichts zu suchen. Das machen wir nicht.‹ Nein, in der Politik muss man gelegentlich Entscheidungen treffen.«

Voß schlug vor, die neue Interventionspolitik gesetzlich zu verankern und dazu das Grundgesetz zu ändern. »Aber müsste man nicht im Grunde sagen, wenn wir wirklich generell sagen, bei der Gefährdung von Menschenrechten in dieser Welt wollen und müssen wir militärisch eingreifen ... (und die Mehrheit wäre ja da), dann ändern wir das Grundgesetz mit zwei Dritteln Mehrheit und führen wirklich diese Diskussion so, dass auch die, die (sag ich mal) ein großes Unbehagen verspüren, sich genauso dort wiederfinden, wo die anderen sind.«

Das offene Eintreten für Militarismus, Krieg und Diktatur auf einer hochrangig besetzten Podiumsdiskussion inmitten von Berlin muss als Warnung und Weckruf verstanden werden. Hundert Jahre nach Ausbruch des Ersten und 75 Jahre nach Beginn des Zweiten Weltkriegs arbeiten Politiker, Historiker und Journalisten systematisch daran, die historischen Verbrechen des deutschen Imperialismus zu verharmlosen und zu beschönigen, um neuen Verbrechen den Boden zu bereiten.

Baberowski spielt dabei eine zentrale Rolle. Bereits im Februar hatte er im »Spiegel« erklärt: »Hitler war kein Psychopath, er war nicht grausam.« Im gleichen Artikel verteidigte er den NS-freundlichen Historiker Ernst Nolte mit der Aussage: »Nolte wurde Unrecht getan. Er hatte historisch recht.«[4]

Doch womit hatte Nolte recht? In der aktuellen Ausgabe des Debatten-Magazins »The European« veröffentlichte Nolte vor wenigen Wochen einen Artikel mit dem Ziel, Hitler und den Nationalsozialismus zu rehabilitieren. Unter dem Titel »Das Tabu brechen« beschwert er sich, dass Hitler nach der Niederlage Deutschlands »vom Befreier zum ›absolut Bösen‹« geworden sei. »Diese einseitige Sicht«, so Nolte, »schadet uns noch heute.«[5] Nimmt man die Veranstaltung im DHM als Gradmesser für die Pläne der herrschenden Klasse, dann soll sich das ändern.

4 Dirk Kurbjuweit, »Der Wandel der Vergangenheit«, in: *Der Spiegel 7/2014*, 10.2.2014, S. 116, http://www.spiegel.de/spiegel/print/d-124956878.html, aufgerufen am 16.6.2015.

5 Ernst Nolte, »Das Tabu brechen«, in: *The European 4/2014*.

Ein Versuch, Hitler zu rehabilitieren[1]

Peter Schwarz

Das Magazin »The European« hat Adolf Hitler zum Titelthema seiner jüngsten Ausgabe erkoren. Auf dem Deckblatt prangt das poppig geschminkte Gesicht des Nazi-Führers mit der Schlagzeile: »Hitlertainment. Deutschlands führender Popstar«. Im Innern des Hefts kommt – eingebettet in Interviews mit bekannten Politikern und Kulturschaffenden, in Lifestyle-Themen sowie viel Belangloses und Geschmackloses – Ernst Nolte mit einem leidenschaftlichen Plädoyer für Hitler zu Wort.

Unter der Überschrift »Das Tabu brechen«[2] beklagt der 91-jährige Historiker, dass Hitler nach der Niederlage Deutschlands »vom Befreier zum ›absolut Bösen‹« geworden sei. Nach der deutschen Niederlage habe sich eine »Masse des Hasses und der Verdammung« entwickelt, »die den einstigen ›Befreier‹ zum Repräsentanten des ›absoluten Bösen‹ und zu einem ›Tabu‹ machten, von dem ernsthaft und wissenschaftlich nicht gesprochen werden konnte«, schreibt Nolte. »Diese einseitige Sicht schadet uns noch heute.«

An anderer Stelle beschwert er sich, dass es nicht genügend Hitler in der heutigen deutschen Politik gebe. Hitler, so Nolte, könne »als der vergessene Repräsentant von Tendenzen der ›Selbstbehauptung‹ erscheinen, die man in der offiziellen Politik der Bundesregierung vermisst«.

Selbst Hitlers Verantwortung für den Zweiten Weltkrieg leugnet Nolte. Der »Krieg von 1940« sei »nicht primär von Hitler, sondern durch die Verweigerung von Kompromissen ebenso sehr durch Polen und England hervorgerufen« worden, schreibt er. Die »Verweigerung von Kompromissen« bestand darin, dass Warschau und London Hitlers Erpressung nicht nachgaben und sich weiger-

1 Erschienen auf der *World Socialist Web Site* am 23.9.2014.

2 Ernst Nolte, »Das Tabu brechen«, in: *The European 4/2014.*

ten, sich mit ihm gegen die Sowjetunion zu verbünden und Danzig und den Korridor freiwillig an Deutschland abzutreten.

Lob spendet Nolte auch Hitlers Geburtenpolitik, die er als »pronatalistische Politik« bezeichnet. Die Nazis hatten Wert darauf gelegt, dass deutsche Frauen dem »Führer« in großer Zahl »arischen Nachwuchs« schenkten. Die SS-Organisation »Lebensborn« zog dazu auch ledige Frauen heran. SS-Führer Himmler begründete dies damit, dass Deutschland ansonsten »bei der Fruchtbarkeit der Russen« von diesen »einfach über den Haufen gerannt« würde.

Nolte findet nun, Hitler habe die »Tendenz zum ›Volkstod‹, wie er sie nannte, durch eine pronatalistische Politik nicht ohne Erfolg bekämpft«. Der »Führung der Bundesrepublik Deutschland« wirft er dagegen mit kaum verhülltem Rassismus vor, sie habe an die Stelle der Förderung deutschen Nachwuchses »eine Politik der Tolerierung und sogar der Förderung einer ungeregelten Immigration« gesetzt.

Ernst Nolte hatte 1986 mit einem Artikel, der den Nationalsozialismus verharmloste und als verständliche Reaktion auf den Bolschewismus darstellte, den Historikerstreit ausgelöst. Seither haben sich seine rechten Standpunkte radikalisiert. So schrieb er 1998 in einem Buch, Hitler habe »schwerwiegende Gründe« gehabt, die Juden seit 1939 »als ein ›Feindvolk‹ zu betrachten und entsprechende Maßnahmen zu ergreifen«.[3]

Dass Nolte inzwischen Auffassungen vertritt, die man lange Zeit nur in Neonazi-Zirkeln fand, ist also keine Überraschung. Auffallend ist dagegen, dass ein angeblich seriöses Magazin, das nicht zum rechtsextremen Spektrum zählt, einen solchen Beitrag kommentarlos veröffentlicht und damit auf keinerlei Widerspruch stößt.

Das Debatten-Magazin »The European« erscheint seit 2009 online und seit 2012 auch viermal jährlich in gedruckter Form. Sein Herausgeber und Chefredakteur Alexander Görlach war vorher Ressortleiter beim Politmagazin »Cicero«. Der promovierte

3 Ernst Nolte, *Historische Existenz. Zwischen Anfang und Ende der Geschichte?*, München 1998, S. 574.

Theologe und Politikwissenschaftler ist politisch gut vernetzt. Unter anderem war er stellvertretender Pressesprecher der CDU/CSU-Bundestagsfraktion und Pressesprecher der katholischen Studentenverbände. Er hat für zahlreiche Zeitungen, Rundfunk- und Fernsehsender gearbeitet und ist Mitglied der Atlantik-Brücke.

In der aktuellen Ausgabe von »The European« finden sich neben dem Artikel von Nolte auch Gespräche mit Finanzminister Wolfgang Schäuble, dem SPD-Veteranen Egon Bahr, dem CDU-Politiker Wolfgang Bosbach, dem Philosophen Rüdiger Safranski, dem Filmemacher Alexander Kluge, dem Ökonomen Thomas Piketty und der Generalsekretärin der deutschen Sektion von Amnesty International, Selmin Caliskan. Doch bisher scheint sich keiner von ihnen daran zu stören, dass ihr Interview Seite an Seite mit einer Streitschrift erscheint, die dazu aufruft, das Tabu Hitler zu brechen.

Hatten Noltes wesentlich gemäßigtere Thesen 1986 noch heftigen Widerspruch provoziert, herrscht heute Schweigen. Man kann daraus nur den Schluss ziehen, dass Gedankengut, das lange Zeit als rechtsextrem und nicht hinnehmbar galt, wieder zum Mainstream gehört und als legitimer Debattenbeitrag gilt.

»The European« ist nicht das erste angeblich seriöse Magazin, das Nolte zu Wort kommen lässt. Seine Rehabilitierung hatte bereits im Jahr 2000 begonnen, als er mit dem Konrad-Adenauer-Preis der Deutschland-Stiftung geehrt wurde. Im Februar dieses Jahres bot ihm dann »Der Spiegel« eine Bühne. Schon hier konnte er im Gespräch mit Dirk Kurbjuweit unwidersprochen behaupten, die Polen und Engländer trügen eine Mitverantwortung für den Zweiten Weltkrieg, weil sie sich nicht mit Hitler geeinigt hätten. Als Noltes Anwalt trat im »Spiegel« der Berliner Historiker Jörg Baberowski auf, der erklärte: »Nolte wurde Unrecht getan. Er hatte historisch recht.«[4]

Wie sind diese Bemühungen um die Rehabilitierung Hitlers zu erklären? Offensichtlich handelt es sich dabei nicht um einzelne Entgleisungen. Noltes Beitrag sticht zwar durch seine offene Partei-

4 Dirk Kurbjuweit, »Der Wandel der Vergangenheit«, in: *Der Spiegel 7/2014*, 10.2.2014, S. 116, http://www.spiegel.de/spiegel/print/d-124956878.html, aufgerufen am 16.6.2015.

nahme für Hitler hervor, aber das ganze Heft des »European« ist so aufgebaut, dass es Noltes Auffassungen Glaubwürdigkeit verleiht.

Es ist eine sehr merkwürdige Debatte, die dieses »Debatten-Magazin« führt. Es geht nicht darum zu klären, was damals tatsächlich geschah und welche Lehren sich daraus für heute ergeben. Fragen, die Generationen ernsthafter Historiker beschäftigt haben – wer war Hitler? wessen Interessen vertrat er? wer verhalf ihm an die Macht? weshalb versagte die Arbeiterbewegung? –, kommen darin nicht vor. Ebenso wenig Begriffe wie Auschwitz, Gestapo, Vernichtungskrieg oder Kriegsverbrechen.

Stattdessen wird Hitler in eine subjektive Chiffre verwandelt. Die Behauptung, »ob es uns gefällt oder nicht, Hitler ist heute eine popkulturelle Karikatur«, zieht sich penetrant von der ersten bis zur letzten Seite des Hefts. Herausgeber Görlach verkündet: »Eine Ent-Dämonisierung tut unserem Umgang mit der NS-Zeit gut.« Es gibt Beiträge über »Das Monster von nebenan« und »Der Hitler in uns«. Auf sieben Seiten findet sich ungefilterte Nazi-Propaganda: Hitler-Karikaturen aus den 1920er Jahren mit den Originalkommentaren von NSDAP-Pressechef Ernst Hanfstaengl. In diesen eklektischen Wirrwarr passt Noltes Beitrag nahtlos hinein.

Dass die Autoren und Macher des Hefts völlig subjektiv an das Thema Hitler herangehen, bedeutet allerdings nicht, dass sie keine objektiven Motive hätten. Das zweite Hauptthema des »European« ist in dieser Hinsicht bezeichnend. Es lautet: »Der gerechte Krieg. Wofür würden wir Deutschen noch töten?« Der Versuch, Hitler zu rehabilitieren, ist untrennbar mit dem »Ende der militärischen Zurückhaltung« verbunden, wie sie von Bundespräsident Gauck, Außenminister Steinmeier und zahlreichen anderen Vertretern von Politik und Medien seit Monaten propagiert und praktiziert wird.

Die Geschichte meldet sich mit Macht zurück. 1961 hatte Fritz Fischer in seinem Werk »Griff nach der Weltmacht« die deutschen Kriegsziele im Ersten Weltkrieg aufgedeckt und nachgewiesen, dass die Nazis dieselben Ziele verfolgten. Heute tritt Außenminister Steinmeier – besonders in der Ukraine – in die Fußstapfen seiner Vorgänger Bethmann Hollweg und Ribbentrop. Die Krise des Weltkapitalismus und der EU stellt den deutschen Imperialismus wieder vor dieselben Aufgaben wie 1914 und 1939.

Zahlreiche Politiker, Journalisten und Akademiker bemühen sich, die Wiederbelebung des deutschen Militarismus ideologisch zu rechtfertigen. Jürgen Habermas, Wortführer der Nolte-Gegner im Historikerstreit, unterstützt seit dem Jugoslawienkrieg 1999 »humanitäre« Militäreinsätze. Grüne »Antifaschisten« arbeiten auf dem Maidan mit Leuten zusammen, die Nazi-Kollaborateure aus dem Zweiten Weltkrieg verehren. Sie verspüren den unwiderstehlichen Drang, auch Hitler zu rehabilitieren. »Natürlich müssen wir Hitler vermenschlichen«, schreibt der Schriftsteller Timur Vermes in »The European«.

Man sollte das als Warnung verstehen. Wer heute dazu aufruft, Hitler zu enttabuisieren, wird morgen keine Hemmungen haben, seine Verbrechen zu wiederholen – nach außen und nach innen.

Sozialismus und historische Wahrheit[1]

David North

Es ist mir eine große Ehre, hier in Leipzig sprechen zu dürfen. Pünktlich zur Leipziger Buchmesse ist beim Mehring Verlag die deutsche Ausgabe von »Die Russische Revolution und das unvollendete Zwanzigste Jahrhundert« erschienen. Ich danke allen Genossen von der Partei für Soziale Gleichheit, die durch ihren selbstlosen Einsatz zu dieser großen Errungenschaft beigetragen haben. Insbesondere danke ich Peter Schwarz und Andrea Rietmann für die sorgfältige Übersetzung und Redigierung. Es ist kaum zu glauben, dass ein Buch von mehr als 450 Seiten innerhalb von knapp drei Monaten aus dem Amerikanischen ins Deutsche übertragen wurde.

Zum Glück habe ich eine Übersetzerin, die nicht nur versteht, was ich sagen möchte, sondern auch fähig ist, es in Deutsch präzise und mit literarischem Gespür zum Ausdruck zu bringen. Vielleicht hat ihr der Inhalt des Buches diese Arbeit auch erleichtert. So viele Ereignisse, die in meinem Buch behandelt werden, spielten sich in diesem Land ab, dass man fast sagen könnte: Andrea hat die amerikanische Ausgabe wieder in die Originalsprache rückübersetzt.

Das letzte Mal war ich im März 2011 hier auf der Buchmesse. Damals war gerade die deutsche Ausgabe von »Verteidigung Leo Trotzkis« erschienen. Einige von euch werden sich erinnern: Dieses Buch besteht aus einer Sammlung von Aufsätzen und Vorträgen zur Widerlegung der Verdrehungen, Halbwahrheiten und offenen Lügen in den Trotzki-Biografien von Ian Thatcher, Geoffrey Swain und Robert Service.

Einige Monate vor dem Erscheinen von »Verteidigung Leo Trotzkis«, Anfang 2011, hätte nach den Plänen des Suhrkamp

1 Mit diesem Beitrag stellte David North am 13. März 2015 im Rahmen der Leipziger Buchmesse vor 450 Zuhörern sein neues Buch »Die Russische Revolution und das unvollendete Zwanzigste Jahrhundert« (Essen 2015) vor.

Verlags die Service-Biografie auf Deutsch herauskommen sollen. Doch das geplante Erscheinungsdatum war durchkreuzt worden durch einen Offenen Brief von vierzehn renommierten Historikern. Sie protestierten dagegen, dass sich das angesehene Verlagshaus für das Buch von Service hergab. Verstärkt wurde die Wirkung dieses Protests durch eine Besprechung in der maßgeblichen Historikerzeitschrift »American Historical Review«. Darin wurde meine Kritik an Service in eindeutigen Worten unterstützt und die Trotzki-Biografie von Service als »zusammengeschustertes Machwerk« verurteilt.

Derart drastische Ausdrücke werden in einer wissenschaftlichen Zeitschrift nicht ohne guten Grund verwendet. Der akademische Ruf von Robert Service hatte einen vernichtenden und wohlverdienten Schlag erlitten – zumindest in den Augen aufrichtiger Historiker, die noch an Grundsätzen aus der Zeit vor der Postmoderne festhalten: dass Historiker die wissenschaftliche und moralische Pflicht haben, bei der Auswahl, Darstellung und Auslegung der Fakten seit langem etablierte professionelle Standards zu beachten, gegen die leider immer häufiger verstoßen wird. Nach einer Verzögerung von nahezu einem Jahr brachte Suhrkamp die Trotzki-Biografie von Service schließlich heraus. Bei ihrer Auslieferung trug sie jedoch bereits das sprichwörtliche Kainsmal auf dem Titelblatt.

Die Aufsätze und Vorträge in der ersten Auflage von »Verteidigung Leo Trotzkis« entstanden im Zeitraum 2009 bis 2011. Die zweite Auflage enthielt zusätzliche Texte, die im Zuge der Kontroverse um die erste Auflage entstanden waren. Dieses Buch enthielt nur einen Teil der schriftlichen Dokumente des Kampfs, den das Internationale Komitee der Vierten Internationale gegen Geschichtsfälschungen geführt hatte. Mit dem Erscheinen von »Die Russische Revolution und das unvollendete Zwanzigste Jahrhundert« wird deutlich, wie eng der Kampf für den Sozialismus in unserer Zeit mit dem Kampf für die historische Wahrheit verknüpft ist.

»Die Russische Revolution und das unvollendete Zwanzigste Jahrhundert« besteht aus fünfzehn Vorträgen und Essays, die in den Jahren 1995 bis 2014 entstanden sind. Man kann das Buch allerdings nicht als Anthologie bezeichnen, und das sage ich nicht aus Autorenstolz. Unter einer Anthologie versteht man eine Sammlung von Texten, die zwar vom selben Autor stammen, aber kaum einen inhaltlichen Zusammenhang aufweisen. »Die Russische Revolution und das unvollendete Zwanzigste Jahrhundert« dagegen kann meiner Meinung nach als ein in sich geschlossenes Werk betrachtet werden. Seine fünfzehn Kapitel entstanden im Laufe von zwanzig Jahren jeweils als Reaktion auf die historischen, theoretischen und politischen Probleme, die sich stellten, nachdem in den Jahren 1989 bis 1991 die stalinistischen Regime in Osteuropa zusammengebrochen waren und die Sowjetunion aufgelöst worden war.

Das abrupte Verschwinden dieser Regime warf grundlegende Fragen auf, die den gesamten Verlauf des zwanzigsten Jahrhunderts betrafen. Praktisch jedes wichtige Ereignis dieses Jahrhunderts wurde zum Gegenstand intensiver Kontroversen, die nicht nur die Interpretation, sondern auch die faktische Darstellung betrafen. Insbesondere die Russische Revolution von 1917 bot Anlass zu hitzigen Auseinandersetzungen. Der Grund lag in ihrem zentralen Stellenwert für das zwanzigste Jahrhundert. Ihr alle kennt das deutsche Sprichwort: »Sag mir, wer deine Freunde sind, und ich sage dir, wer du bist.« Mit gleicher Gewissheit kann man zu einem Historiker des zwanzigsten Jahrhunderts sagen: »Zeigen Sie mir, was Sie über die Russische Revolution schreiben, und ich sage Ihnen, ob Sie überhaupt Historiker sind.«

Vor 1989 bestand allgemeines Einvernehmen darüber, dass der von den Bolschewiki angeführte Sturz der bürgerlichen Provisorischen Regierung im Oktober 1917 einen Meilenstein in der Geschichte des zwanzigsten Jahrhunderts und auch der Weltgeschichte darstellte. Bestritten wurde dies höchstens von den schlimmsten faschistischen und neofaschistischen Feinden der Sowjetunion. John Reed veröffentlichte seinen Augenzeugenbericht über die Ereignisse in Petrograd im Oktober 1917 unter dem Titel »Zehn Tage, die die Welt erschütterten«. Diese historische Würdigung der Revolution wurde von ihren Befürwortern und Gegnern geteilt. Nicht nur in der enormen wirtschaftlichen Verwandlung der Sowjetunion zeigte sich die ungeheure Wirkung der Oktoberrevolution. Von ihr ging auch ein starker Anstoß zur Herausbildung von revolutionärem Bewusstsein aus, bei Hunderten

Millionen Menschen auf der ganzen Welt. Das ganze gesellschaftliche, politische und ökonomische Umfeld des zwanzigsten Jahrhunderts wurde durch die Oktoberrevolution geprägt.

Die Auflösung der UdSSR im Jahr 1991 führte bei der akademischen Bruderschaft innerhalb kürzester Zeit zu einer grundlegenden Umbewertung der Oktoberrevolution und der gesamten sowjetischen Geschichte. Vor 1991 fand man weit und breit keinen bekannten Historiker, der das Ende der Sowjetunion vorhergesehen hätte. Die trotzkistische Bewegung warnte davor, dass die stalinistischen Herrscher mit ihrer Politik die Zerstörung der Sowjetunion vorbereiteten. Doch diese Warnungen wurden als Wahnvorstellungen trotzkistischer Sektierer abgetan oder einfach ignoriert. Selbst nachdem Gorbatschow 1985 die Regierung übernommen und die Perestroika eingeleitet hatte, zweifelten die kapitalistischen Regierungen und ihre Geheimdienste nicht an der grundlegenden Stabilität der Sowjetunion – von den Berufshistorikern für Sowjetgeschichte ganz zu schweigen, egal, ob sie rechts oder links eingestellt waren. Einzig und allein das Internationale Komitee warnte bereits 1986, dass Gorbatschows Perestroika zur Restauration des Kapitalismus und zur Zerstörung der UdSSR führen werde, wenn die sowjetische Arbeiterklasse dem nicht entgegentrete.

Nur wenn man sich vor Augen führt, wie kurzsichtig die Historiker für Sowjetgeschichte vor 1991 waren, kann man ermessen, wie extrem die Wende war, die sie nach 1991 in ihrer Einschätzung vollzogen. Nahezu über Nacht verwandelte sich ihr langjähriger Glauben an den ewigen Fortbestand der UdSSR in die Überzeugung, dass ihre Auflösung das *unvermeidbare* Schicksal des Staates darstellte, der aus der Oktoberrevolution hervorgegangen war. Nach diesem neuen Konsens war die sowjetische Revolution von Anfang an zum Untergang verurteilt. Der Zug der Geschichte, der Lenin im April 1917 zum Finnländischen Bahnhof gebracht hatte, fuhr auf demselben Geleise schnurstracks weiter zu seiner Endstation, einem Dorf in der Nähe von Minsk, in dem Boris Jelzin, Leonid Krawtschuk und Stanislav Schuschkewitsch im Dezember 1991 die Übereinkunft zur Auflösung der Sowjetunion unterzeichneten.

Die Neuinterpretation der sowjetischen Geschichte – und damit der gesamten modernen Geschichte – wurde stark durch das politische Umfeld geprägt, das nach 1991 entstanden war. Es bestand aus einer Mischung von bürgerlichem Siegestaumel, kleinbürgerlichem Pessimismus und offener Demoralisierung. Für einen großen Teil der Akademiker, die sich vor 1991 gezwungen gesehen hatten, ihre reaktionären Instinkte entweder zu zügeln oder für sich zu behalten, gab es nun kein Halten mehr. In einer Art Urschrei ergingen sie sich in antimarxistischen und antikommunistischen Tiraden. Ein anderer, vermutlich größerer Teil der Akademiker bereute seine früheren Sympathien mit der Linken, die plötzlich aus der Mode gekommen waren. In diesem von geistiger Feigheit geprägten Milieu der kleinbürgerlichen Pseudolinken fand der verbitterte und äußerst subjektive Irrationalismus des postmodernen Antimarxismus ein besonders ergebenes Publikum.

Die Aufsätze und Vorträge in »Die Russische Revolution und das unvollendete Zwanzigste Jahrhundert« sind die marxistische Antwort der Trotzkisten auf die wesentlichen historischen, politischen und philosophisch-theoretischen Fragen, die nach der Auflösung der UdSSR aufkamen. Das Internationale Komitee war gut gewappnet, sie zu beantworten. Im Gegensatz zu den bürgerlichen Akademikern verstand das Internationale Komitee den Charakter des Staats, der aus der Oktoberrevolution hervorgegangen war. Darin bestand sein Vorteil. Die trotzkistische Bewegung hatte mehr als fünfzig Jahre lang über die »russische Frage« debattiert. Trotzkis »Verratene Revolution« war zwar schon 1936 erschienen, hatte aber als maßgebliche Analyse der Sowjetunion Bestand. Trotzkis Analyse der Sowjetunion als degenerierter Arbeiterstaat hatte die Vierte Internationale in die Lage versetzt, die Entwicklung der UdSSR in ihren verschiedenen historischen Stadien zu verstehen. Sie hatte sowohl Theorien kritisiert, die die UdSSR als »staatskapitalistisch« bezeichneten, als auch Theorien, die fälschlicherweise behaupteten, sie sei bereits sozialistisch oder stehe kurz davor.

Die Vierte Internationale lehnte die rechten Theorien ab, die die stalinistische Bürokratie als historischen Protagonisten einer neuen Ausbeutergesellschaft darstellten, wie dies Bruno Rizzi in »Die Bürokratisierung der Welt« und James Burnham in »Das Regime der Manager« taten, oder die sie zu einer neuen Klasse erklärten, wie zum Beispiel Milovan Djilas. Das Internationale Komitee entstand 1953 im Kampf gegen eine von Michel Pablo und Ernest Mandel geführte Tendenz, die Trotzkis Analyse der stalinistischen Bürokratie zurückwies. Trotzki hatte die Bürokratie als parasitäre, konterrevolutionäre Kraft in der sowjetischen Gesellschaft bezeichnet, während Pablo und Mandel das Kremlregime und die mit ihm verbündeten Parteien auf der ganzen Welt als wichtigste Kraft zur Erlangung des Sozialismus betrachteten.

Wesentliche Elemente von Trotzkis Analyse der Sowjetunion waren:

1. die Erklärung der sozio-ökonomischen und politischen Ursachen der stalinistischen Degeneration;
2. das theoretische Verständnis der gesellschaftlichen Funktion der Bürokratie und der inneren Widersprüche des sowjetischen Staats;
3. die Undurchführbarkeit des Programms der nationalen ökonomischen Autarkie, das Stalin 1924 unter dem Banner des »Sozialismus in einem Land« vorgebracht hatte; und
4. die unausweichliche Abhängigkeit der Sowjetunion vom weltweiten Sturz des kapitalistischen Systems.

Weil es die Ursachen ihrer Auflösung auf historischer und internationaler Grundlage analysierte, verstand das Internationale Komitee, dass das Ende der Sowjetunion der extremste Ausdruck einer historischen Krise der internationalen Arbeiterbewegung war – einer Krise der politischen Führung *und* der historischen Perspektiven. Die Auflösung der Sowjetunion vollzog sich nicht losgelöst von den Weltereignissen. Die triumphierende Behauptung, das Ende der Sowjetunion beweise den Bankrott des Marxismus, hält in zweierlei Hinsicht einer kritischen Überprüfung nicht stand.

Erstens konnten die Anhänger der Theorie, der Marxismus sei gescheitert, niemals den Nachweis erbringen, dass die Politik des sowjetischen Regimes in dem halben Jahrhundert vor der Auflösung der Sowjetunion in irgendeiner Weise auf der marxistischen Theorie beruht hätte. Die »Der-Marxismus-ist-gescheitert«-Theoretiker ignorieren schlicht die umfangreiche marxistische Literatur, in der, angefangen mit den Werken Trotzkis, nachgewiesen wird, dass der Stalinismus in Theorie und Praxis die Negation des Marxismus war.

Zweitens: Einmal abgesehen davon, ob die Politik des Sowjetregimes marxistisch, nicht marxistisch oder anti-marxistisch war, vollzog sich die Auflösung der Sowjetunion vor dem Hintergrund des weltweiten Zusammenbruchs aller traditionellen Arbeiterorganisationen. Davon betroffen waren politische Parteien und Gewerkschaften, die jahrzehntelang, bis in die 1980er Jahre hinein, Millionen Mitglieder gehabt hatten. Wenn das Scheitern der Sowjetunion die Folge ihres angeblich marxistischen Programms war, wie kann man dann erklären, dass zur selben Zeit auf der ganzen Welt auch die völlig antimarxistischen und pro-kapitalistischen sozialdemokratischen Parteien und Gewerkschaften zusammenbrachen?

Der wichtigste Gewerkschaftsverband in den Vereinigten Staaten, die AFL-CIO, wendete während des gesamten Kalten Kriegs enorme Mittel auf, um in enger Zusammenarbeit mit der Central Intelligence Agency die Sowjetunion zu bekämpfen und weltweit jeden linken Einfluss auf Arbeiterorganisationen zu unterbinden. Trotzdem verlief der Zusammenbruch der AFL-CIO im Rahmen der Gewerkschaftsbewegung im Verlauf der 1990er Jahre genauso dramatisch wie jener der Sowjetunion. Sie hat seither ihre politische Macht und ihren Einfluss nahezu vollständig eingebüßt. Im Verlauf des letzten Vierteljahrhunderts, seit der Auflösung der Sowjetunion, hat sie einen großen Teil ihrer Mitglieder verloren. Ebenso erging es in der einen oder anderen Form allen alten Arbeiterorganisationen rund um die Welt.

Angesichts der weltweiten Krise, vor der die Arbeiterklasse stand, hielt das Internationale Komitee nach den Ereignissen von 1991 eine Überprüfung der gesamten Geschichte der Sowjetunion und der Ursachen ihrer Auflösung für unabdingbar. Aufgrund der gewaltigen historischen Bedeutung der Oktoberrevolution musste der endgültige Zusammenbruch der Sowjetunion in breiten Teilen der Arbeiterklasse zwangsläufig Verwirrung und Desorientierung hervorrufen. Es war zu erwarten, dass die herrschende Klasse alle Mittel, über die sie in den Medien und unter intellektuell korrumpierten Akademikern verfügte, einsetzen würde, um die Konfusion zu steigern; dass sie zu den Waffen der massenhaften Fälschung und Desinformation greifen würde, um zu verhindern, dass die Arbeiterklasse ihre eigene Geschichte versteht.

Die trotzkistische Bewegung verfügte bereits über große Erfahrung im Kampf gegen Geschichtsfälschungen. Man kann sagen, dass die Entlarvung und Widerlegung von Lügen die wichtigste Form war, in der die trotzkistische Bewegung jahrzehntelang gegen den stalinistischen Verrat an der Oktoberrevolution kämpfte. Lügen über die Geschichte spielten bei der Usurpation der politischen Macht durch die stalinistische Bürokratie eine zentrale Rolle. Um Trotzkis ungeheures Prestige als einer der Führer der Russischen Revolution und als Gründer und Befehlshaber der Roten Armee in der Sowjetunion und international zu untergraben, entfesselten Stalin und seine Handlanger eine Lügenkampagne. Sie fälschten die Geschichte der russischen sozialdemokratischen Bewegung vor 1917, um Trotzki als unversöhnlichen Gegner Lenins darzustellen. Sie stellten die Politik, für die Trotzki in der Führung der russischen kommunistischen Partei eingetreten war, falsch dar, um ihn als Feind der Bauernschaft zu denunzieren. 1930 hatten diese Lügen monströse Ausmaße angenommen. Trotzki und seine Anhänger wurden als anti-sowjetische Saboteure und Terroristen dargestellt, als Agenten des Imperialismus, die darauf versessen waren, den Kapitalismus in der Sowjetunion wiederherzustellen. Diese Lügen bildeten die Grundlage der Moskauer Prozesse und des Großen Terrors, den Stalin 1936 entfesselte, und der in der physischen Auslöschung Hunderttausender revolutionärer Sozialisten in der Sowjetunion gipfelte – der politisch bewusstesten Elemente der sowjetischen Arbeiterklasse und der marxistischen Intelligenz. Die Massenmorde der Jahre 1936 bis 1939 waren das Endergebnis historischer Fälschungen, die mehr als ein Jahrzehnt vorher begonnen hatten. »Es bleibt eine unwiderlegbar historische Tatsache«, schrieb Trotzki 1937, »dass die Vorbereitung der blutigen Justizkomplotte mit den ›geringfügigen‹ Entstellungen der Geschichte und der ›harmlosen‹ Fälschung von Zitaten begann.«[2]

Gestützt auf die Kenntnis dieser tragischen Vergangenheit trat das Internationale Komitee der postsowjetischen Welle politisch

2 Leon Trotsky, *The Stalin School of Falsification*, London 1974, S. ix (aus dem Englischen).

motivierter Geschichtslügen entgegen. Viele Essays und Vorträge, die in »Die Russische Revolution und das unvollendete Zwanzigste Jahrhundert« Eingang fanden, entstanden als Antwort auf Essays oder Bücher bürgerlicher Akademiker, die bedeutende Aspekte der sowjetischen Geschichte und des zwanzigsten Jahrhunderts verfälschten oder verzerrten, oder die wichtige Elemente der marxistischen Theorie und Praxis falsch darstellten. Meiner Ansicht nach belegt mein Buch den erschreckenden Verlust an wissenschaftlichen Ansprüchen und intellektueller Integrität in breiten Teilen des bürgerlichen akademischen Lebens.

Geschichtsfälschungen müssen entlarvt werden. Ich habe mich aber bemüht, dieser Pflicht so nachzukommen, dass ich ihr zugleich einen positiven politischen Inhalt gebe. Es ging also darum, die Dinge zu klären und die Fragen zu beantworten, die durch die tragischen Erfahrungen des zwanzigsten Jahrhunderts zu Recht aufgeworfen werden. Wenn bürgerliche Akademiker Antworten geben, die in die Irre führen und oft falsch sind, bedeutet das nicht, dass die Fragen an sich nicht gerechtfertigt wären.

Das erste Kapitel befasst sich mit einer Schlüsselfrage der Geschichte des zwanzigsten Jahrhunderts: War die Machteroberung der Bolschewiki im Oktober 1917 ein Staatsstreich, ein Putsch, durchgeführt von einer kleinen Verschwörergruppe ohne nennenswerte gesellschaftliche Basis und politische Unterstützung? Oder war sie das Ergebnis einer echten revolutionären Massenbewegung der Arbeiterklasse, der die bolschewistische Partei ein Programm und eine Orientierung gab? Das Material, das ich gestützt auf seriöse Forschungen gewissenhafter Wissenschaftler – die es zum Glück noch gibt – vorlege, unterstützt nachdrücklich die Auffassung, dass der Sturz der bürgerlichen Provisorischen Regierung das Ergebnis eines revolutionären Massenaufstands war. Die bolschewistische Partei wuchs 1917 schnell an, weil ihre Analyse der politischen Lage durch die Ereignisse bestätigt wurde, und weil ihr Programm die Bedürfnisse und Stimmungen breiter Teile der Arbeiterklasse zum Ausdruck brachte.

Doch selbst wenn man anerkennt, dass die Sowjetherrschaft das Ergebnis einer echten revolutionären Bewegung war, muss man die Frage stellen: War die stalinistische Degeneration der Sowjetunion unvermeidlich? Gab es eine Alternative zur bürokratischen Diktatur, die schließlich zur Auflösung der Sowjetunion führte? Oder muss nicht jeder Versuch scheitern, den Sozialismus zu verwirklichen, weil es außer dem Kapitalismus keine tragfähige ökonomische Grundlage für eine Gesellschaft gibt? Diese Fragen beantworte ich nicht mit irgendwelchen tröstlichen Verheißungen, dass die Revolutionen im einundzwanzigsten Jahrhundert schon besser ausgehen werden als jene im zwanzigsten Jahrhundert. Stattdessen zitiere ich Dokumente über den intensiven Kampf, der in den 1920er Jahren innerhalb der russischen kommunistischen Partei über Grundfragen der nationalen und internationalen Politik ausgetragen wurde. Die Linke Opposition, die 1923 gegründet und von Trotzki geführt wurde, kämpfte für eine Politik, die eine völlig andere Entwicklung ermöglicht hätte, als sie unter Stalins Führung erfolgte.

Wenn es bei der Auseinandersetzung um die Oktoberrevolution und die darauf folgenden Jahre nur darum gehen würde, Lügen zu widerlegen und den tatsächlichen historischen Verlauf anhand verifizierbarer Tatsachen zu rekonstruieren, dann würden die Schriften Leo Trotzkis zur Pflichtlektüre jedes Studierenden gehören, der sich mit der Geschichte der Sowjetunion und des zwanzigsten Jahrhunderts befasst. Aber bei großen politischen Differenzen geht es nicht nur um Tatsachen, sondern auch um materielle Interessen. Ein bekanntes Sprichwort besagt: »Wenn geometrische Lehrsätze materielle Interessen berührten, würde man versuchen, sie zu widerlegen.« Wenn die Kräfte der politischen Reaktion merken, dass die Wahrheit ihre Interessen berührt, versuchen sie mit allen Mitteln, sie zu diskreditieren. Die Lüge, schrieb Trotzki einst, dient als ideologischer Kitt für das Fundament der bürgerlichen Gesellschaft. Sie füllt die Lücken zwischen den öffentlich verkündeten Idealen von Freiheit und Gleichheit und der sozialen Wirklichkeit von Unterdrückung und Ungleichheit. Je tiefer die Widersprüche, desto größer die Lügen.

In unserer Zeit, die von enormen gesellschaftlichen Widersprüchen geprägt ist, wird die Suche nach der historischen Wahrheit durch rückschrittliche, äußerst gefährliche Strömungen des bürgerlichen Geisteslebens erschwert. Lügen über Geschichte und Politik gab es auch schon vor dem zwanzigsten Jahrhundert. Aber erst seit einigen Jahrzehnten, seit sich die Postmoderne an den

Universitäten weltweit mehr und mehr durchsetzt, wird derart gezielt daran gearbeitet, die Unterscheidung zwischen Wahrheit und Lüge aufzuheben und damit die Fälschung der Geschichte philosophisch zu legitimieren. Aus diesem Grund befasst sich »Die Russische Revolution und das unvollendete Zwanzigste Jahrhundert« sehr ausführlich mit der Postmoderne. In *theoretischer* Hinsicht beruht sie auf einem subjektiven, idealistischen Irrationalismus. In *politischer* Hinsicht ist sie durch Feindschaft gegen den Sozialismus motiviert. In *gesellschaftlicher* Hinsicht wurzelt sie in den materiellen Interessen der herrschenden Klasse und wohlhabender Teile der Mittelschicht.

Die Kritik der Postmoderne in »Die Russische Revolution und das unvollendete Zwanzigste Jahrhundert« bezieht sich auf die Schriften des französischen Philosophen François Lyotard und des amerikanischen Philosophen Richard Rorty. Da ich heute in Leipzig spreche, sollte ich wohl meine Vernachlässigung der deutschen Irrationalisten gutmachen, indem ich auf die Schriften von Professor Jörg Baberowski eingehe, der den Lehrstuhl für die Geschichte Osteuropas an der Humboldt-Universität in Berlin leitet. Sein Werk ist ansonsten nicht weiter von Bedeutung. Es ist einfach ein Lehrbeispiel für den Zusammenhang zwischen Postmoderne, politischer Reaktion und zynischer Verachtung für faktische Beweise und elementare Standards wissenschaftlicher Integrität. Im Vorwort zu »Die Russische Revolution und das unvollendete Zwanzigste Jahrhundert« gehe ich kurz auf Baberowskis Werk ein, indem ich seine solipsistische Behauptung zitiere: »Es gibt keine Wirklichkeit ohne ihre Repräsentation.«[3] Es ist angebracht, Baberowskis Geschichtsauffassung hier etwas genauer zu behandeln.

2001 steuerte Baberowski einen Essay zu einem Buch mit dem paradoxen Titel »Geschichte ist immer Gegenwart« bei. Träfe dies zu, gäbe es keinen Grund, die Geschichte überhaupt zu studieren, weil sie uns nichts über die Ursprünge der Gegenwart sagen könnte. Und tatsächlich spricht sich Baberowski energisch gegen

3 Jörg Baberowski, *Der Sinn der Geschichte. Geschichtstheorien von Hegel bis Foucault*, München 2005, S. 22.

die Auffassung aus, man könne aus dem Studium der Vergangenheit irgendetwas lernen. »Dass man aus der Geschichte lernen könne, ist eine Illusion vergangener Tage, deren Glanz nur noch matt scheint.«[4]

Wer nicht mehr zwischen Vergangenheit und Gegenwart unterscheidet, muss die Ereignisse zwangläufig aus ihrem Zusammenhang reißen und die Teilnehmer aus der realen Umgebung herauslösen, die ihre Persönlichkeit prägte und ihr Leben letztlich bestimmte.

Es ist unbestreitbar, dass ein ernsthafter Historiker beim Studium der Vergangenheit den politischen, ideologischen, gesellschaftlichen und kulturellen Einflüssen seiner Zeit unterliegt. Der Dialog zwischen Vergangenheit und Gegenwart fließt in alle wichtigen historischen Werke mit ein. Doch wer die Geschichte erforscht, kann die Figuren seiner Forschung nicht so behandeln, als ob es seine Zeitgenossen wären. Julius Cäsar, Jeanne d'Arc und Martin Luther lebten in Zeiten, die sich in vieler Hinsicht grundlegend von unserer Zeit unterschieden. Der große französische Historiker der Feudalgesellschaft, Marc Bloch, schrieb in seinem Buch »Der Beruf des Historikers«:

> *Mit einem Wort, ein historisches Phänomen kann nie befriedigend erklärt werden, ohne dass auch die Zeit untersucht wird, in der es aufgetreten ist. Das gilt für alle Entwicklungsphasen. Für die, in der wir selbst leben, wie auch für alle anderen. Ein altes arabisches Sprichwort lautet: »Die Menschen sehen ihrer Zeit ähnlicher als ihren Vätern.«*[5]

Die Rekonstruktion der Vergangenheit erfordert nicht nur Einfühlungs- und Vorstellungsvermögen, sondern auch methodische Stringenz und Geduld. Professionelle Historiker müssen in den Archiven mit derselben Gründlichkeit und Hingabe arbeiten wie Biologen und Chemiker in Laboren. Einer der besten amerikani-

4 Jörg Baberowski u. a., *Geschichte ist immer Gegenwart*, Stuttgart/München 2001, S. 10.

5 Marc Bloch, *Apologie der Geschichtswissenschaft oder Der Beruf des Historikers*, Stuttgart 2002, S. 40.

schen Historiker der Russischen Revolution, der mittlerweile verstorbene Leopold Haimson (1927–2010), schrieb in der Einleitung zu seinem letzten Buch, »Russia's Revolutionary Experience, 1905–1917«:

> *... jedes Geschichtswerk, das wirklich bahnbrechend und wichtig ist, zeichnet sich dadurch aus, wie der Autor die Primärquellen auswählt, auf die er seine Forschungsarbeit konzentriert. Sein Wert hängt letztlich von der Genauigkeit und dem Verständnis ab, mit dem diese Quellen durchdrungen und analysiert werden.*[6]

Baberowski hingegen hat nur Verachtung übrig für Historiker, die sich bemühen, durch die sorgfältige Prüfung von Primärquellen und deren gewissenhafte Auslegung die Vergangenheit so genau wie möglich zu rekonstruieren. Er schreibt:

> *Der Anspruch, zu zeigen, wie es eigentlich gewesen sei, erweist sich in Wahrheit als Illusion. Was dem Historiker in den Quellen gegenübertritt ist nicht die Vergangenheit, es ist jener Teil der Vergangenheit, der sich in der Gegenwart erhalten hat. Dokumente und Quellen, die Gegenstände des Historikers, müssen zum Sprechen gebracht werden, sie sprechen nicht für sich selbst. Vergangenheit ist Konstruktion. Ihre Realität bestimmt sich durch das Interesse und den Fragehorizont des Historikers.*[7]

Natürlich müssen Dokumente aus den Archiven von heute lebenden Historikern studiert und interpretiert werden. Doch darf sich der Historiker dabei nicht von seiner ungezügelten Fantasie, und schon gar nicht von seinen persönlichen Vorlieben leiten lassen. Eine solche geistige Selbstdisziplin liegt Baberowski fern. Er lehnt eine systematische Vorgehensweise ab. Das von ihm konstruierte subjektive Narrativ der Russischen Revolution ist nichts weiter als

6 Leopold Haimson, *Russia's Revolutionary Experience, 1905–1907*, New York 2005, S. XXIX (aus dem Englischen).

7 Jörg Baberowski u. a., *Geschichte ist immer Gegenwart*, Stuttgart/München 2001, S. 11.

eine Fortschreibung seiner politischen Einstellungen, sprich seines Antikommunismus'.

Und so finden wir in seinem Essay über die Russische Revolution in »Geschichte ist immer Gegenwart« folgende Aussage:

> *Metamorphosen, die vom Aufstand zum Streik, die von der Negation der Ordnung in die Sozialdemokratisierung des Lebensstils führten, waren in Russland stets nur Randphänomene. Der Pogrom symbolisiert die Essenz des russischen Weges in die Revolution.*[8]

Einen solchen Satz kann nur jemand schreiben, dem die geschichtlichen Dokumente vollkommen gleichgültig sind. Es gab im Jahr 1905 riesige Streiks. 1912 nahm die Streikaktivität nach dem Massaker an den Bergleuten der Goldminen an der Lena massiv zu und hielt bis zum Ausbruch des Ersten Weltkriegs 1914 an. Das Pogrom als »Essenz« der Russischen Revolution zu beschreiben, heißt außerdem die Wirklichkeit auf den Kopf zu stellen. Es gibt zahlreiche detaillierte Studien über die antijüdischen Pogrome in Russland. Die schlimmsten fanden in den Jahren 1881–1884, 1903–1906 und 1917–1922 statt. Der Zusammenhang zwischen diesen grauenhaften Morden an Tausenden von Juden und den Versuchen des zaristischen Regimes, den Widerstand der Bevölkerung niederzuschlagen, wurde in zahlreichen wissenschaftlichen Studien unwiderlegbar nachgewiesen.

Im Oktober 1905 fand in Odessa ein Pogrom statt, das von Beamten der Regierung und der Polizei unterstützt wurde. Es ereignete sich nur wenige Tage, nachdem sich das Regime gezwungen gesehen hatte, unter dem Druck revolutionärer Streiks und der Entstehung des St. Petersburger Sowjets bedeutende politische Zugeständnisse zu machen. Es fehlt hier die Zeit, aus den zahlreichen wissenschaftlichen Studien zu zitieren, die gestützt auf zaristische Dokumente eindeutig den Zusammenhang zwischen Pogromen und der antisozialistischen Konterrevolution beweisen. Jedenfalls ist es unmöglich, dass Baberowski diese Dokumente und die Studien, die sie analysieren, nicht kennt. Er

8 Ebd., S. 25

hat entschieden, sie zu ignorieren, weil sie seinem subjektiv motivierten Narrativ widersprechen. In diesem Fall dient die postmoderne Ablehnung der Möglichkeit, die objektive Wahrheit zu verstehen, als ideologischer Deckmantel für bewusste Geschichtsfälschungen.

Baberowskis Dekonstruktion der objektiven Wirklichkeit wird besonders augenfällig, wenn er Historiker denunziert, die festgestellt haben, dass die Russische Revolution ein Aufstand der Arbeiterklasse war. Er schreibt:

> *Nieder mit der Arbeiterklasse, so möchte man jenen Historikern zurufen, die aus Addition von Lohnabhängigen Arbeiterklassen konstruieren, von den Erfahrungen und Deutungen jener, die sie in solche Klassen einfügen, aber absehen. In den Protesten der Revolution ereignete sich nicht die Arbeiterklasse. Und es gab auch keine Verschmelzung von Arbeiterbewegung und linker Intelligencija, wie Bernd Bonwetsch den ahnungslosen Lesern seiner Revolutionsgeschichte noch 1991 einreden wollte.*[9]

Diese ignorante und absurde Tirade entlarvt die reaktionären politischen Ziele, die Baberowski verfolgt. Er ist kein Historiker im legitimen Sinne des Wortes. Er verwischt den Unterschied zwischen Geschichte und Propaganda. Er ignoriert und fälscht die geschichtlichen Tatsachen im Interesse einer rechten politischen Agenda. Und Baberowskis Wortwahl macht sehr deutlich, wes Geistes Kind er ist:

> *Die bolschewistische Partei hatte keinen Massenanhang, sie vertrat weder die Interessen der Arbeiter noch der Bauern, noch hatte sie Rückhalt an der Peripherie des Imperiums. Sie war eine Partei von russischen und jüdischen Berufsrevolutionären, die mit dem Volk, das sie befreien wollten, nicht verbunden und an der Peripherie des Imperiums nicht verwurzelt waren.*[10]

9 Ebd., S. 33

10 Jörg Baberowski, »Was war die Oktoberrevolution?«, auf: *Bundeszentrale für politische Bildung*, 22.10.2007, http://www.bpb.de/apuz/30140/was-war-die-oktoberrevolution?p=all, aufgerufen am 5.7.2015.

Ich muss hier in Deutschland nicht erklären, worin die politische Bedeutung einer solchen Definition des Bolschewismus besteht. Ich möchte aber feststellen, dass es Ausdruck einer tiefen intellektuellen Krise ist, wenn ein Mann, der so etwas schreibt und in seinen Werken eine derartige Verachtung für die historische Wahrheit an den Tag legt, eine führende akademische Position an der Humboldt-Universität in Berlin einnehmen kann.

Im Laufe des zwanzigsten Jahrhunderts entwickelte sich die »Große Lüge« zu einem verbreiteten Instrument der Massenpolitik. Sie wurde von der politischen Reaktion eingesetzt, um die Menschen zu desorientieren, ihre Kritikfähigkeit zu untergraben und ihre Widerstandskraft zu schwächen. Der Kampf gegen die »Große Lüge«, die heute die Form einer systematischen Fälschung der Geschichte des zwanzigsten Jahrhunderts annimmt, ist ein wichtiger Bestandteil des fortschrittlichen Kampfs, mit dem die Menschheit zunehmend gegen den von Krisen gebeutelten Kapitalismus angeht. Dieses System ist auf der Ebene der Philosophie ebenso bankrott wie auf der Ebene von Wirtschaft und Politik. Ein System, dessen Fortbestand von Lügen abhängt, ist zum Untergang verurteilt. Im Kampf für die historische Wahrheit sollten wir uns von Trotzkis Worten inspirieren lassen: »Die Wahrheit wird triumphieren! Wir werden ihr den Weg bahnen. Sie wird siegen!«

Anhang I:
Robert Service
an der Humboldt-Universität

Offener Brief der Partei für Soziale Gleichheit an Professor Jörg Baberowski[1]

Herr Professor Baberowski,
für die letzte Veranstaltung Ihres Kolloquiums in diesem Semester haben Sie den britischen Autor Robert Service als Referenten eingeladen. Er soll dort am 12. Februar 2014 zu dem Thema »Trotzky – Problems of a Biography« sprechen.

Robert Service zu einem Vortrag über das Thema Biografie einzuladen, kommt einer intellektuellen Provokation gleich. Es gibt kaum ein Werk, das seinen Autor derart diskreditiert hat, wie die 2009 in Englisch und 2012 in Deutsch erschienene Trotzki-Biografie von Robert Service. Sie ist kein wissenschaftliches Werk, sondern, wie es der Nestor der Kommunismus-Forschung, Prof. Hermann Weber (Mannheim), ausdrückte, eine »Schmähschrift«, die »mit Lügen, Geschichtsfälschungen, unseriösen Quellenangaben und sogar antisemitischen Vorurteilen hantiert«.[2]

Anerkannte Historiker aus mehreren Ländern haben diese Einschätzung bestätigt. Im Juni 2011 veröffentlichte Bertrand Patenaude, Historiker an der kalifornischen Stanford University, in der angesehenen Fachzeitschrift »The American Historical Review« eine vernichtende Kritik von Services Trotzki-Biografie. Patenaude schrieb: »In seinem Eifer, Trotzki zur Strecke zu bringen, verzerrt Service häufig die geschichtlichen Tatsachen und begeht grobe faktische Fehler. Dies in einem Maß, das die intel-

1 Diesen Brief sandte die Partei für Soziale Gleichheit (PSG) am 23. Januar 2014 an Prof. Jörg Baberowski, den Leiter des Lehrstuhls für osteuropäische Geschichte an der Humboldt-Universität, nachdem er Robert Service dazu eingeladen hatte, in einem öffentlichen Kolloquium über seine Trotzki-Biografie zu sprechen.

2 Wolfgang Weber, »›Robert Service hat keine Streitschrift, sondern eine Schmähschrift verfasst!‹ Ein Gespräch mit Professor Hermann Weber«, auf: *WSWS*, 26.11.2011, https://www.wsws.org/de/articles/2011/11/webe-n26.html, aufgerufen am 28.6.2015.

lektuelle Integrität der Biografie insgesamt fragwürdig erscheinen lässt.« Die Fehler seien »unfassbar«.[3]

Bereits vorher hatte der Chefredakteur der »World Socialist Web Site« (WSWS) und Vorsitzende der Socialist Equality Party (SEP), David North, Service zahlreiche Fehler, irreführende Darstellungen und Fälschungen nachgewiesen, die zum Teil direkt aus dem Arsenal der stalinistischen Propaganda stammen. »The American Historical Review« gab North, dessen Buch »Verteidigung Leo Trotzkis« auch in deutscher Sprache erhältlich ist, in vollem Umfang recht. Sie gelangte zum Schluss:

> *North nennt Services Biografie ein »zusammengeschustertes Machwerk«. Starke Worte, aber völlig berechtigt. Harvard University Press hat sein Imprimatur unter ein Buch gesetzt, das die elementaren Regeln der Geschichtswissenschaft missachtet.*[4]

Im Juli 2011 wandten sich dann vierzehn namhafte Historiker, Politikwissenschaftler und Publizisten aus Deutschland, Österreich und der Schweiz in einem Brief an den Suhrkamp Verlag und rieten von der Veröffentlichung einer deutschen Ausgabe von Services Trotzki-Biografie ab. Auch sie kritisierten, er habe »grundlegende Standards der Geschichtswissenschaft missachtet«, und bezeichneten seine Biografie als »Schmähschrift«.[5]

Zu den Unterzeichnern des Briefes gehören Experten von internationalem Ruf, wie Prof. Hermann Weber (Mannheim), der Leiter des Instituts für Zeitgeschichte an der Universität Wien, Prof. Oliver Rathkolb, der Leiter der Gedenkstätte Deutscher Widerstand, Prof. Peter Steinbach (Berlin), Prof. Heiko Haumann (Basel) und Prof. Mario Kessler (Potsdam).

3 Bertrand M. Patenaude, »Ein zusammengeschustertes Machwerk!«, in: *The American Historical Review*, Jg. 116, Nr. 3, Juni 2011, S. 900–902, Oxford University Press. Zitiert nach: David North, *Verteidigung Leo Trotzkis*, Essen 2012, S. 326, 328.

4 Ebd., S. 332.

5 »Ein Brief an den Suhrkamp Verlag«, 30.7.2011, in: David North, *Verteidigung Leo Trotzkis*, Essen 2012, S. 333–337. Siehe auch: *WSWS*, https://www.wsws.org/de/articles/2011/11/brie-n19.html, aufgerufen am 17.6.2015.

Jeder ernsthafte Wissenschaftler hätte sich bemüht, seine akademische Reputation gegen ein derart vernichtendes Urteil zu verteidigen. Nicht so Robert Service. Er hat keinen einzigen Versuch unternommen, die gegen ihn erhobenen Vorwürfe zu entkräften. Der Grund ist, dass er sich selbst nicht als Historiker, sondern als rechten Propagandisten versteht. Er selbst hat dies offen eingestanden. Bei einer Vorstellung seines Buches in London äußerte er laut einem Zeitungsbericht die Hoffnung: »Wenn der Eispickel [die Waffe, mit der Trotzki 1940 in Mexiko ermordet wurde] nicht gereicht hat, ihn endgültig zu erledigen, habe ich das nun hoffentlich geschafft.«[6]

Vor diesem Hintergrund ist es offenkundig, dass Sie Robert Service nicht aus wissenschaftlichen, sondern aus unausgesprochenen politischen Gründen eingeladen haben, Professor Baberowski.

Die Einladung an Service steht in auffallendem Gegensatz zum Verhalten, das Sie und Ihre Fakultät an den Tag legten, als der renommierte amerikanische Historiker, Prof. Alexander Rabinowitch, im Oktober 2010 in Berlin sein neues Buch »Die Sowjetmacht – Das erste Jahr« vorstellte. Damals weigerten Sie sich, einen angemessenen Hörsaal für den Vortrag zur Verfügung zu stellen, und lehnten es sogar ab, Rabinowitch zu empfangen und die Anwesenheit dieses international anerkannten Experten für russische Geschichte zur Kenntnis zu nehmen.

Das Online-Forum »H-Soz-u-Kult« hatte vier Monate vorher, kurz nach ihrer Veröffentlichung in englischer Sprache, eine enthusiastische Besprechung der Trotzki-Biografie von Service veröffentlicht. Sie war von Andreas Oberender, einem Mitarbeiter Ihrer Fakultät, verfasst und von Ihnen redaktionell betreut worden. Sie preist die Biografie in den höchsten Tönen, ohne konkret etwas über ihren Inhalt zu sagen oder einen einzigen Satz daraus zu zitieren. Stattdessen fügt sie Services wüsten Schmähungen gegen Trotzki noch einige weitere hinzu.

Im vergangenen Sommer nahmen Sie dann gemeinsam mit Robert Service am Summer Workshop der Hoover Institution der

6 *London Evening Standard*, 23.10.2009 (aus dem Englischen).

Stanford University teil. Die Hoover Institution ist eine Hochburg des Antikommunismus des Kalten Kriegs und der nachsowjetischen Ära. Es sieht so aus, als seien die Pläne zur Einladung von Service dort entstanden.

Natürlich steht es Ihnen frei, mit wem Sie sich treffen und zusammenarbeiten. Aber Ihre Studierenden haben ein Recht darauf, die Einwände gegen ein Buch zu kennen, das im Rahmen des Kolloquiums Ihres Lehrstuhls vorgestellt wird, und sich selbst ein Urteil zu bilden.

In der Einladung zum Kolloquium heißt es: »Alle Interessierten sind herzlich willkommen!« Wir nehmen diese Einladung gerne an. Wir werden den Rahmen des Kolloquiums selbstverständlich respektieren, erwarten aber, dass Kritiker von Service die Möglichkeit erhalten, Fragen zu stellen und die fundierten Einwände gegen sein Buch vorzutragen. Er hat diese Einwände bisher nicht beantwortet. Nachdem Sie ihn eingeladen haben, über die Probleme seiner Trotzki-Biografie zu sprechen, ist er verpflichtet, dies zu tun.

Für die Partei für Soziale Gleichheit,
Sektion der Vierten Internationale
Wolfgang Weber

Neun Fragen an Robert Service[1]

1. Die »American Historical Review«, die maßgebliche historische Fachzeitschrift in den USA, hat im Juni 2011 eine vernichtende Kritik Ihrer Trotzki-Biografie veröffentlicht. Professor Bertrand M. Patenaude von der Stanford University bescheinigt Ihnen darin die »Verzerrung geschichtlicher Tatsachen« und »grobe faktische Fehler ... in einem Maß, das die intellektuelle Integrität der Biografie insgesamt fragwürdig erscheinen lässt«.[2]

Patenaude bezeichnet »die schiere Zahl faktischer Fehler« in Ihrem Buch als »erstaunlich«. Er selbst habe über vier Dutzend gezählt. »Als Informationsquelle ist das Buch von Service absolut unzuverlässig. Manchmal sind die Irrtümer unfassbar«, folgert er.[3]

Die angesehene amerikanische Fachzeitschrift stellt sich uneingeschränkt hinter die ausführliche Kritik, die David North in seinem auch in Deutsch erschienenen Buch »Verteidigung Leo Trotzkis« an Ihrer Trotzki-Biografie geübt hat. Sie sei nicht, wie North' trotzkistische Überzeugungen vermuten ließen, übertrieben, sondern »ausführlich, peinlich genau, gut belegt und verheerend in ihrer Kritik«.[4] Die »American Historical Review« gelangt zum Schluss:

> *North nennt Services Biografie ein »zusammengeschustertes Machwerk«. Starke Worte, aber völlig berechtigt. Harvard University Press hat sein Imprimatur unter ein Buch gesetzt, das die elementaren Regeln der Geschichtswissenschaft missachtet.*[5]

1 Am 8. Februar 2014, vier Tage vor einem Kolloquium mit Robert Service an der Humboldt-Universität, sandte die PSG diese schriftlichen Fragen an Robert Service und den Lehrstuhlinhaber, Prof. Jörg Baberowski.

2 Bertrand M. Patenaude, »Ein zusammengeschustertes Machwerk!«, in: *The American Historical Review,* Jg. 116, Nr. 3, Juni 2011, S. 900–902, Oxford University Press. Zitiert nach: David North, *Verteidigung Leo Trotzkis,* Essen 2012, S. 326.

3 Ebd., S. 328.

4 Ebd., S. 326.

5 Ebd., S. 332.

Eine verheerendere Kritik durch eines der führenden Fachjournale der Welt lässt sich kaum vorstellen. Auch vierzehn angesehene europäische Historiker und Sozialwissenschaftler haben sich der Kritik angeschlossen und dem Suhrkamp Verlag in einem Brief von der Veröffentlichung der deutschen Ausgabe Ihres Buches abgeraten. Trotzdem haben Sie nie auf die Kritik geantwortet und versucht, Ihren Ruf zu verteidigen.

Warum? Welche Erklärung haben Sie dafür? Man kann aus Ihrem Verhalten nur schließen, dass Sie nicht antworten können, und dass die Vorwürfe gegen Ihr Buch korrekt und unwiderlegbar sind.

2. Der Londoner »Evening Standard« vom 23. Oktober 2009 zitiert Sie mit den Worten: »Noch ist Leben in dem alten Kerl Trotzki – aber wenn der Eispickel [das Mordinstrument des stalinistischen Agenten Mercader 1940] nicht gereicht hat, ihn endgültig zu erledigen, habe ich das nun hoffentlich geschafft.«

Wie erklären Sie diese Aussage? Offenbar haben Sie sich mit Ihrem Buch die Aufgabe gestellt, einen Rufmord zu verüben, und nicht, eine ernsthafte politische Biografie zu schreiben.

3. Ihr Buch enthält eine Reihe empörender und historisch falscher Aussagen, die ausschließlich darauf abzielen, Trotzkis persönliche Integrität anzugreifen.

So behaupten Sie, Trotzki habe seine erste Frau Alexandra Sokolowskaja »schäbig behandelt« (S. 19), und: »Kaum hatte er zwei Kinder gezeugt, beschloss er, sich aus dem Staub zu machen.« (S. 92)[6]

Tatsächlich beweisen alle verfügbaren Quellen, dass Trotzki mit dem vollen Einverständnis seiner damaligen Frau aus der sibirischen Verbannung floh, um seine politische Arbeit im Exil fortzusetzen. Die beiden bewahrten ihre geistige Verbindung und Freundschaft bis ans Ende ihres Lebens. Alexandra Sokolowskaja und die gemeinsamen Kinder wurden von Trotzkis Eltern finan-

6 Alle Zitate entnommen aus: Robert Service, *Trotzki – Eine Biographie*, Berlin 2012.

ziell unterstützt. Erst Stalins Terrorapparat unterbrach den Kontakt zwischen den beiden: Alexandra Sokolowskaja wurde wegen ihrer Freundschaft zu Trotzki 1938 ermordet.

Weshalb machen Sie Trotzki auch noch für die Ermordung seiner Familienangehörigen durch das stalinistische Regime, seine schlimmsten Feinde, verantwortlich?

4. Obwohl Trotzkis politisches Wirken vor allem auf seinen Schriften beruhte und er ein umfangreiches Werk hinterließ, haben Sie eine Biografie geschrieben, die sich mit keinem einzigen seiner zahllosen Artikel, Aufsätze und Bücher zu politischen, sozialen und kulturellen Themen ernsthaft auseinander setzt. Sie haben eine Biografie über einen Mann verfasst, der in erster Linie durch seine Ideen wirkte, ohne eine einzige dieser Ideen zu erläutern.

In der »Einführung« behaupten Sie: »Man darf seine schriftliche Hinterlassenschaft nicht allein für bare Münze nehmen ... Das, worüber er sich ausgeschwiegen hat, ist ebenso wichtig wie das, worüber er zu reden oder zu schreiben beliebte. Seine unausgesprochenen Grundannahmen waren integraler Bestandteil seines Lebens.« (S. 20)

Das ist, offen gesagt, absurd. Wie konnten Sie herausfinden, was Trotzkis »unausgesprochene Grundannahmen« sind, wenn Sie nicht untersucht haben, was er tatsächlich geschrieben hat? Und worin bestehen diese »unausgesprochenen Grundannahmen«?

5. Während Sie den Inhalt seiner Schriften ignorieren, wimmelt es in Ihrem Buch von abschätzigen Bemerkungen über Trotzki als Schriftsteller. Unter anderem behaupten Sie: »Er schrieb immer, was ihm gerade in den Sinn kam« (S. 107), »Mit Recherchen zu der Mehrzahl der Fragen, die die intellektuelle Elite der Partei beschäftigten, gab er sich nicht ab« (S. 143), »Seine Gedanken waren ein verworrenes und verwirrendes Sammelsurium« (S. 444). Die Liste ließe sich endlos fortsetzen.

Diese Einschätzung steht in eklatantem Widerspruch zum Urteil zahlreicher Experten und Zeitgenossen. So zitiert Walter Benjamin in seinem Tagebuch die Einschätzung von Bertolt Brecht aus dem Jahre 1931: »Es ließe sich mit gutem Grund behaupten, dass Trotzki der größte lebende Schriftsteller von Europa wäre.«[7]

Heute müssen selbst viele seiner politischen Gegner anerkennen, dass Trotzki die Gefahr des Nationalsozialismus deutlicher als irgendjemand sonst voraussah und mit seinem Eintreten für eine Einheitsfront von SPD und KPD gegen die Nazis recht hatte, die von Stalin und der SPD-Führung vehement abgelehnt wurde. Seine Schriften zum Nationalsozialismus, die in der (bei weitem nicht vollständigen) deutschen Ausgabe von 1971 800 Seiten umfassen, gehören bis heute zum Besten, was zu diesem Thema geschrieben wurde.

Sie widmen den Ereignissen in Deutschland dagegen nur wenige Zeilen und gehen nicht auf Trotzkis Schriften ein. Stattdessen behaupten Sie wahrheitswidrig, Trotzki habe es »nicht für nötig« gehalten, »Hitler, Mussolini oder Franco genauer zu betrachten« (S. 590). In der Einleitung erklären Sie: »Hätte statt Stalin Trotzki die oberste Führung innegehabt, wäre die Gefahr eines Blutbades in Europa drastisch gestiegen.« (S. 17 f.)

Was wollen Sie damit sagen? Waren die achtzig Millionen Toten des Zweiten Weltkriegs und des Holocausts kein Blutbad? Wie hätte Trotzki, der gegen die Lähmung und Desorientierung der Arbeiterbewegung durch die stalinistische Bürokratie und für ihre Mobilisierung gegen die Nazis kämpfte, ein größeres Blutbad verursachen können?

6. Ihr Buch befasst sich geradezu obsessiv mit Trotzkis jüdischer Herkunft und bemüht dabei antisemitische Stereotype. Unter anderem schreiben Sie: »Indem er zum Außenminister für eine Regierung wurde, die mehr an der Verbreitung der Weltrevolution als an der Verteidigung der Interessen des Landes interessiert war, entsprach Trotzki dem weitverbreiteten Stereotyp der ›Judenfrage‹.« (S. 247)

»Er war keck in seiner Klugheit und offen in seinen Meinungen. Niemand konnte ihn einschüchtern. Trotzki besaß diese Eigenschaften in einem höheren Maße als die meisten anderen Juden …

7 Walter Benjamin, *Gesammelte Schriften*, Bd. 6, Frankfurt am Main 1985, S. 432.

Dabei war er durchaus nicht der einzige Jude, der an den Chancen zum sozialen Aufstieg sichtlich Gefallen fand.« (S. 259)

»Haarspalterische Debatten gehörten zum Marxismus ebenso wie zum Judentum.« (S. 260) »Die Parteiführung wurde vielfach als eine jüdische Clique bezeichnet.« (S. 263 f.)

In der englischen Ausgabe findet sich (ohne Quellenangabe) eine Nazi-Karikatur von Trotzki. Sie ist mit der Legende versehen: »In Wirklichkeit war seine Nase weder lang noch gebogen, und niemals ließ er es zu, dass sein Spitzbart zu lang wurde oder sein Haar schlecht gekämmt war.«

Warum benutzen Sie derartige Karikaturen von Juden? Weshalb dichten Sie ihnen angebliche jüdische Eigenschaften an? Und weshalb tun Sie das, obwohl Sie genau wissen, dass Trotzkis Gegner antisemitische Vorurteile gegen ihn mobilisiert haben?

Sie haben sogar eigens eine Erzählung erfunden, um Trotzkis Judentum zu unterstreichen. Auf den ersten vierzig Seiten Ihres Buches nennen Sie ihn ständig Leiba, obwohl er diesen jiddischen Vornamen weder trug noch benutzte. Warum stützen Sie sich auch hier wieder auf die antisemitischen Karikaturen, die Trotzkis stalinistische und faschistische Gegner von ihm zeichneten?

7. Aus Ihrem Buch spricht eine kaum verhohlene Bewunderung für Stalin. Sie schreiben: »Stalin war keine mediokre Figur, sondern besaß beeindruckend vielfältige Fähigkeiten und ein Talent zur entschlossenen Führung.« (S. 17) Und: »Trotzki verlor nicht gegen ›die Bürokratie‹; er unterlag gegen einen Mann und eine Clique, die besser als er das sowjetische System begriffen hatten.« (S. 19)

In Wirklichkeit bestand Stalins Politik in den 1920er und 1930er Jahren aus einer endlosen Reihe katastrophaler Fehlurteile – über die innere Dynamik des Wirtschaftslebens, über die faschistische Gefahr in Deutschland, über das Risiko einer deutschen Invasion.

Sie stellen diese Behauptungen auf, ohne auf die Kritik am Stalinismus einzugehen, die Trotzki über siebzehn Jahre hinweg, von 1923 bis 1940, konsequent entwickelte. Weshalb ignorieren Sie Trotzkis »Verratene Revolution«, seine Kritik an Stalins Wirtschaftspolitik in den 1920er Jahren, seine Kritik am »Sozialismus in einem Land«, seine Kritik an der Zwangskollektivierung und alles andere? In Ihrem Buch findet sich nichts davon.

8. Weshalb gibt es in Ihrem Buch derart offenkundige und unfassbare Fehler? Um noch einmal die Kritik in der »American Historical Review« zu zitieren: »Service verwechselt die Namen von Trotzkis Söhnen, bezeichnet die falsche Partei als die größte politische Fraktion in der ersten Duma von 1906, schreibt den Namen des in Sarajewo ermordeten österreichischen Thronfolgers fehlerhaft, gibt eine falsche Darstellung der Umstände, unter denen Nikolaus II. abdankte, verdreht den Standpunkt, den Trotzki 1940 zum Eintritt der USA in den Zweiten Weltkrieg einnahm, in sein Gegenteil, und gibt ein falsches Todesjahr von Trotzkis Witwe an.«[8]

Wie viel Zeit und Arbeit haben Sie in ein Buch gesteckt, in dem offenkundig die elementarsten historischen Fakten nicht stimmen?

9. Und eine letzte Frage: Der Titel Ihres Kolloquiumsbeitrags lautet (in englischer Sprache): »Trotzky – Problems of a Biography«.

Wie Sie wissen müssen, ist diese Schreibweise von Trotzkis Namen inkorrekt. Im Englischen wird Trotzki üblicherweise mit »s«, »Trotsky«, geschrieben. Die einzigen, die die Schreibweise »Trotzky« nach der Oktoberrevolution benutzt haben, waren – wie Sie als Trotzkis Biograf ebenfalls wissen müssten – die Faschisten in den 1930er Jahren und die britischen und amerikanischen Stalinisten. Sie schrieben Trotzki mit »tzky«, um seinen Namen bedrohlicher klingen zu lassen.

Weshalb unterläuft Ihnen ein derart grundlegender Fehler?

8 Bertrand M. Patenaude, »Ein zusammengeschustertes Machwerk!«, in: *The American Historical Review,* Jg. 116, Nr. 3, Juni 2011, S. 900–902, Oxford University Press. Zitiert nach: David North, *Verteidigung Leo Trotzkis*, Essen 2012, S. 328.

IYSSE protestieren gegen Unterdrückung der Diskussionsfreiheit an der Humboldt-Universität durch Professor Baberowski[1]

Sehr geehrter Professor Dr. Jan-Hendrik Olbertz,
sehr geehrter Professor Michael Seadle,

Professor Jörg Baberowski hat am 12. Februar eine kritische Auseinandersetzung über die Trotzki-Biografie von Robert Service in einem Kolloquium an der Humboldt-Universität mit autoritären Maßnahmen unterdrückt. Sein Vorgehen stellt grundlegende demokratische Rechte und akademische Freiheiten an der Humboldt-Universität in Frage.

Wir, die International Youth and Students for Social Equality (IYSSE) an der Humboldt-Universität, fordern die Universitätsleitung auf, diesen Autoritätsmissbrauch durch Professor Baberowski zu missbilligen.

Baberowski hatte Service zu einem Kolloquium des Lehrstuhls Geschichte Osteuropas eingeladen, zu dem – so die Website des Lehrstuhls – »alle Interessierten herzlich willkommen« waren. Als jedoch die Partei für Soziale Gleichheit und die IYSSE mit Flugblättern und einer gut besuchten Veranstaltung darauf aufmerksam machten, dass Services Trotzki-Biografie von einer renommierten Fachzeitschrift und international anerkannten Experten als »zusammengeschustertes Machwerk« eingeschätzt wurde, reagierte Baberowski mit Maßnahmen, wie sie ansonsten in Polizeistaaten üblich sind.

Um zu verhindern, dass Service kritische Fragen gestellt werden, sagte er das Kolloquium ohne Vorankündigung oder Begrün-

1 Diesen Offenen Brief schickten die International Youth and Students for Social Equality (IYSSE) am 22.2.2014 an die Leitung der Humboldt-Universität.

dung ab. Den Besuchern gegenüber, die sich an dem öffentlich angekündigten Veranstaltungsort eingefunden hatten, verhielt er sich darüber hinaus höchst unaufrichtig. Ihnen wurde nicht mitgeteilt, dass die Veranstaltung an einen anderen Ort verlegt worden war. Dies erfuhren nur einige wenige Gesinnungsfreunde und Studierende Baberowskis, von denen keine Kritik an Services Machwerk zu erwarten war.

Nachdem der neue Veranstaltungsort, ein Raum im Hauptgebäude der Universität, bekannt geworden war, erwartete Besucher, die sich dorthin begeben hatten, eine böse Überraschung: Flankiert von Wachschutzleuten stand Professor Baberowski am Eingang und verlangte, dass jeder seinen Namen und den Grund für seine Teilnahme nenne. Anhand der politischen Gesinnung entschied er, wer an der Veranstaltung auf dem Universitätsgelände teilnehmen durfte – ein eklatanter Verstoß gegen die Rede- und Meinungsfreiheit. Wer von Baberowski verdächtigt wurde, Services Ansichten nicht zu teilen, erhielt keinen Zutritt zum Veranstaltungsraum im Universitätsgebäude.

Zu den Ausgeschlossenen zählte auch David North, der Vorsitzende der amerikanischen Socialist Equality Party. North, der seit vierzig Jahren eine führende Rolle in der internationalen sozialistischen Bewegung spielt, hat in seinem weltweit anerkannten Buch »Verteidigung Leo Trotzkis« die Fehler und Fälschungen in Services Biografie aufgedeckt. Als sich North zu erkennen gab, reagierte Baberowski mit plumpen antikommunistischen Beschimpfungen und drohte, die Polizei zu rufen.

Professor Mario Kessler von der Universität Potsdam, einem international renommierten Historiker, der gemeinsam mit dreizehn anderen Geschichtsforschern in einem Offenen Brief an den Suhrkamp Verlag gegen die Veröffentlichung der deutschen Ausgabe von Services Trotzki-Biografie protestiert hatte, wurde der Zutritt ebenfalls verwehrt. Auch mehrere Studierende der Humboldt-Universität, die sich vier Tage zuvor auf der Veranstaltung der IYSSE über die Kritik an Services Trotzki-Biografie informiert hatten, wurden ausgesperrt.

Baberowskis Verhalten stellt einen erschreckenden Verstoß gegen demokratische Gepflogenheiten und die freie, offene Diskussionskultur an der Hochschule dar. Es bestand kein Anlass zu der Befürchtung, dass die Veranstaltung gestört werden sollte. Die Partei für Soziale Gleichheit hatte ihre Einwände gegen Service veröffentlicht und ihm sogar einen Fragenkatalog zugeschickt, um die Diskussion zu erleichtern. In zwei Briefen an Baberowski hatte die PSG versichert, dass sie »den Rahmen des Kolloquiums selbstverständlich respektieren«[2] werde. Außerdem hatten erst vier Tage zuvor Mitglieder von Baberowskis Lehrstuhl die Veranstaltung der IYSSE besucht, wo sie ohne Einschränkung jede beliebige Frage stellen durften.

Baberowskis autoritäre Maßnahmen dienten ausschließlich dazu, Kritik an Services diskreditierter Biografie zu unterdrücken. Das Kolloquium, zu dem am Ende nur dreißig Teilnehmer zugelassen wurden, war von einer Atmosphäre der Einschüchterung geprägt. Es fand in einem bunkerähnlichen Raum statt, dessen Türen von innen abgeschlossen und außen von Sicherheitspersonal bewacht wurden. Als ein Teilnehmer trotz aller Vorsichtsmaßnahmen eine kritische Frage stellte, verlangte Baberowski, er solle schweigen!

Baberowskis Verhalten ist ein Angriff auf demokratische Rechte und verstößt gegen sämtliche Verhaltensnormen, die in akademischen Einrichtungen als angemessen gelten. Der einzige Grund, weshalb er Studierende und Historiker aus der Veranstaltung ausschloss, bestand darin, dass sie Kritik an einem Buch hatten! Baberowski wollte eine kritische Diskussion über Services diskreditiertes Werk verhindern und hat zu diesem Zweck die Meinungsfreiheit an der Universität eingeschränkt. Damit hat er einen Präzedenzfall für politische Zensur geschaffen.

In seinem jüngsten Buch, »Verbrannte Erde«, führt Baberowski die Ursache für die Gewalt des Stalinismus auf den Charakter und die Persönlichkeit Stalins zurück. Und doch geht aus Baberowskis eigenem Verhalten deutlich hervor, wo die wirklichen Ursachen politischer Gewalt zu suchen sind. Das Ziel der stalinistischen Diktatur war die Unterdrückung von Ideen, die dem Regime entgegenstanden. Dieses Bestreben dürfte für Professor Baberowski

2 »Offener Brief der PSG an Jörg Baberowski«, 23.1.2014, siehe ab S. 161 in diesem Buch.

nachvollziehbar sein. Wenn er mit Ideen konfrontiert wird, die ihm nicht gefallen, und die er nicht beantworten kann, greift er auf Zensur, den Wachschutz und Drohungen mit der Polizei zurück.

Die IYSSE hatten in einem Flugblatt für Studierende die Frage gestellt: »Warum hat Professor Baberowski Robert Service an die Humboldt-Universität eingeladen?« Inzwischen kann diese Frage beantwortet werden: Baberowski nutzt seine Stellung an der Universität, um die berüchtigten reaktionären Thesen von Ernst Nolte zu verbreiten, die seit dreißig Jahren in Schriften verwendet werden, mit denen die Verbrechen der Nationalsozialisten relativiert und in ihrer Bedeutung herabgemindert werden sollen.

Am 10. Februar veröffentlichte das Nachrichtenmagazin »Der Spiegel« einen längeren Artikel von Dirk Kurbjuweit über die Bemühungen, die deutsche Geschichte umzuschreiben. Baberowski spielt darin als glühender Verteidiger von Noltes Ansichten eine prominente Rolle. Er wird vom »Spiegel« mit den Worten zitiert: »Hitler war kein Psychopath, er war nicht grausam. Er wollte nicht, dass an seinem Tisch über die Judenvernichtung geredet wird.«[3]

Baberowski stellt sich im »Spiegel« ausdrücklich hinter Ernst Nolte. »Nolte wurde Unrecht getan. Er hatte historisch recht«,[4] sagte er dem Nachrichtenmagazin.

Doch in welcher Hinsicht hatte Nolte angeblich »recht«?

»Der Spiegel« selbst zitiert den mittlerweile 91-jährigen Nolte mit Äußerungen, wie man sie sonst nur aus Neonazi-Blättern kennt:

> *Ich komme mehr und mehr zu der Überzeugung, dass man den Anteil der Polen und der Engländer stärker gewichten muss, als es meist geschieht. Hitler wollte nicht, wie es oft dargestellt wird, Krieg um des Krieges willen führen. Er hätte gern mit den Polen ein antisowjetisches Bündnis geschlossen. Seine Forderungen gegenüber*

3 Dirk Kurbjuweit, »Der Wandel der Vergangenheit«, in: *Der Spiegel 7/2014*, 10.2.2014, S. 116, http://www.spiegel.de/spiegel/print/d-124956878.html, aufgerufen am 16.6.2015.

4 Ebd.

Polen waren nicht »nationalsozialistisch«, sondern sie gingen in die Zeit der Weimarer Republik zurück. Wenn die polnische Regierung, wie es von Hitler gewünscht wurde, einen Unterhändler geschickt und jenen »Weimarer« Forderungen der Rückkehr Danzigs zum Deutschen Reich und der Errichtung exterritorialer Straßen- und Bahnverbindungen durch den »Korridor« zugestimmt hätte, wäre Polen von Hitler nicht angegriffen worden.

Dem Judentum unterstellt Nolte eine Mitverantwortung für Auschwitz, weil einige Bolschewisten Juden gewesen seien, und das Judentum damit einen »eigenen Anteil am ›GULag‹« habe. »Der Spiegel« nennt dies ohne Umschweife »ein Argument von Judenhassern«.[5]

Wir überlassen es Ihnen, daraus politische Schlussfolgerungen zu ziehen.

Services verlogenes Machwerk passt in dieses Bild. Um die Schuld des Nationalsozialismus zu mindern, wird die russische Oktoberrevolution zu einer verbrecherischen Tat erklärt und Trotzki, der wichtigste marxistische Gegner Stalins, dämonisiert.

Die Bemühungen, ein historisch falsches Narrativ zu begründen, fallen mit einem kritischen Wendepunkt der deutschen Geschichte zusammen. Sie stehen in engem Zusammenhang mit der Ankündigung von Bundespräsident Joachim Gauck und Außenminister Frank-Walter Steinmeier, es sei an der Zeit, die jahrzehntelange militärische Zurückhaltung Deutschlands zu beenden. Die Wiederbelebung des deutschen Militarismus erfordert eine neue Interpretation der Geschichte, die die Verbrechen der Nazizeit verharmlost.

Ein bestimmtes politisches Ziel erfordert entsprechende Methoden. Baberowskis Verhalten am 12. Februar hat gezeigt, dass sich eine solche Revision der Geschichte nur mithilfe von Einschüchterungsmaßnahmen und der Unterdrückung abweichender Meinungen verwirklichen lässt.

Baberowskis Angriff auf elementare demokratische Rechte und akademische Freiheiten dient Interessen, die die Humboldt-Uni-

5 Ebd., S. 117.

versität in ein Zentrum für rechte und militaristische Propaganda verwandeln möchten. Baberowski pflegt bekanntlich enge Beziehungen zur Hoover Institution an der Stanford University, die ein akademisches Zentrum der politischen Rechten in den USA ist.

Es entspricht nicht den Wünschen der Studierenden, dass die Humboldt-Universität in eine Art »Hoover Institution an der Spree« verwandelt wird. Sie möchten, dass die Humboldt-Universität ein Ort der Wissenschaft und des akademischen Diskurses bleibt und nicht in einen rechten Thinktank verwandelt wird, an dem kritische Stimmen mundtot gemacht werden.

Das Verhalten von Professor Baberowski sollte missbilligt werden. An einer Hochschule, die nach einem führenden Vertreter der Aufklärung benannt ist und nur wenige Meter von dem Platz entfernt liegt, wo 1933 die Bücher brannten, darf es nicht zugelassen werden, dass demokratische Rechte und die freie wissenschaftliche Debatte mit Füßen getreten werden.

Mit freundlichen Grüßen,
Wolfgang Weber
im Namen der
International Youth and Students for Social Equality

Anhang II:
Die IYSSE verteidigen ihr Recht auf Meinungsfreiheit

PSG und IYSSE protestieren gegen politischen Angriff der Humboldt-Universität[1]

Sehr geehrter Herr Prof. Dr. Olbertz,
wir verlangen, dass die »Stellungnahme zu den Angriffen auf Prof. Dr. Jörg Baberowski«[2], die das Institut für Geschichtswissenschaften veröffentlicht hat, von der Website der Humboldt-Universität entfernt wird. Es handelt sich um einen politischen Angriff auf die Partei für Soziale Gleichheit und ihre Jugend- und Studentenorganisation, die IYSSE, sowie um den Versuch, die Lehrenden und Studierenden der Universität gegen die IYSSE zu mobilisieren. All dies geschieht im Namen der Humboldt-Universität. Das verstößt gegen elementare Grundsätze der Demokratie und der Meinungsfreiheit und schafft einen Präzedenzfall für eine moderne Form der Gleichschaltung.

Die »Stellungnahme« hat den Charakter einer offiziellen Erklärung der Humboldt-Universität. Sie trägt deren Logo und die Unterschrift des Geschäftsführenden Direktors des Instituts für Geschichtswissenschaften, Prof. Dr. Peter Burschel, der sie »im Namen des Instituts« unterzeichnet hat. Sie attackiert im Namen der Universität eine offiziell anerkannte politische Partei, die Partei für Soziale Gleichheit, sowie die Mitglieder ihrer Studenten-

1 Im Herbst 2014 veröffentlichte das Institut für Geschichtswissenschaften der Berliner Humboldt-Universität auf seiner Website eine »Stellungnahme zu den Angriffen auf Prof. Dr. Jörg Baberowski«, die die Partei für Soziale Gleichheit und ihre Jugend- und Studentenorganisation IYSSE heftig angreift, weil sie die rechten politischen Auffassungen und Ziele des Lehrstuhlinhabers für Geschichte Osteuropas kritisieren. Mit diesem Offenen Brief vom 25.11.2014 an den Präsidenten der Universität, Prof. Jan-Hendrik Olbertz, protestierten die PSG und die IYSSE gegen diesen unerhörten Angriff.

2 Prof. Dr. Peter Burschel, »Stellungnahme zu den Angriffen auf Prof. Dr. Jörg Baberowski«, auf: *Humboldt-Universität zu Berlin*, https://www.geschichte.hu-berlin.de/newseventsglobe/stellungnahme-zu-den-angriffen-auf-prof.-dr.-joerg-baberowski, aufgerufen am 17.6.2015.

organisation IYSSE und erklärt jede Kritik an den rechten politischen Auffassungen und Zielen, die Prof. Baberowski auch außerhalb des Lehrbetriebs vertritt, für unzulässig.

Wir fordern eine Untersuchung, wie diese Erklärung zustande gekommen ist. Wir wollen wissen, wer sie vorgeschlagen hat, in welchen Gremien sie diskutiert wurde, und wer entschieden hat, sie zu veröffentlichen. Warum wurde die PSG nicht kontaktiert?

Die »Stellungnahme« des Instituts für Geschichtswissenschaften tritt ausdrücklich für politische Zensur ein: Sie will Kritik an Baberowskis öffentlichen Äußerungen »in Räumen der Humboldt-Universität« nicht mehr dulden und »fordert Lehrende und Studierende der Humboldt-Universität auf, der Kampagne gegen Professor Baberowski entgegenzutreten«.[3]

Was ist damit gemeint? Was genau sollen die Studierenden tun? Es handelt sich offenbar um einen Versuch, die Studierenden dafür zu mobilisieren, dass sie die Auffassungen von Baberowski gegen die PSG und die IYSSE verteidigen. Es sollte nicht nötig sein zu erläutern, dass ein solcher Vorschlag politisch und fachlich völlig inakzeptabel ist. Baberowski verfügt über einen großen Mitarbeiterstab und übt erhebliche Macht über die Studierenden aus. Er kann die Karriere der Studierenden fördern oder blockieren, die nun aufgefordert werden, ihn politisch zu verteidigen.

Die Behauptung, Prof. Baberowski sei das Opfer einer politischen Kampagne der IYSSE, und diese Kampagne verletze die »grundgesetzlich geschützte Freiheit der Lehre«[4], ist absurd. Sie stellt die Tatsachen auf den Kopf.

Prof. Baberowski ist kein passiver Gelehrter, der im Elfenbeinturm der Universität wertneutrale wissenschaftliche Forschung betreibt. Er nutzt seine Autorität als Lehrstuhlinhaber, um auch außerhalb der Universität für geschichtsrevisionistische und militaristische Standpunkte zu werben. Er tut dies regelmäßig in Fernseh-, Radio- und Zeitungsbeiträgen, in Interviews und in öffentlichen Podiumsgesprächen. Er pflegt zudem enge Verbindungen zu einflussreichen Journalisten, zu hochrangigen Politikern,

3 Ebd.
4 Ebd.

zur Bundeswehr und zur Hoover Institution, dem akademischen Zentrum der Neocons in den USA.

Die Kritik, die wir an Prof. Baberowski geübt haben, ist für jedermann nachprüfbar. Sie beruht auf öffentlichen Äußerungen und allgemein zugänglichen Dokumenten und stellt keine haltlose Diffamierung dar.

Im Februar trat Baberowski im »Spiegel« für die Rehabilitation Ernst Noltes ein, der 1986 mit der Verharmlosung des Nationalsozialismus den Historikerstreit auslöste und mittlerweile Adolf Hitler verteidigt. Das Nachrichtenmagazin zitierte ihn mit den Worten: »Nolte wurde Unrecht getan. Er hatte historisch recht.«[5]

Nolte erklärt im selben »Spiegel«-Artikel, Polen und England hätten eine Mitschuld an Hitlers Überfall auf Polen und das Judentum einen eigenen Anteil am GULag – Auffassungen, die man sonst nur in neonazistischen Zirkeln findet. Baberowski selbst verharmlost Hitler im »Spiegel« mit den Worten:

> *Hitler war kein Psychopath, er war nicht grausam. Er wollte nicht, dass an seinem Tisch über die Judenvernichtung geredet wird.*[6]

Ist das nun auch die Auffassung der Humboldt-Universität? Indem sie Kritik an Baberowski für unzulässig erklärt, übernimmt sie faktisch dessen Auffassungen. Sie unterstützt eine Kampagne, die auf die Revision der Geschichte und die Rehabilitierung Adolf Hitlers und der grauenhaften Erfahrung mit den Nazis hinausläuft.

Am 1. Oktober plädierte Baberowski auf einer Podiumsdiskussion zum Thema »Interventionsmacht Deutschland?«, die im Schlüterhof des Deutschen Historischen Museums stattfand, im Kampf gegen dschihadistische Gruppen für Methoden, die allen völkerrechtlichen Normen und Konventionen widersprechen. Wörtlich sagte er:

5 Dirk Kurbjuweit, »Der Wandel der Vergangenheit«, in: *Der Spiegel 7/2014*, 10.2.2014, S. 116, http://www.spiegel.de/spiegel/print/d-124956878.html, aufgerufen am 17.6.2015.

6 Ebd., S. 116, 117.

> *Und wenn man nicht bereit ist, Geiseln zu nehmen, Dörfer niederzubrennen und Menschen aufzuhängen und Furcht und Schrecken zu verbreiten, wie es die Terroristen tun, wenn man dazu nicht bereit ist, wird man eine solche Auseinandersetzung nicht gewinnen, dann soll man die Finger davon lassen.*[7]

Ist auch dies nun die Auffassung der Humboldt-Universität? Behauptet sie ernsthaft, die Kritik solch faschistischer Auffassungen stelle einen Angriff auf die Freiheit der Lehre dar? Erstreckt sich diese Freiheit nun auch auf Kriegsverbrechen und Massenmorde, wie sie im Zweiten Weltkrieg verübt worden waren, und deren Hauptverantwortliche 1946 in Nürnberg gehenkt wurden?

Der Versuch des Instituts für Geschichtswissenschaften, Kritik an diesen reaktionären Standpunkten aus den Räumen der Universität zu verbannen, ist selbst ein Angriff auf die durch Artikel 5.3 GG geschützte akademische Freiheit. Diese umfasst nicht nur die *Lehrfreiheit* – die Freiheit der Dozenten, ihre Lehrmeinung frei zu äußern (die wir nie in Frage gestellt haben) –, sondern auch die *Freiheit des Studiums*. Die Studierenden haben das Recht, ihr Studium selbst zu gestalten, frei von politischem Druck ihre Meinung zu bilden und die Lehrmeinung der Dozenten zu kritisieren. Gegen dieses Recht richtet sich die »Stellungnahme«.

Während sich Baberowski gegen Kritik hinter der akademischen Freiheit verschanzt, verweigert er sie allen anderen. Er nutzt seine Stellung als Professor und den Apparat und die Ressourcen, die ihm zur Verfügung stehen, nicht nur, um seine eigenen politischen Auffassungen zu verbreiten, sondern auch, um jede Kritik an ihnen zum Schweigen zu bringen.

So setzte er am 12. Februar einen Sicherheitsdienst ein, um kritische Fragen an seinen britischen Kollegen Robert Service zu unterdrücken, den er zu einem öffentlichen Kolloquium eingeladen hatte, um seine diskreditierte Trotzki-Biografie vorzustellen. Die Biografie war von der renommierten Fachzeitschrift »American Historical Review« und von vierzehn deutschsprachigen His-

7 »Schlüterhofgespräch« im Deutschen Historischen Museum, 1.10.2014, Audiodatei, https://www.dhm.de/fileadmin/medien/relaunch/AUDIO/Schlueterhofgespraeche_01.10.2014_1.mp3, aufgerufen am 17.6.2015.

torikern als »zusammengeschustertes Machwerk«[8] und »Schmähschrift«[9] bezeichnet worden, weil sie Dutzende Fälschungen, Fehler und Fehlinterpretationen enthält und den minimalsten historischen Standards widerspricht.

Als die IYSSE Baberowski im Vorab darüber informierten, dass sie an dem öffentlichen Kolloquium teilnehmen würden, und schriftliche Fragen an Service einreichten, sagte er das Kolloquium zunächst unter falschen Angaben ab, verlegte es dann an einen anderen Ort und verwehrte schließlich jedem den Zugang, der im Verdacht stand, kritische Fragen zu stellen. Unter den Besuchern, die ausgesperrt wurden, befanden sich Geschichtsstudierende der Humboldt-Universität, renommierte Historiker wie Prof. Mario Kessler von der Universität Potsdam und der Chefredakteur der »World Socialist Web Site«, David North. Kessler wurde der Zugang verwehrt, weil er den Brief von vierzehn Historikern an den Suhrkamp Verlag unterzeichnet hatte, der von der Veröffentlichung einer deutschen Ausgabe von Services Buch abriet, North, weil er ein hoch gelobtes Buch zur Verteidigung Leo Trotzkis geschrieben hatte. Der einzige Grund für den Ausschluss waren seine politischen Ansichten.

Die IYSSE beschwerten sich damals in einem Offenen Brief an Sie, Prof. Olbertz, über dieses Vorgehen, das »grundlegende demokratische Rechte und akademische Freiheiten an der Humboldt-Universität in Frage«[10] stellt. Wir erhielten nie eine Antwort.

Als die Studierendengruppe der IYSSE an der Humboldt-Universität Anfang Oktober ein Treffen zum Thema »Warum wollen die deutschen Eliten wieder Krieg?« plante, genehmigten Sie den Raum nur unter der Bedingung, dass keine Mitglieder der Univer-

8 Bertrand M. Patenaude, »Ein zusammengeschustertes Machwerk!«, in: *The American Historical Review,* Jg. 116, Nr. 3, Juni 2011, S. 900–902, Oxford University Press (aus dem Englischen).

9 Wolfgang Weber, »›Robert Service hat keine Streitschrift, sondern eine Schmähschrift verfasst!‹ Ein Gespräch mit Professor Hermann Weber«, 26.11.2011, auf: *WSWS*, https://www.wsws.org/de/articles/2011/11/webe-n26.html, aufgerufen am 28.6.2015.

10 »IYSSE protestieren gegen Unterdrückung der Diskussionsfreiheit an der Humboldt-Universität durch Professor Baberowski«, 22.2.2014, siehe ab S. 171 in diesem Buch.

sität als Kriegstreiber oder Militaristen bezeichnet würden. Als wir uns gegen diese Form der Zensur zur Wehr setzten, genehmigten Sie schließlich den Raum. Wie uns später zu Ohren kam, war Prof. Baberowski bei der Uni-Leitung vorstellig geworden, um die Veranstaltung zu verhindern. Das Treffen stieß mit 200 Besuchern auf große Resonanz unter den Studierenden. Es zeigte, dass es unter den Studierenden massive Opposition gegen die rechten Standpunkte von Prof. Baberowski gibt.

Die »Stellungnahme« des Instituts für Geschichtswissenschaften knüpft an diese undemokratischen Methoden an. Sie will Kritik an politischen Äußerungen eines Professors von der Universität verbannen und Lehrende und Studierende der Universität gegen eine politische Partei in Stellung bringen, die diese Äußerungen angreift. Würde sich diese Haltung an der Universität durchsetzen, wären Prof. Baberowskis rechte und militaristische Positionen de facto unangreifbar.

Das erinnert an die düstersten Zeiten der Universität, die in den 1930er Jahren eine Vorreiterrolle bei der von oben verordneten Ausschaltung der Meinungsfreiheit und der Gleichschaltung und Selbstgleichschaltung der deutschen Hochschulen spielte. In der damaligen Friedrich-Wilhelms-Universität wurde 1926 der Nationalsozialistische Deutsche Studentenbund gegründet, und am 10. Mai 1933 begann hier die Bücherverbrennung. Mit der Gleichschaltung wurde auch an den Universitäten das Führerprinzip eingeführt. Wer sich nicht dem »Führer« der jeweiligen Universität unterordnete, musste gehen und mit Verfolgung rechnen.

Die Stellungnahme, die das Institut für Geschichtswissenschaften auf der Website der Humboldt-Universität veröffentlicht hat, ist ein gefährliches Symptom dafür, wie stark die Integrität der Universität bereits untergraben worden ist. Prof. Baberowski und seine Mitstreiter haben den Lehrstuhl Geschichte Osteuropas in ein ideologisches Zentrum für Geschichtsrevisionismus und Anti-Kommunismus verwandelt. Nun versuchen sie, ihre politische Agenda mit undemokratischen Mitteln in der ganzen Universität durchzusetzen.

Wir fordern die Universität auf, diese Stellungnahme sofort von ihrer Website zu entfernen, und wiederholen unsere Forderung nach einer Untersuchung, wie sie zustande gekommen ist.

Prof. Burschel hat sie »im Namen des Instituts« unterzeichnet. Aber das Institut besteht nicht nur aus ihm und seinem Studienfreund Baberowski, sondern aus allen Lehrenden und Studierenden. Wann und wo wurde über die Stellungnahme diskutiert? Wer war darüber informiert? Wer hat ihr zugestimmt? Die Studierenden der Universität haben ein Recht, dies zu wissen.

Mit freundlichen Grüßen,
Ulrich Rippert (Partei für Soziale Gleichheit)
Christoph Vandreier
(International Youth and Students for Social Equality)

Wissenschaft statt Kriegspropaganda[1]

International Youth and Students for Social Equality (IYSSE) kandidieren bei StuPa-Wahlen an der Humboldt-Universität

Wir, die International Youth and Students for Social Equality (IYSSE), treten zu den StuPa-Wahlen an, um gegen die Rückkehr des deutschen Militarismus zu kämpfen. Wir wollen verhindern, dass die Humboldt-Universität erneut in ein ideologisches Zentrum für Krieg und Diktatur verwandelt wird.

Hundert Jahre nach Ausbruch des Ersten Weltkriegs und fast siebzig Jahre nach dem Ende des Zweiten Weltkriegs gehen die politischen Eliten wieder auf Kriegskurs und rufen nach deutscher Führung in Europa und der Welt.

Anfang des Jahres verkündete Bundespräsident Joachim Gauck, Deutschland müsse gemäß seiner wirtschaftlichen Größe international »mehr Verantwortung« übernehmen und notfalls auch militärisch intervenieren.

Seitdem wird dieser Kurs von der Großen Koalition mit Unterstützung der Grünen und der Linkspartei in die Tat umgesetzt. Sie hat den rechten Putsch in der Ukraine unterstützt und spielt eine führende Rolle bei der Nato-Offensive gegen Russland. Im Nahen Osten verteidigt sie die geostrategischen Interessen Deutschlands bereits militärisch – mit Waffenlieferungen an die Kurden im Nordirak und der Unterstützung des US-geführten Luftkriegs gegen den Islamischen Staat.

Die Medien fungieren als Einpeitscher für die neue Kriegspolitik. Sie veröffentlichen nahezu täglich Kommentare, die ein härteres Vorgehen gegen Russland fordern, und attackieren die Bevölkerung dafür, dass sie Kriegseinsätze ablehnt.

1 Mit dieser »Selbstdarstellung«, die in der offiziellen Wahlbroschüre des Wahlvorstands veröffentlicht und als Flugblatt verbreitet wurde, beteiligten sich die IYSSE am 20. und 21. Januar 2015 an den Wahlen zum StudentInnenparlament (StuPa) an der Humboldt-Universität (HU). Sie gewannen einen Sitz.

Einen besonders scharfen Ausdruck findet die außenpolitische Wende an den Universitäten. Um neue Kriege vorzubereiten, müssen die Verbrechen des Kaiserreichs und des Nazi-Regimes relativiert und die Geschichte umgeschrieben werden. Professoren unserer Universität spielen dabei eine zentrale Rolle.

Prof. Münkler, der politische Theorie lehrt, argumentiert dafür, die Verantwortung Deutschlands im Ersten Weltkrieg herabzumindern. Die Arbeiten des Lehrstuhlinhabers für die Geschichte Osteuropas, Prof. Baberowski, laufen auf eine Relativierung der Verbrechen des Faschismus hinaus. Im Februar erklärte er im »Spiegel«: »Hitler war kein Psychopath, er war nicht grausam. Er wollte nicht, dass an seinem Tisch über die Judenvernichtung geredet wird.«[2]

Wie in der ersten Hälfte des zwanzigsten Jahrhunderts reagieren die Eliten mit Krieg und Diktatur auf die Krise des Kapitalismus. Wir betrachten es als unsere Pflicht, dieser Entwicklung entgegenzutreten, und lehnen die Integration der Universitäten in die Kriegspolitik strikt ab.

Um eine neue Katastrophe zu verhindern, ist der Aufbau einer weltweiten Massenbewegung der Arbeiterklasse notwendig. Als Studierendengruppe des Internationalen Komitees der Vierten Internationale verbinden wir den Kampf gegen Krieg mit dem Kampf für Sozialismus.

2 Dirk Kurbjuweit, »Der Wandel der Vergangenheit«, in: *Der Spiegel 7/2014*, 10.2.2014, S. 116, http://www.spiegel.de/spiegel/print/d-124956878.html, aufgerufen am 17.6.2015.

Für Meinungsfreiheit an der Humboldt-Universität[1]

Offener Brief der Partei für Soziale Gleichheit (PSG) und der International Youth and Students for Social Equality (IYSSE) an die Berliner Humboldt-Universität

Sehr geehrter Herr Prof. Dr. Olbertz,
die Humboldt-Universität (HU) hat auf ihrer offiziellen Website eine »Öffentliche Stellungnahme für Jörg Baberowski«[2] veröffentlicht, die der Partei für Soziale Gleichheit und ihrer Jugend- und Studentenorganisation, den IYSSE, »übelste Diffamierungen«, »Verleumdung« und eine »Rufmordkampagne« gegen Jörg Baberowski, den Inhaber des Lehrstuhls für Geschichte Osteuropas, vorwirft. Sie ist von Ihnen als Präsident der HU sowie von 26 weiteren Professoren unterzeichnet.

Wir weisen diese Vorwürfe mit Empörung zurück. Unter dem Vorwand der Verteidigung der Reputation eines Professors findet hier ein grundlegender Angriff auf die Rede- und Meinungsfreiheit statt. Die Kritik an kontroversen politischen Auffassungen, die ein Mitglied der Universität in aller Öffentlichkeit vertritt, soll eingeschüchtert, unterdrückt und kriminalisiert werden.

Mit dieser »Stellungnahme« schafft die Humboldt-Universität einen gefährlichen Präzedenzfall, dessen Bedeutung weit über die gegenwärtige Auseinandersetzung hinausgeht. Bleibt sie unwidersprochen, ebnet sie den Weg für die politische Gleichschaltung der Universität: für die Unterdrückung von politischer Kritik und damit

1 Mit diesem Offenen Brief antworteten die PSG und die IYSSE am 28. April 2015 auf eine Stellungnahme auf der offiziellen Website der Humboldt-Universität.

2 »Öffentliche Stellungnahme für Jörg Baberowski«, auf: *Humboldt-Universität zu Berlin*, https://www.exzellenz.hu-berlin.de/de/exzellenzinitiative/gremien-1/forum-geisteswissenschaften/oeffentliche-stellungnahme-fuer-joerg-baberowski, aufgerufen am 17.6.2015.

auch jeder ernsthaften wissenschaftlichen Arbeit. Sie knüpft an die unrühmliche Vergangenheit der HU und ihrer Vorgängerin, der Friedrich-Wilhelms-Universität an, die im Ersten und im Zweiten Weltkrieg als ideologisches Bollwerk für Kriegspropaganda diente.

Die Vorwürfe, die Sie gegen unsere Partei und unsere Studentenorganisation erheben, entbehren jeder Grundlage. Sie beruhen auf Andeutungen, haltlosen Unterstellungen und schlichten Unwahrheiten. Sie gehen mit keinem Wort auf die Fragen ein, um die es wirklich geht. Sie erwähnen den Inhalt unserer Kritik an Prof. Baberowski nicht, obwohl diese öffentlich dokumentiert und für jedermann einsehbar ist.

Prof. Baberowskis Bekenntnis zu Ernst Nolte

Sie stellen Prof. Baberowski als gewissenhaften Gelehrten dar, der ungerechtfertigt angegriffen wird. Aber das ist nicht der Fall. Baberowski ist eine Person des öffentlichen Lebens. Er bezieht in den Medien regelmäßig Stellung zu umstrittenen Fragen und vertritt dabei eindeutige politische Standpunkte.

Im Februar letzten Jahres bekannte er sich offen zu Ernst Nolte. Nolte ist der bekannteste Apologet Hitlers und des Nationalsozialismus unter den deutschen Akademikern. Das ist keine Ansichtssache, sondern eine feststehende Tatsache. 1986 hatte Nolte den Historikerstreit ausgelöst, indem er den Nationalsozialismus verharmloste und ihn als verständliche Reaktion auf den Bolschewismus darstellte. Heute bewegt er sich in Neonazi-Kreisen und verteidigt unverblümt Adolf Hitler.

So zeigt ihn ein Film, den »BRalpha« am 13. Januar 2013 ausstrahlte, nach einem Vortrag bei der schlagenden Verbindung Thuringia in freundlichem Gespräch mit dem bekannten NPD-Anwalt Horst Mahler, der mehrfach wegen Holocaustleugnung und antisemitischen Äußerungen verurteilt wurde.[3] Im Magazin

3 Andreas Christoph Schmidt, »Ernst Nolte. Ein deutscher Streitfall«, auf: *BRalpha,* 13.01.2013, https://www.youtube.com/watch?v=0l2ZWRqDtZc, aufgerufen am 17.6.2015. (Der Thuringia-Vortrag und die Szene mit Horst Mahler ist ab der zweiten Minute zu sehen.)

»The European« beklagte sich Nolte Ende letzten Jahres über die »Masse des Hasses und der Verdammung«, »die den einstigen ›Befreier‹ [Hitler] zum Repräsentanten des ›absoluten Bösen‹« gemacht habe. Er lobte Hitler »als der vergessene Repräsentant von Tendenzen der ›Selbstbehauptung‹ ..., die man in der offiziellen Politik der Bundesregierung vermisst«.[4]

Noltes rechtsextreme Ansichten sind seit langem bekannt. Die CDU-Vorsitzende Angela Merkel hatte sich deshalb schon 2000 geweigert, ihm den Konrad-Adenauer-Preis der Deutschland-Stiftung zu überreichen. Das hat Baberowski allerdings nicht daran gehindert, sich vierzehn Jahre später in aller Öffentlichkeit in die Tradition von Nolte zu stellen. Anfang letzten Jahres erklärte er dem »Spiegel«: »Nolte wurde Unrecht getan. Er hatte historisch recht.«[5] Er berichtete dem Nachrichtenmagazin auch, dass er bereits als Student Noltes Thesen verteidigt habe und deshalb 1986, auf dem Höhepunkt des Historikerstreits, in einem Hauptseminar niedergemacht worden sei.

Im selben »Spiegel«-Artikel verharmlost Baberowski Hitler mit der provokativen Aussage:

> *Hitler war kein Psychopath, er war nicht grausam. Er wollte nicht, dass an seinem Tisch über die Judenvernichtung geredet wird.*[6]

Dieses Zitat, das Hitler positiv mit Stalin vergleicht, haben wir nicht aus dem Zusammenhang gerissen. Es liegt ganz auf der Linie von Noltes Kernthese, dass die nationalsozialistischen Verbrechen lediglich eine Abwehrreaktion gegen die sowjetische Bedrohung gewesen seien.

Auch der Einwand, Baberowski verteidige den Nolte von 1986 und nicht den Nolte von 2014, hält einer Überprüfung nicht stand. Noltes Entwicklung zum offenen Hitler-Verteidiger war bereits 1986 absehbar. Jürgen Habermas, Hans-Ulrich Wehler, Hans und

4 Ernst Nolte, »Das Tabu brechen«, in: *The European 4/2014*, S. 70, 71.

5 Dirk Kurbjuweit, »Der Wandel der Vergangenheit«, in: *Der Spiegel 7/2014*, 10.2.2014, S. 116, http://www.spiegel.de/spiegel/print/d-124956878.html, aufgerufen am 17.6.2015.

6 Ebd.

Wolfgang J. Mommsen sowie andere namhafte Historiker verstanden das damals und diskreditierten Nolte im Historikerstreit als Apologeten von Nazi-Verbrechen. So warf ihm Habermas vor, bei ihm erscheine »die Judenvernichtung nur als das bedauerliche Ergebnis einer immerhin verständlichen Reaktion auf das, was Hitler als Vernichtungsdrohung empfinden müsste«.[7]

Wir haben in unseren Veröffentlichungen und Vorträgen immer wieder auf Baberowskis Bekenntnis zu Ernst Nolte aufmerksam gemacht. Das war ein zentraler Bestandteil unserer Kritik. Die Universität hat sich daran offenbar nicht gestört. Wenn Sie uns deshalb nun »Verleumdung« und »Rufmord« vorwerfen, stellen Sie sich selbst auf die Seite Ernst Noltes. Sie unterstützen damit nicht nur Baberowski, sondern auch Nolte – mit weitgehenden Folgen. Die Humboldt-Universität verteidigt damit einen bekannten, unverbesserlichen Nazi-Apologeten. Das werden viele verstehen, auch international, ob Sie das wahrhaben wollen oder nicht.

Wir wissen nicht, ob diese Hintergründe allen Unterzeichnern der »Stellungnahme« bewusst sind, oder ob sie sich einfach unter Druck fühlten, das Schreiben eines einflussreichen, gut vernetzten Professors der Humboldt-Universität zu unterstützen. Aber mit ihrer Unterschrift übernehmen sie politische, geistige und moralische Verantwortung für die Standpunkte Ernst Noltes.

Prof. Baberowskis Verharmlosung von Kriegsverbrechen

Der Vorwurf, Prof. Baberowski verharmlose Verbrechen des Zweiten Weltkriegs, ist keine Diffamierung, wie Sie schreiben. Diesen Vorwurf haben nicht nur wir, sondern auch wissenschaftliche Publikationen erhoben. In Baberowskis Schriften finden sich viele Stellen, die ihn belegen. Eine zitierten wir am 23. Oktober 2014 auf einer Veranstaltung der IYSSE zum Thema »Warum wollen die deutschen Eliten wieder Krieg?«, die auf großes Interesse stieß.

7 Jürgen Habermas, »Eine Art Schadensabwicklung«, auf: *Zeit Online,* 11.7.1986, http://www.zeit.de/1986/29/eine-art-schadensabwicklung/seite-3, aufgerufen am 28.6.2015.

Über 200 Teilnehmer drängten sich in den überfüllten Hörsaal der Humboldt-Universität.

Sie erwähnen diese Veranstaltung, vermeiden es aber sorgfältig, sich zum Inhalt der zitierten Stelle zu äußern. In der »Stellungnahme« heißt es, am 25. Oktober 2014 (sic!) sei auf einem Seminar der IYSSE »eine Power Point Präsentation gezeigt worden, mit einem Foto erhängter Partisanen, unterlegt mit mutwillig aus dem Zusammenhang gerissenen Zitaten von Jörg Baberowski«. Es handelte sich um folgendes Zitat:

> *Die rote Armee hinterließ der vorrückenden Wehrmacht zerstörte Städte und Dörfer, deren hungernde Bevölkerung niemand versorgen konnte ... Unter diesen Bedingungen verwandelten sich die Infanterieregimenter der Wehrmacht auf ihrer Suche nach Lebensmitteln und Unterkünften rasch in marodierende Haufen, die Bauern und Stadtbewohner ausraubten, nicht weil sie von der Vernichtung slawischer Untermenschen träumten, sondern weil sich ihnen keine anderen Alternativen boten.*[8]

Die Wehrmacht terrorisierte und vernichtete die sowjetische Bevölkerung also, weil ihr die Rote Armee keine andere Wahl ließ, und nicht, weil das Hitler-Regime und der Generalstab den Feldzug von Anfang an als Vernichtungskrieg geplant und entsprechende Befehle erteilt hatten. Dass Letzteres der Fall war, haben sowohl die Nürnberger Prozesse wie die historische Forschung eindeutig bewiesen.

Auch dieses Zitat haben wir nicht »mutwillig aus dem Zusammenhang gerissen«. Ähnliche Stellen finden sich in Baberowskis Werk zuhauf. So heißt es in demselben Buch aus dem Jahr 2007: »Stalin und seine Generäle zwangen der Wehrmacht einen Krieg neuen Typs auf, der die Zivilbevölkerung nicht mehr verschonte.«[9]

8 Jörg Baberowski, »Kriege in staatsfernen Räumen. Russland und die Sowjetunion 1905–1950«, in: D. Beyrau, M. Hochgeschwender, D. Langewiesche, (Hrsg.), *Formen des Krieges. Von der Antike bis zur Gegenwart*, Paderborn 2007, S. 305–306.

9 Ebd, S. 305.

In »Verbrannte Erde« schrieb Baberowski fünf Jahre später:

> *In jedem Krieg ist solch ein Zustand* [wie er an der Ostfront herrschte] *Grund genug, um dem Gegner Widerstand zu leisten und Grausamkeiten zu begehen. Mit Hinweis auf ideologische Überzeugungen ist solches Verhalten überhaupt nicht erklärbar. Hitlers Soldaten führten keinen Weltanschauungskrieg, sie führten vielmehr einen Krieg, dessen Dynamik sie nicht mehr entkamen.*[10]

Dass »Verbrannte Erde« den Vernichtungskrieg der Nazis verharmlost, wurde nicht nur von uns kritisiert. Das Buch löste auch in Fachkreisen Widerspruch aus. So veröffentlichte die Zeitschrift »Osteuropa« nach Erscheinen des Buches gleich drei Beiträge, die daran Anstoß nahmen.

Benno Ennker warf dem Buch »eine implizite Entlastung der Wehrmacht« vor und schrieb zu Baberowskis Behauptung, die Nationalsozialisten hätten ihren Vernichtungskrieg »nicht mehr unter Kontrolle bringen« können:

> *Eine solche – durch nichts belegte – Exkulpation der ideologisch geplanten Vernichtungspolitik im Osten durch »Situation und Umstände« ist bisher nur vom polnischen Skandal-Historiker Bogdan Musial bekannt gewesen.*[11]

Jürgen Zarusky kommentierte:

> *Jeglichen Beleg für seine waghalsige Behauptung, die sowjetische Führung habe den Krieg begrüßt, bleibt Baberowski schuldig. Die deutschen Planungen, die den Krieg zum Vernichtungskrieg machten, ignoriert er weitestgehend.*[12]

10 Jörg Baberowski, *Verbrannte Erde. Stalins Herrschaft der Gewalt*, München 2012, S. 403.

11 Benno Ennker, »Ohne Ideologie, ohne Staat, ohne Alternative? Fragen an Jörg Baberowski«, in: *Osteuropa*, Jg. 62, Heft 4, April 2012, S. 112.

12 Jürgen Zarusky, »Schematische Übertragungen. Stalinismus und Nationalsozialismus bei Jörg Baberowski«, in: *Osteuropa*, Jg. 62, Heft 4, April 2012, S. 124.

Und Christoph Dieckmann warf Baberowski vor, er habe »keine ausgewogene differenzierende Studie vorgelegt, sondern eine über 500 Seiten lange Streitschrift, in der Attacken und polarisierte Standpunkte formuliert werden …«. Er verkenne »die Forschungslage, die den weitgehenden Konsens der deutschen Führung und Wehrmachtspitzen vor dem Angriff auf die Sowjetunion belegt, binnen weniger Monate viele Millionen Sowjetbürger dem Hungertod auszuliefern«. Angesichts dieser Forschungslage wirkten Baberowskis Ausführungen »apologetisch«.[13]

Werfen Sie der Zeitschrift »Osteuropa«, mit der uns ansonsten nichts verbindet, ebenfalls vor, sie verleumde und diffamiere Baberowski?

Baberowskis Rechtfertigung von Methoden des Vernichtungskriegs beschränkt sich nicht auf die Vergangenheit. Am 1. Oktober 2014 erklärte er während einer Podiumsdiskussion zum Thema »Interventionsmacht Deutschland?« im Schlüterhof des Deutschen Historischen Museums zum Kampf gegen dschihadistische Gruppen:

> *Und wenn man nicht bereit ist, Geiseln zu nehmen, Dörfer niederzubrennen und Menschen aufzuhängen und Furcht und Schrecken zu verbreiten, wie es die Terroristen tun, wenn man dazu nicht bereit ist, wird man eine solche Auseinandersetzung nicht gewinnen, dann soll man die Finger davon lassen.*[14]

Zu dieser unverhohlenen Rechtfertigung von Methoden, die allen völkerrechtlichen Normen und Konventionen widersprechen, haben weder Sie noch Baberowski jemals Stellung bezogen. Stattdessen beschimpfen Sie uns, weil wir die Öffentlichkeit darauf aufmerksam machen.

13 Christoph Dieckmann, »Die Suche geht weiter. Stalin, der Stalinismus und das Rätsel der Gewalt«, in: *Osteuropa*, Jg. 62, Heft 4, April 2012, S. 131, 134.

14 »Schlüterhofgespräch« im Deutschen Historischen Museum, 1.10.2014, Audiodatei, https://www.dhm.de/fileadmin/medien/relaunch/AUDIO/Schlueterhofgespraeche_01.10.2014_1.mp3, aufgerufen am 17.6.2015 (das Zitat ist ab der 20. Minute zu hören).

Ein konstruierter Vorwurf

Weil Sie sich nicht inhaltlich mit unserer Kritik auseinandersetzen wollen, konstruieren Sie falsche Vorwürfe, um uns zu diskreditieren. Sie behaupten, auf einer Konferenz der Bundeszentrale für politische Bildung, die vom 25. bis 27. Januar 2015 in Berlin stattfand, sei Baberowski »von einem Teilnehmer, der sein Gesicht verbarg, als ›Holocaust-Leugner‹ verunglimpft«[15] worden.

Wir bezweifeln, ob dieser Vorfall überhaupt stattgefunden hat. Wie konnte jemand mit verhülltem Gesicht in einer öffentlichen Konferenz sitzen? Aber wie dem auch sei, die PSG und die IYSSE haben damit nicht das Geringste zu tun. Uns damit in Verbindung zu bringen, ist eine haltlose Unterstellung. An der genannten Konferenz nahm kein Vertreter unserer Organisation teil. Wir haben Baberowski auch nie als »Holocaust-Leugner« bezeichnet. Wir äußern unsere Kritik immer offen und nicht »mit verborgenem Gesicht«. Und wir lehnen das Stören von Versammlungen in der geschilderten Weise grundsätzlich ab.

Die Trotzki-Biografie von Robert Service

Weiter behaupten Sie, wir hätten Baberowski »nicht zuletzt wegen seiner wissenschaftlichen Auseinandersetzung mit einer umstrittenen Trotzki-Biographie zum Feindbild erhoben«.[16] Damit stellen Sie die Tatsachen auf den Kopf. Baberowski hat sich mit der Trotzki-Biografie von Robert Service, von der hier die Rede ist, nicht »wissenschaftlich auseinandergesetzt«. Er hat eine solche Auseinandersetzung mit skandalösen Mitteln unterdrückt.

Als Baberowski Robert Service für den 12. Februar 2014 zu einem öffentlichen Kolloquium an seinen Lehrstuhl einlud, um über seine 2009 erschienene Trotzki-Biografie zu sprechen, war

15 »Öffentliche Stellungnahme für Jörg Baberowski«, auf: *Humboldt-Universität zu Berlin*, https://www.exzellenz.hu-berlin.de/de/exzellenzinitiative/gremien-1/forum-geisteswissenschaften/oeffentliche-stellungnahme-fuer-joerg-baberowski, aufgerufen am 17.6.2015.

16 Ebd.

diese vollständig diskreditiert. Der führende Marxist David North hatte Service im Buch »Verteidigung Leo Trotzkis« Dutzende faktische Fehler und die systematische Fehlinterpretation und Fälschung von Quellen nachgewiesen.

Professor Bertrand Patenaude (Stanford University) hatte North' Einschätzung in der renommierten Fachzeitschrift »The American Historical Review« in vollem Umfang bestätigt und sich seinem Urteil angeschlossen, dass es sich um ein »zusammengeschustertes Machwerk« handle. Patenaude zog das Fazit:

> *In seinem Eifer, Trotzki zur Strecke zu bringen, verzerrt Service häufig die geschichtlichen Tatsachen und begeht grobe faktische Fehler. Dies in einem Maß, das die intellektuelle Integrität der Biografie insgesamt fragwürdig erscheinen lässt.*

Die Fehler seien »unfassbar«.[17]

Vierzehn namhafte Historiker, Politikwissenschaftler und Publizisten aus Deutschland, Österreich und der Schweiz hatten dem Suhrkamp Verlag in einem Brief von der Veröffentlichung einer deutschen Ausgabe der Biografie abgeraten, weil sie »grundlegende Standards der Geschichtswissenschaft missachtet«. Zu den Unterzeichnern des Briefes gehören Experten von internationalem Ruf wie Prof. Hermann Weber (Mannheim), der Leiter des Instituts für Zeitgeschichte an der Universität Wien, Prof. Oliver Rathkolb, der Leiter der Gedenkstätte Deutscher Widerstand, Prof. Peter Steinbach (Berlin), Prof. Heiko Haumann (Basel) und Prof. Mario Kessler (Potsdam).[18]

Eine wissenschaftliche Auseinandersetzung mit Services Biografie hätte sich mit dieser Kritik befassen müssen. Baberowski griff dagegen zu völlig undemokratischen Mitteln, um gerade dies

17 Bertrand M. Patenaude, »Ein zusammengeschustertes Machwerk!«, in: *The American Historical Review,* Jg. 116, Nr. 3, Juni 2011, S. 900–902, Oxford University Press. Zitiert nach: David North, *Verteidigung Leo Trotzkis*, Essen 2012, S. 326, 328.

18 »Ein Brief an den Suhrkamp Verlag«, 30.7.2011, in: David North, *Verteidigung Leo Trotzkis*, Essen 2012, S. 333–337. Siehe auch: *WSWS*, https://www.wsws.org/de/articles/2011/11/brie-n19.html, aufgerufen am 17.6.2015.

zu verhindern. Damit keine kritischen Fragen an Service gestellt werden konnten, sagte er das Kolloquium kurzfristig ohne Begründung ab und verlegte es an einen geheimen Ort im Hauptgebäude der HU. Dort versperrte er allen Besuchern, von denen er kritische Fragen erwartete, mit Unterstützung eines Sicherheitsdienstes den Zugang. Unter den Ausgesperrten befanden sich – neben vielen Geschichtsstudenten der HU – mit David North auch der Autor der bestfundierten Kritik der Biografie und mit Prof. Mario Kessler ein Unterzeichner des Briefs an den Suhrkamp Verlag.

Die IYSSE hatten sich intensiv um eine wissenschaftliche Auseinandersetzung über Services Buch bemüht. Sie hatten Baberowski vorher informiert, dass sie an dem Kolloquium teilnehmen würden, die Studierenden an der HU mit den Hintergründen der Auseinandersetzung vertraut gemacht und schriftliche Fragen eingereicht. Als das Gerücht verbreitet wurde, sie planten die Veranstaltung zu stören, versicherten sie Baberowski schriftlich, dass sie keine derartigen Absichten hätten.

All diese Briefe blieben unbeantwortet, ebenso wie ein Brief an Sie, Prof. Olbertz, in dem wir uns darüber beschwerten, dass Baberowskis Vorgehen »grundlegende demokratische Rechte und akademische Freiheiten an der Humboldt-Universität in Frage«[19] stelle. Dieses Muster zieht sich durch die gesamte Auseinandersetzung hindurch: Baberowski und die Uni-Leitung verweigerten sich jeder inhaltlichen Diskussion, antworteten nicht auf unsere Briefe und behaupteten hinterher ohne jeden Beweis, wir führten eine Rufmordkampagne.

Bereits im Herbst letzten Jahres hatte das Institut für Geschichtswissenschaften an der HU eine »Stellungnahme zu den Angriffen auf Prof. Dr. Jörg Baberowski« veröffentlicht, die ausdrücklich für politische Zensur eintrat. Sie wollte Kritik an Baberowskis öffentlichen Äußerungen »in Räumen der Humboldt-Universität« nicht mehr dulden und forderte »Lehrende und Studierende der Humboldt-Universität auf, der Kampagne gegen

19 »IYSSE protestieren gegen Unterdrückung der Diskussionsfreiheit an der Humboldt-Universität durch Professor Baberowski«, 22.2.2014, siehe ab S. 171 in diesem Buch.

Professor Baberowski entgegenzutreten«.[20] Auch dagegen protestierten wir in einem Brief an Sie, Prof. Olbertz, ohne dass wir darauf eine Antwort erhielten.[21]

Mit der von Ihnen unterzeichneten »Stellungnahme« erreicht der Versuch, kritische Standpunkte an der HU zu verhindern, einen neuen Höhepunkt. Erstmals stellt sich damit auch die Leitung der Universität hinter den Versuch, das Recht auf Kritik und freie Meinungsäußerung zu unterdrücken. Wir hoffen, auch im Interesse der Universität, dass Sie und alle anderen Unterzeichner der »Stellungnahme« ihre Haltung überdenken und ihre Unterschrift zurückziehen.

Wir werden uns jedenfalls nicht mit dieser Entwicklung abfinden. Wir werden die Studierenden und Lehrenden der Universität sowie die deutsche und internationale Öffentlichkeit über die Ereignisse informieren und zum Protest auffordern.

Mit freundlichen Grüßen,
Ulrich Rippert (Partei für Soziale Gleichheit)
Christoph Vandreier
(International Youth and Students for Social Equality)

20 Prof. Dr. Peter Burschel, »Stellungnahme zu den Angriffen auf Prof. Dr. Jörg Baberowski«, auf: *Humboldt-Universität zu Berlin*, https://www.geschichte.hu-berlin.de/newseventsglobe/stellungnahme-zu-den-angriffen-auf-prof.-dr.-joerg-baberowski, aufgerufen am 17.6.2015.

21 »PSG und IYSSE protestieren gegen politischen Angriff der Humboldt-Universität«, 25.11.2014, siehe ab S. 179 in diesem Buch.

Anhang III:
Der Angriff auf »Münkler-Watch«

Verhindert die Gleichschaltung der Humboldt-Universität! Verteidigt »Münkler-Watch«![1]

Partei für Soziale Gleichheit und International Youth and Students for Social Equality

Die PSG und die IYSSE stellen sich uneingeschränkt hinter die Studierenden, die den Blog »Münkler-Watch«[2] herausgeben und deshalb zum Ziel einer massiven Einschüchterungskampagne geworden sind. Wir verteidigen ihr Recht, die Vorlesungen des Politikwissenschaftlers Herfried Münkler zu kritisieren.

Es geht dabei nicht nur um eine Auseinandersetzung an einem Lehrstuhl der Humboldt-Universität. Es geht um die Verteidigung des Grundrechts auf freie Meinungsäußerung. Und es geht darum zu verhindern, dass die Humboldt-Universität und andere Hochschulen gleichgeschaltet und aus Institutionen der Wissenschaft und Forschung in Werkzeuge der staatlichen Kriegspropaganda verwandelt werden.

Die Attacken auf »Münkler-Watch« sind eine Fortsetzung und Verschärfung der Angriffe auf die International Youth and Students for Social Equality (IYSSE), die von der Universitätsleitung und den Medien diffamiert wurden, weil sie den Osteuropa-Historiker Jörg Baberowski kritisierten. Münkler selbst hat diese Verbindung hergestellt, indem er Pressevertretern erklärte, er vermute hinter dem Blog eine Gruppe junger Trotzkisten, die im vergangenen Jahr Baberowski attackiert hätten.

Am vergangenen Dienstag lud Münkler die Presse in seine Vorlesung ein, wo er die anonymen Autoren von »Münkler-Watch« als »erbärmliche Feiglinge« beschimpfte, mit Nazi-«Blockwarten« verglich und erklärte, es sei eine »unerträgliche Situation, unter

1 Erschienen auf der *World Socialist Web Site* am 18.5.2015.
2 »Münkler-Watch«, auf: *HU.Blogsport.de zu Berlin*, http://hu.blogsport.de/muenkler-watch/, aufgerufen am 17.6.2015.

diesen Umständen der permanenten Denunziationsdrohung« eine Vorlesung halten zu müssen.[3] Seither ist eine Flut von Artikeln über »Münkler-Watch« erschienen.

»Spiegel Online«, »Der Spiegel«, der »Tagesspiegel«, »Die Zeit«, »Die Welt«, die »Süddeutsche Zeitung«, die »taz«, die »Neue Zürcher Zeitung«, das »Deutschlandradio«, die »Junge Welt« und das »Neue Deutschland« haben über »Münkler-Watch« geschrieben. Die »Frankfurter Allgemeine Zeitung« veröffentlichte gleich zwei Hetzartikel. Mit wenigen Ausnahmen waren die Artikel erbitterte Tiraden gegen die Blogger, gestützt auf Halbwahrheiten, Verdrehungen und offene Lügen.

Im »Deutschlandradio« beschimpfte Winfried Sträter die Blogger als »Tugendwächter«, die »eine Form von Gesinnungsselbstjustiz« ausübten.[4] Jens Bisky schrieb in der »Süddeutschen Zeitung«, im Auftreten der Blogger mische sich »Aggressivität und Kleinmut auf eine geradezu Pegida-hafte Weise«.[5]

Am schrillsten hetzte die rechte »Frankfurter Allgemeine Zeitung« gegen die kritischen Studierenden. Am Mittwoch tobte Regina Mönch, die ihre Journalistenkarriere als stalinistischer Schreiberling in der DDR begann: »Studenten pöbeln gegen einen Professor ... Sie denunzieren und zensieren seine Vorlesungen, mit denen sie intellektuell offensichtlich überfordert sind.« Der Universität warf sie vor, sie reagiere »watteweich« auf dieses Treiben. Ihr Statement klinge »wie eine Einladung zum permanenten Unfrieden oder, wie es einige Hochschullehrer formulierten, zur vollen ›Verleumdungsfreiheit‹«.[6]

Am Sonntag legte Friederike Haupt in der »Frankfurter Allgemeinen Sonntagszeitung« (F. A. S.) nach. Ihr Artikel könnte in jedem Seminar als Lehrbeispiel für Gossenjournalismus dienen. Er

3 Siehe z. B. Jens Bisky, »Berliner Professor per Watchblog überwacht«, in: *Süddeutsche Zeitung*, 12.5.2015; Anna Bordel, »Blabla auseinandernehmen«, auf: *taz.de*, 14.5.2015.

4 Winfried Sträter, »›Münkler-Watch‹. Mobbing oder berechtigte Kritik?«, auf: *Deutschlandradio Kultur*, 12.5.2015.

5 Jens Bisky, »Berliner Professor per Watchblog überwacht«, in: *Süddeutsche Zeitung*, 12.5.2015.

6 Regina Mönch, »Zensoren im Hörsaal«, auf: *Frankfurter Allgemeine Feuilleton*, 13.5.2015.

verbindet die unterschiedlichsten Ereignisse zu einem Amalgam und unterschlägt und verdreht dabei elementare Tatsachen. Er zeichnet ein absurdes Bild eingeschüchterter Professoren, die in ständiger Angst vor Angriffen leben und von einer »feigen« Universitätsleitung im Stich gelassen werden. Er schreckt noch nicht einmal davor zurück, fundierte inhaltliche Kritik an rechten Professoren mit »Bombendrohungen und Mordaufrufen« in Verbindung zu bringen.

In dem Bemühen, die rückständigsten Vorurteile zu mobilisieren, schildert Haupt Berlin, den Standort der Humboldt-Universität, als verruchtes Sündenbabel. Andere Berliner »gehen 30 Stunden lang in den Club und kotzen danach in die Bahn«, schreibt sie wörtlich.[7]

Kurz: Der F. A. S.-Artikel verfolgt – wie etliche andere der oben angeführten Beiträge – das Ziel, ein Klima der Einschüchterung zu erzeugen, in dem Kritik an der offiziellen Lehrmeinung in eine kriminelle Ecke gerückt wird. Die demokratischen Errungenschaften, die seit der Studentenrevolte von 1968 erkämpft wurden, sollen rückgängig gemacht und die Universitäten wieder in autoritäre Institutionen verwandelt werden, in denen unantastbare »Götter in Schwarz« Studierende zu kritiklosen Handlangern der herrschenden Eliten abrichten. Es gibt dafür einen klaren Begriff: »Gleichschaltung«.

Fortsetzung der Angriffe auf die IYSSE

Die Angriffe auf »Münkler-Watch« sind eine Fortsetzung und eine Verschärfung der Attacken auf die IYSSE. In den vergangenen Monaten hat die Universität die Jugend- und Studierendenorganisation der Partei für Soziale Gleichheit gleich zweimal auf ihrer offiziellen Website diffamiert.

Im November 2014 forderte das Institut für Geschichtswissenschaften »Lehrende und Studierende der Humboldt-Universität«

7 Friederike Haupt, »Unser Professor, der Rassist«, auf: *Frankfurter Allgemeine Politik*, 17.5.2015.

in einer öffentlichen Stellungnahme auf, der Kritik der IYSSE an öffentlichen Äußerungen des Historikers Jörg Baberowski »entgegenzutreten« und solche Kritik »in Räumen der Humboldt-Universität« nicht mehr zu dulden.[8]

Im April 2015 veröffentlichte die Universität eine ähnliche Stellungnahme, die auch die Unterschrift ihres Präsidenten Jan-Hendrik Olbertz trug. Sie warf der PSG und den IYSSE »übelste Diffamierungen«, »Verleumdung« und eine »Rufmordkampagne« gegen Jörg Baberowski vor, ohne diese Vorwürfe in irgendeiner Weise zu belegen.[9]

Ein solcher Angriff der Universitätsleitung auf eine Studierendenorganisation, die an der Universität verankert und mittlerweile auch im Studierendenparlament vertreten ist, widerspricht elementaren demokratischen Grundsätzen.

Die IYSSE hatten auf Flugblättern und Veranstaltungen Baberowskis Bemühungen kritisiert, Ernst Nolte, den bekanntesten Apologeten des Nationalsozialismus unter den deutschen Historikern, zu rehabilitieren, Kriegsverbrechen des Zweiten Weltkriegs zu verharmlosen und neue Kriegsverbrechen zu rechtfertigen. Sie hatten diese Vorwürfe minutiös belegt.

So hatte sich Baberowski im Februar 2014 gegenüber dem »Spiegel« ausführlich zu Ernst Nolte bekannt. Er sagte dem Nachrichtenmagazin: »Nolte wurde Unrecht getan. Er hatte historisch recht« und: »Hitler war kein Psychopath, er war nicht grausam. Er wollte nicht, dass an seinem Tisch über die Judenvernichtung geredet wird.«[10]

8 Prof. Dr. Peter Burschel, »Stellungnahme zu den Angriffen auf Prof. Dr. Jörg Baberowski«, auf: *Humboldt-Universität zu Berlin*, https://www.geschichte.hu-berlin.de/newseventsglobe/stellungnahme-zu-den-angriffen-auf-prof.-dr.-joerg-baberowski, aufgerufen am 17.6.2015.

9 »Öffentliche Stellungnahme für Jörg Baberowski«, auf: *Humboldt-Universität zu Berlin*, https://www.exzellenz.hu-berlin.de/de/exzellenzinitiative/gremien-1/forum-geisteswissenschaften/oeffentliche-stellungnahme-fuer-joerg-baberowski, aufgerufen am 17.6.2015.

10 Dirk Kurbjuweit, »Der Wandel der Vergangenheit«, in: *Der Spiegel 7/2014*, 10.2.2014, S. 116, http://www.spiegel.de/spiegel/print/d-124956878.html, aufgerufen am 16.6.2015.

In Baberowskis Schriften finden sich zahlreiche Passagen, die die deutschen Kriegsverbrechen an der Ostfront ganz im Sinne Noltes als Reaktion auf stalinistische Verbrechen, und nicht als Folge eines geplanten Vernichtungskriegs darstellen. So schrieb er 2007:

> *Stalin und seine Generäle zwangen der Wehrmacht einen Krieg neuen Typs auf, der die Zivilbevölkerung nicht mehr verschonte.*[11]

Und im Oktober 2014 rechtfertigte Baberowski während einer Podiumsdiskussion im Deutschen Historischen Museum völkerrechtswidrige Methoden im Kampf gegen dschihadistische Gruppen. Er sagte wörtlich:

> *Und wenn man nicht bereit ist, Geiseln zu nehmen, Dörfer niederzubrennen und Menschen aufzuhängen und Furcht und Schrecken zu verbreiten, wie es die Terroristen tun, wenn man dazu nicht bereit ist, wird man eine solche Auseinandersetzung nicht gewinnen, dann soll man die Finger davon lassen.*[12]

Wir stellten einen Zusammenhang zwischen Baberowskis Verharmlosung von Kriegsverbrechen und der Ankündigung führender Vertreter der Bundesregierung her, es sei an der Zeit, die jahrzehntelange militärische Zurückhaltung Deutschlands zu beenden. »Die Wiederbelebung des deutschen Militarismus erfordert eine neue Interpretation der Geschichte, die die Verbrechen der Nazizeit verharmlost«, schrieben wir. Wir warnten vor dem Versuch, »die Humboldt-Universität in ein Zentrum für rechte und militaristische Propaganda« und »in eine Art Hoover Institution

11 Jörg Baberowski, »Kriege in staatsfernen Räumen. Rußland und die Sowjetunion 1905–1950«, in: D. Beyrau, M. Hochgeschwender, D. Langewiesche (Hrsg.), *Formen des Krieges. Von der Antike bis zur Gegenwart*, Paderborn 2007, S. 305.

12 »Schlüterhofgespräch« im Deutschen Historischen Museum, 1.10.2014, https://www.dhm.de/fileadmin/medien/relaunch/AUDIO/Schlueterhofgespraeche_01.10.2014_1.mp3, Audiodatei, aufgerufen am 21.6.2015 (das Zitat ist ab der 20. Minute zu hören).

an der Spree« zu verwandeln.[13] Die Hoover Institution an der Stanford University ist ein akademisches Zentrum der politischen Rechten in den USA.

Am 28. April dieses Jahres schrieben wir in einem Offenen Brief an die HU: »Unter dem Vorwand der Verteidigung der Reputation eines Professors findet hier ein grundlegender Angriff auf die Rede- und Meinungsfreiheit statt.« Die Humboldt-Universität schaffe »einen gefährlichen Präzedenzfall, dessen Bedeutung weit über die gegenwärtige Auseinandersetzung hinausgeht. Bleibt sie unwidersprochen, ebnet sie den Weg für die politische Gleichschaltung der Universität.«[14]

Der Angriff auf »Münkler-Watch«

Der Angriff auf »Münkler-Watch« hat diese Warnung bestätigt. Der Blog wurde, so weit wir das wissen, von Studierenden aus eigener Initiative eingerichtet. Wenn unsere Kritik an Baberowski und Herfried Münkler sie dazu ermutigt hat, begrüßen wir das. Auf jeden Fall zeigt der Blog, dass die Opposition gegen Militarismus und Geschichtsfälschung unter den Studierenden wächst und dass unsere beharrliche politische Arbeit ein Echo findet.

Das ist der Grund, weshalb Münkler und die aufgehetzte Pressemeute so vehement über die Blogger herfallen. Sie fürchten, dass die tiefe Kluft zwischen den politischen Eliten und der Masse der Bevölkerung zu einer Radikalisierung von Studierenden und Arbeitern führt und dass sich die Opposition gegen Krieg und Militarismus nicht mehr isolieren lässt.

Die IYSSE und die »World Socialist Web Site« hatten die von Münkler vertretenen imperialistischen und militaristischen Standpunkte auf öffentlichen Versammlungen und in Artikeln seit lan-

13 Offener Brief der IYSSE an die Leitung der Humboldt-Universität, »IYSSE protestieren gegen Unterdrückung der Diskussionsfreiheit an der Humboldt-Universität durch Professor Baberowski«, 22.2.2014, siehe ab S. 171 in diesem Buch.

14 Offener Brief der PSG und der IYSSE, »Für Meinungsfreiheit an der Humboldt-Universität«, 28.4.2015, siehe ab S. 189 in diesem Buch.

gem angeprangert – seine Mitgliedschaft im Beirat der Sicherheitsakademie der Bundeswehr, sein Eintreten für autoritäre Herrschaftsformen, seine Verharmlosung deutscher Kriegsschuld, seine Forderung, Deutschland müsse zur Führungsmacht und zum Zuchtmeister Europas werden, sein Eintreten für Kampfdrohnen als angeblich humane Waffen, und vieles mehr.

Ähnliche Kritikpunkte finden sich auch bei »Münkler-Watch«. So sagte eine Sprecherin der Gruppe unter dem Pseudonym Caro Meyer der Zeitung »Junge Welt«:

> *Es vergeht fast kein Tag, an dem man nicht Herrn Münkler im Fernsehen dabei zusehen kann, wie er die deutsche Dominanz in der EU legitimiert oder für deren Verstärkung plädiert. Oder man liest in der Zeitung, dass er gerne eine an deutschen Eliten- und Wirtschaftsinteressen orientierte Außenpolitik sehen würde, die selbstverständlich »militärisch flankiert« sein müsse. Oder man lauscht seinen mit chauvinistischen oder rassistischen Stereotypen garnierten Thesen im Radio.*[15]

Münkler und die Medien nutzen insbesondere die Anonymität der Blogger, um sie zu diskreditieren. Sie behaupten, anonyme Kritik sei »feige« und illegitim. Das ist derart offensichtlich falsch und undemokratisch, dass sich auch aus Journalisten- und Juristenkreisen Widerspruch meldete.

Die Blogger selbst begründen ihr anonymes Vorgehen damit, dass sie ihre Aussicht auf einen Abschluss, auf einen Job und auf ein Einkommen gefährdeten, wenn sie sich zu erkennen gäben. Potenzielle Arbeitgeber könnten ihre Namen im Internet recherchieren, und Professoren hätten »1001 Möglichkeiten … um informell Druck auf Querulant_innen auszuüben«, schreiben sie. »Auch aufgrund dieser offensichtlichen Asymmetrie der Macht wählen wir die Anonymität dieser Plattform.«[16]

15 Ralf Wurzbacher, »Wie erwartet, war die erste Reaktion sehr emotional«, auf: *Junge Welt*, 11.5.2015.

16 »Münkler-Watch«, auf: *HU.Blogsport.de*, http://hu.blogsport.de/ueber-uns/, aufgerufen am 30.6.2015.

Dieser Standpunkt wird durch höchstrichterliche Urteile gedeckt. So entschied der Bundesgerichtshof am 23. Juni 2009, dass »die Verpflichtung, sich namentlich zu einer bestimmten Meinung zu bekennen«, nicht mit dem Grundgesetz vereinbar sei. Dies würde »die Gefahr begründen, dass der Einzelne aus Furcht vor Repressalien oder sonstigen negativen Auswirkungen sich dahingehend entscheidet, seine Meinung nicht zu äußern. Dieser Gefahr der Selbstzensur soll durch das Grundrecht auf freie Meinungsäußerung entgegen gewirkt werden«, heißt es in dem Urteil.[17]

Selbst ein F. A. Z.-Redakteur widersprach seiner Redaktionskollegin Mönch auf seiner Facebookseite. Patrick Bahners, der von 2001 bis 2011 das Feuilleton des Blattes leitete, verteidigt die Anonymität der Blogger:

> *Der wichtigste Grund für die Anonymität liegt auf der Hand: Sie fördert die Ehrlichkeit, den Freimut der Kritik … Münklerwatch ist ein Fall der Beurteilung durch Ungleiche. Hier gibt es nun besondere Gründe dafür, den Schutz der Anonymität zu suchen, den nach klassischer liberaler Auffassung … die Mindermächtigen benötigen und verdienen. Beobachtet wird der Professor, der hinterher womöglich die Beobachter prüfen wird.*

Bahners wendet sich auch gegen den von der F. A. Z. erhobenen Vorwurf der »Denunziation«:

> *Die öffentliche Verbreitung öffentlicher Äußerungen kann nicht den Tatbestand der Denunziation erfüllen, ganz abgesehen davon, dass Denunziation die Anzeige bei einer Obrigkeit ist.*[18]

Zum Vorwurf der F. A. Z., »Münkler-Watch« sei eine Form der »Zensur«, bemerkt der Anwalt Thomas Stadler auf der Plattform »Internet-Law«:

17 BGH-Urteil vom 23.6.2009, auf: *Medien Internet und Recht*, http://medien-internet-und-recht.de/pdf/VT_MIR_2009_154.pdf, aufgerufen am 30.6.20215.

18 »Eine Lanze für bloggende Studierende. Patrick Bahners zur Causa Münkler-Watch«, auf: *Redaktionsblog*, 13.5.2015, http://redaktionsblog.hypotheses.org/2859, aufgerufen am 17.6.2015

> *Als Zensur bezeichnet man die staatliche Informationsunterdrückung. Das ist ziemlich genau das Gegenteil einer öffentlich von Bürgern/Studenten geäußerten Kritik ... Wer eine kritische Meinungsäußerung als Zensur bezeichnet, verlässt bereits damit den Bereich des sachlichen Diskurses vollständig.*[19]

Schon diese wenigen Kommentare zeigen, wie reaktionär und undemokratisch die Attacken auf »Münkler-Watch« sind. Es handelt sich um einen offensichtlichen Versuch, die Meinungsfreiheit zu unterdrücken und die Humboldt-Universität in ein Werkzeug der staatlichen Kriegspropaganda zu verwandeln.

Die Vorgängerin der HU, die Friedrich-Wilhelms-Universität, hat in dieser Hinsicht eine üble Geschichte. Sie war in der Weimarer Republik nicht nur eine Hochburg nationalsozialistischer Studenten, hier fand 1933 auch die erste Bücherverbrennung statt, und hier wurde der »Generalplan Ost« mit ausgearbeitet, die Blaupause für den Vernichtungskrieg im Osten.

Der Grund für die Bemühungen, Kritik und Meinungsfreiheit zu unterdrücken, liegt nicht in der Persönlichkeit von Münkler, Baberowski und anderen Professoren. Die tiefere Ursache ist der Militarismus, mit dem die Herrschenden auf die Krise des globalen Kapitalismus reagieren. Er ergreift alle Bereiche der Gesellschaft und ist nicht mit Demokratie zu vereinbaren.

Der Angriff auf die demokratischen Rechte der Studierenden geht deshalb alle an. Wir appellieren an alle Studierenden, akademischen Mitarbeiter und Lehrenden an der HU sowie an sämtlichen Universitäten in Deutschland und weltweit, diesen Angriffen entgegenzutreten.

Vor allem die Arbeiterklasse muss sich für die demokratischen Rechte der Studierenden einsetzen. Die Verwandlung der Universitäten in Zentren der Kriegspropaganda ist für sie selbst von großer Bedeutung. Sie ist Bestandteil der Militarisierung der ganzen

19 Thomas Stadler, »Die mediale Diskussion um den Münkler-Watchblog ist skurril«, auf: *Internet-Law*, 14.5.2015, http://www.internet-law.de/2015/05/die-mediale-diskussion-um-den-muenkler-watchblog-ist-skurril.html, aufgerufen am 17.6.2015

Gesellschaft, die eng mit den Angriffen auf die demokratischen und sozialen Rechte der Arbeiter einhergeht.

«Münkler-Watch« und der Vorwurf der Anonymität – ein Ablenkungsmanöver[1]

Peter Schwarz

Die Pressemeute, die jeden Tag über den Blog »Münkler-Watch« herfällt, hat sich in dessen Anonymität verbissen. Die Studierenden, die jede Woche die Vorlesung des Politikwissenschaftlers Herfried Münkler an der Berliner Humboldt-Universität kritisieren, werden auf das Übelste angegriffen und beschimpft, weil sie ihre Identität nicht preisgeben. Münkler selbst hat sie deshalb als »erbärmliche Feiglinge«[2] bezeichnet und ihnen »asymmetrische Kriegsführung«[3] vorgeworfen, ein Begriff, unter den sowohl der Guerillakrieg wie der Terrorismus fallen. Seither variiert die Presse dieses Thema in sämtlichen Tonarten.

Das Ganze ist ein klassisches Ablenkungsmanöver. Die Frage der Anonymität wird aufgebläht, um von den wirklichen Fragen abzulenken. Zum einen ist »Münkler-Watch« nicht wirklich anonym. Es handelt sich um eine öffentlich zugängliche Website mit Kommentarfunktion und einer E-Mail-Adresse, über die man die Autoren kontaktieren kann. Mehrere von ihnen haben sich mit Medienvertretern getroffen. Sie sind aber nicht verpflichtet, sich namentlich zu erkennen zu geben. Anonyme Kritik ist ein elementares Grundrecht, ohne das der Verfassungsgrundsatz der Meinungsfreiheit zum leeren Buchstaben verkäme. Wo immer ein Schwächerer einem Stärkeren, ein Abhängiger einem Vorgesetzten gegenübersteht, muss er seine Meinung äußern können, ohne sich persönlich zu erkennen zu geben.

Münkler und der Historiker Jörg Baberowski haben an der Universität viel Einfluss, der es ihnen erlaubt, über das Fortkom-

1 Erschienen auf der *World Socialist Web Site* am 21.5.2015.

2 »Historiker Münkler nennt Studenten ›erbärmliche Feiglinge‹«, auf: *Der Spiegel*, 8.5.2015.

3 Tilmann Warnecke und Anja Kühne, »Herfried Münkler wirft Bloggern antisemitische Muster vor«, auf: *Der Tagesspiegel*, 20.5.2015.

men und die Karriere ihrer Studierenden zu entscheiden. Unter diesen Umständen ist eine ehrliche Kritik kaum möglich, wenn sich der Kritiker offen zu erkennen geben muss.

Wo immer jemand in der Lage ist, einen anderen zu benachteiligen, weil er ihn kritisiert, muss letzterer den Schutz der Anonymität in Anspruch nehmen können. Dieser Grundsatz wurde durch höchstrichterliche Urteile bestätigt und ist im wissenschaftlichen, betrieblichen und politischen Bereich fest etabliert. So ist die anonyme Beurteilung von Lehrkräften und Vorgesetzten in vielen Schulen und Betrieben üblich. Prüfungsarbeiten werden an den Universitäten teilweise anonymisiert korrigiert. Wahlen sind grundsätzlich geheim, weil niemand wegen seiner Stimmabgabe benachteiligt werden darf.

All das stellen jene in Frage, die die Blogger jetzt wegen ihrer Anonymität angreifen. In Wirklichkeit sind sie wütend, weil sie das Internet nicht zensieren und gegen ihre Kritiker vorgehen können. Dass sie das vorhaben, steht außer Zweifel. Baberowski hat laut einem Bericht des »Tagesspiegels« erklärt, »die Universität müsse solchen ›Spinnern‹ Hausverbot erteilen und Strafanzeige gegen sie stellen«. Sie müsse »ihre Mitarbeiter vor Extremisten aller Art schützen«. Herfried Münkler hat der Hochschulleitung vorgeworfen, sie habe ihn in der Auseinandersetzung im Stich gelassen und besitze »keine Fähigkeit zur Empathie«. Laut »Tagesspiegel« hat er sich inzwischen an die Rechtsstelle der Universität gewandt, die nach Aussage von Universitätssprecher Hans-Christoph Keller zugesagt habe, »den Vorgang im Rahmen ihrer Möglichkeiten zu prüfen«.[4]

Die International Youth and Students for Social Equality (IYSSE), die ihre Kritik an Baberowski und Münkler nicht anonym, sondern auf öffentlichen Veranstaltungen vorgebracht haben, können bezeugen, welche Folgen das hat. Ein Mitglied der IYSSE, das eine Masterarbeit besprechen wollte, wurde stattdessen vom Professor wegen der Kritik an Baberowski zur Rechenschaft gezogen. Das Institut für Geschichtswissenschaften hat die Lehrenden und Studierenden auf der offiziellen Website der Uni-

4 Ebd.

versität aufgerufen, den IYSSE »entgegenzutreten« und ihre Kritik an Baberowski »in den Räumen der Humboldt-Universität« nicht mehr zu dulden.[5] Universitätspräsident Jan-Hendrik Olbertz hat eine ähnliche Stellungnahme unterzeichnet, die den IYSSE und der Partei für Soziale Gleichheit »Verleumdung« und eine »Rufmordkampagne« vorwirft.[6]

In Wirklichkeit geht es darum, zwei einflussreiche Professoren vor Kritik zu schützen, die in der Öffentlichkeit regelmäßig für Militarismus bzw. die Verharmlosung der Verbrechen des Nationalsozialismus eintreten.

Münklers Unterstützung des Militarismus ist notorisch und öffentlich dokumentiert. Die Fachschaft Sozialwissenschaften, die Studierendenvertretung an seinem Institut, hatte ihm bereits im letzten Jahr in einer Stellungnahme bescheinigt, er nehme »eine dubiose Doppelrolle als politischer Wissenschaftler und als nationaler Militärstratege ein«. Weiter heißt es in der Stellungnahme der Fachschaft, was »seit Jahren vom rechten Rand des politischen Spektrums zu vernehmen« sei, bekomme bei Münkler »den Anstrich ›wissenschaftlicher Seriosität‹«, er gieße »Öl in das Feuer eines rassistischen Diskurses über den Umgang mit nach Europa flüchtenden Menschen« und er nutze »seine akademische Reputation, um an der Brutalisierung des außenpolitischen Diskurses mitzuarbeiten und die Akzeptanz für deutsche Kriegseinsätze zu erhöhen«.[7]

Baberowski hat sich öffentlich für die Rehabilitierung Ernst Noltes eingesetzt, des Apologeten des Nationalsozialismus, der

5 Prof. Dr. Peter Burschel, »Stellungnahme zu den Angriffen auf Prof. Dr. Jörg Baberowski«, auf: *Humboldt-Universität zu Berlin*, https://www.geschichte.hu-berlin.de/newseventsglobe/stellungnahme-zu-den-angriffen-auf-prof.-dr.-joerg-baberowski, aufgerufen am 17.6.2015.

6 »Öffentliche Stellungnahme für Jörg Baberowski«, auf: *Humboldt-Universität zu Berlin*, https://www.exzellenz.hu-berlin.de/de/exzellenzinitiative/gremien-1/forum-geisteswissenschaften/oeffentliche-stellungnahme-fuer-joerg-baberowski, aufgerufen am 17.6.2015.

7 »Stellungnahme der Fachschaft Sozialwissenschaften zu Herfried Münklers jüngsten medialen Äußerungen«, auf: *facebook*, 9.9.2014, https://de-de.facebook.com/Zivilklausel.de/posts/831405120225262, aufgerufen am 17.6.2015.

1986 den Historikerstreit auslöste, und verharmlost in seinen Werken die deutschen Kriegsverbrechen an der Ostfront.

Was Münkler, Baberowski und große Teile der Presse derart in Rage versetzt, ist der Umstand, dass die Kritik an diesen reaktionären Standpunkten auf Resonanz stößt. Die Rückkehr zu einer deutschen Großmachtpolitik und das »Ende der militärischen Zurückhaltung«, das die Bundesregierung verkündet hat und das sie propagandistisch begleiten, stoßen auf wachsenden Widerstand.

An »Münkler-Watch« soll ein Exempel statuiert werden, um diesen Widerstand einzuschüchtern, zu unterdrücken und zu kriminalisieren. Dabei stellen sie die Dinge auf den Kopf. Münkler und Baberowski, die politisch auf höchster Ebene vernetzt sind, Beziehungen zum Militär- und Sicherheitsapparat unterhalten und nur zum Hörer greifen müssen, um einen Gefälligkeitsartikel in den Medien zu platzieren, geben sich als Verfolgte von Studenten aus, die über nichts weiter verfügen als über das kritische Wort. Es ist, als würde sich der Staat beklagen, er werde vom Volk unterdrückt.

Münkler in der »Zeit«: Gleichschaltung wie 1933[1]

Johannes Stern

Mit der aktuellen Ausgabe der »Zeit« erreicht die Kampagne gegen kritische Studierende an der Humboldt-Universität in Berlin, die wöchentlich auf dem Blog »Münkler-Watch« die Vorlesung ihres Professors kritisieren, einen neuen Höhepunkt.

In einem ausführlichen Interview beschuldigt Herfried Münkler unter der Überschrift »Ressentiments wie 1933« die Studierenden des Nationalsozialismus und des Antisemitismus. Außerdem wirft er seinen Kritikern »asymmetrische Kriegsführung« vor, ein Begriff, der vor allem im Zusammenhang mit Terrorismus verwendet wird. Später erklärt er:

> *Der Ressentimentdiskurs, den sie* [die Studierenden] *pflegen, erinnert mich aber eher an hochschulpolitische Vorgänge des Jahres 1933: Der hat viel Geld, wir sind arm. Der hat Einfluss, wir nicht. Das ist ein Muster, das auch anti-semitisch eingesetzt worden ist.*[2]

Münklers Vergleich der Studierenden mit den Nazis ist eine Verleumdung, die jeder Grundlage entbehrt und die Dinge völlig auf den Kopf stellt. Was ist 1933 an den Hochschulen passiert? Nach der Machtübernahme der Nazis wurden die Universitäten gleichgeschaltet und auf die extrem rechte und militaristische Linie des Hitler-Regimes ausgerichtet. Die Meinungsfreiheit wurde abgeschafft, jüdische, pazifistische und linke Studierende verfolgt und Wissenschaft und Forschung den kriegerischen Zielen des Regimes unterworfen.

Die Humboldt-Universität, die damals Friedrich-Wilhelms-Universität hieß, spielte dabei eine zentrale Rolle. 1926 wurde

1 Erschienen auf der *World Socialist Web Site* am 23.5.2015.

2 Adam Soboczynski, »Ressentiments wie 1933«, auf: *Zeit Online Kultur*, 21.5.2015.

dort der Nationalsozialistische Deutsche Studentenbund gegründet, am 10. Mai 1933 ging von hier die Bücherverbrennung aus. Unter den verbrannten Büchern waren neben jüdischen und marxistischen auch pazifistische Schriften. Erich Maria Remarques berühmter Antikriegsroman »Im Westen nichts Neues« wurde mit dem Spruch »Gegen literarischen Verrat am Soldaten des Weltkriegs, für Erziehung des Volkes im Geist der Wehrhaftigkeit!« in die Flammen geworfen.

Die nationalsozialistische Barbarei war bereits in der Weimarer Republik durch die Unterdrückung und Inhaftierung von Anti-Militaristen vorbereitet worden. Am bekanntesten ist das dramatische Schicksal von Carl von Ossietzky. Er wurde bereits Ende 1931 zu achtzehn Monaten Gefängnis verurteilt, weil er in der »Weltbühne« die illegale Aufrüstung der Wehrmacht aufgedeckt hatte. Auf Betreiben der Nazis wurde Ossietzky dann im Februar 1933 als engagierter Pazifist und Demokrat erneut inhaftiert. 1938 starb er an den Folgen der brutalen Haftbedingungen.

Wenn man eine Parallele zu den »hochschulpolitischen Vorgängen des Jahres 1933« ziehen will, dann liegt sie genau umgekehrt. Münkler ist derjenige, der für Diktatur und Militarismus eintritt und jede Kritik daran unterdrücken will, und nicht die Studierenden. Sie werden angegriffen und diffamiert, weil sie unter anderem die militaristischen Standpunkte ihres Professors in Frage stellen.

1933 waren es Professoren wie Carl Schmitt oder Martin Heidegger, die das Recht im Sinne der Nazis interpretierten oder den »Führerstaat« philosophisch rechtfertigten. Heute sind es Professoren wie Münkler, die ihre Stellung als Akademiker missbrauchen, um die Universitäten in die deutsche Außen- und Kriegspolitik einzubinden.

Münkler behauptet, er sei kein Militarist, aber das stimmt nicht. Sein Eintreten für Krieg und Militarismus ist so notorisch, dass selbst die »Zeit« nicht umhin kommt, die Frage des Militarismus, seinen »hohen Verfilzungsgrad« und seine »enge Nähe zum politischen Betrieb«[3] anzusprechen. In der Tat gibt es wohl kaum

3 Ebd.

einen prominenteren Wissenschaftler, der öfter in Talkshows, Radiointerviews, Zeitungsartikeln und auf Podiumsdiskussionen auftritt und für das von der Bundesregierung verkündete Ende der außenpolitischen Zurückhaltung wirbt.

Sein jüngstes Buch »Macht in der Mitte« ist ein einziger Aufruf zur Rückkehr zu einer deutschen Großmachtpolitik. Wörtlich will er Deutschland wieder zum »Zuchtmeister« Europas machen und als »Hegemon« etablieren. Deutschland sei »zur Zentralmacht Europas geworden« und müsse »die ihm zugefallene Rolle auch spielen«, fordert er darin.[4]

Münklers Propaganda für Aufrüstung und Krieg ist berüchtigt. Unter anderem ist er ein bekennender Befürworter von Kampfdrohnen. Erst im April bezeichnete er die Killermaschinen in einem Gespräch mit der »Frankfurter Allgemeinen Zeitung« (F. A. Z.) als »humane« Waffe. Dabei ging er soweit, eine Parallele zum Giftgas zu ziehen, das erstmals im Ersten Weltkrieg eingesetzt wurde und das er ebenfalls als »eine eher ›humane‹ Waffe« bezeichnete.[5]

Die Autoren von »Münkler-Watch« haben ihren Blog vor allem mit der Frage des Militarismus begründet. »Wir wollen damit zeigen, was es für Studierende bedeutet, wenn ein offenkundig militaristischer Extremist der Mitte für die Ausbildung junger Menschen verantwortlich ist«, schreiben sie. Es gehe darum zu »zeigen, was hier abgeht, auch über die Causa Münkler hinaus«.[6]

Im jüngsten Blogeintrag zu Münklers Vorlesung vom 19. Mai schreiben sie unter der Zwischenüberschrift »Durch Machiavelli sprechen«, es falle auf, »wie sehr Münkler an dieser Stelle durch das, was er als Machiavellis Gedanken darstellt, spricht«.[7]

4 Herfried Münkler, *Macht in der Mitte*, Hamburg 2015, S. 179, 176, 43.

5 Julia Encke, »Die gemeine Waffe«, in: *F. A. Z. Feuilleton*, 13.4.2015.

6 »Münkler-Watch: Studierende starten Diskussionsprojekt ...«, auf: *HU.Blogsport.de zu Berlin*, 6.5.2015, http://hu.blogsport.de/2015/05/06/muenkler-watch-studierende-starten-diskussionsprojekt-prof-reagiert-mit-beleidigungen/, aufgerufen am 30.6.2015.

7 »Münkler-Watch 6: Liberalismus & Republikanismus«, auf: *HU.Blogsport.de zu Berlin*, 20.5.2015, http://hu.blogsport.de/2015/05/20/muenkler-watch-6-liberalismus-republikanismus/, aufgerufen am 17.6.2015.

Sie verweisen auf ähnliche Argumentationen in einem für das deutsche Auswärtige Amt geschriebenen Text Münklers, in dem dieser schildere, »wie den Deutschen aufgrund des Zweiten Weltkrieges und des Wohlstandes die Haltung für eine entschlossene, die Interessen der deutschen Eliten vertretende Politik fehle«. Münkler verlange in dem Text Politiker, die »dem Volk vermitteln, dass Deutschland seine angeblichen legitimen Interessen in der Welt selbstbewusst vertreten müsse«, und »die beherzt den Deutschen voranschreiten«. Beim Lesen falle auf, wie sehr »Machiavelli und Münkler verwoben sind«.[8]

Münkler will nicht dulden, dass diese Auffassungen in seinen Vorlesungen kritisiert werden. Einer der Gründe für die Einrichtung von »Münkler-Watch« war, dass der Professor in seinen Vorlesungen keine Fragen zulässt. Seine heftigen Attacken auf den Blog machen nun klar, dass er überhaupt keinen Widerspruch von Studierenden in diesen Fragen akzeptiert.

In der »Zeit« macht Münkler indirekt deutlich, weshalb. Dass er wegen »Münkler-Watch« nun zum »vorsichtigen Sprechen angehalten« werde, dürfe »man nicht unterschätzen«. Durch »die Denunziationsvokabeln« werde »die intime Arbeitsatmosphäre zwischen Vortragenden und Mitarbeitenden gestört, und sie wird durch externe Überwachung aufgesprengt«, beklagt er sich.[9]

Was er mit »intimer Arbeitsatmosphäre« meint, hat Münkler bei seiner Buchvorstellung von »Macht in der Mitte« auf der Leipziger Buchmesse deutlich gemacht. Dort bezeichnete er Erstsemester als »trübe Tassen«, die jedoch »mit den Anforderungen« wüchsen. Damit meinte er seine Vorlesungen. Schließlich finde sich durch »Selektionsprozesse« immer »politisch kompetentes Personal«, das »in die Stiefel von Frau Merkel und Herrn Steinmeier« reingeht. »Der Luxus der Demokratie« sei es dann, »eine Entscheidung darüber zu treffen, welche Füße in welche Stiefel gehören.«

Um es auf den Punkt zu bringen: Münkler schlägt wild um sich, weil die Kritik der Studierenden sein Projekt durchkreuzt, junge

8 Ebd.

9 Adam Soboczynski, »Ressentiments wie 1933«, auf: *Zeit Online Kultur*.

Studierende zu indoktrinieren, um der Regierung, den außenpolitischen Thinktanks, der Bundeswehr und den Geheimdiensten neuen Nachwuchs zuzuführen. Oder wie Münkler es ausdrücken würde: die »trüben Tassen« auszubilden, zu »selektieren« und sie anschließend in die »passenden Stiefel« zu stecken.

Genau darin besteht die von Münkler ins Spiel gebrachte Parallele zu 1933. Wie damals verträgt sich der Militarismus nicht mit dem elementaren Grundrecht auf Meinungsfreiheit. Er erfordert die Unterdrückung jeder Kritik und die Gleichschaltung der Universität.

Am Ende des Interviews droht Münkler den Studierenden. Auf die Feststellung der »Zeit«, seine Kritiker hätten »mit sehr wenigen Mitteln sehr viel erreicht«, erklärt er, man müsse »das analysieren, um ein effektives Gegenhandeln möglich zu machen. Das reizt mich durchaus.« Man kann nur darüber spekulieren, was er damit meint. In außenpolitischen Konflikten plädiert er dafür, Terroristen, die sich der »asymmetrischen Kriegsführung« bedienen, mit Kampfdrohnen zu verfolgen.

Im Moment beschränkt er sich (noch) darauf, der Universitätsleitung vorzuwerfen, sie lasse Professoren wie ihn »im Stich« und habe »keine Fähigkeit zur Empathie«. Laut einem Bericht des »Tagesspiegels« hat er sich mittlerweile an die Rechtsstelle der Universität gewandt, die nach Aussage von Universitätssprecher Hans-Christoph Keller zugesagt habe, »den Vorgang im Rahmen ihrer Möglichkeiten zu prüfen«.[10]

Auf dieser Grundlage solidarisiert sich Münkler nun auch mit dem Osteuropahistoriker Jörg Baberowski. Dieser Verteidiger des Nazi-Apologeten Ernst Nolte, der in seinen eigenen Werken den Vernichtungskrieg der Nazis gegen die Sowjetunion verharmlost, hatte bereits im vergangenen Jahr kritischen Studierenden und Wissenschaftlern mit Unterstützung eines Sicherheitsdienstes den Zugang zu einem Kolloquium versperrt. Nun fordert Baberowski laut »Tagesspiegel«, »die Universität müsse solchen ›Spinnern‹

10 Tilmann Warnecke und Anja Kühne, »Herfried Münkler wirft Bloggern antisemitische Muster vor«, auf: *Der Tagesspiegel*, 20.5.2015.

Hausverbot erteilen und Strafanzeige gegen sie stellen«. Sie müsse »ihre Mitarbeiter vor Extremisten aller Art schützen«.[11]

Münkler behauptet im Interview mit der »Zeit«, dass Baberowski »wie ich anonym im Netz verfolgt wurde«.[12] Das ist eine Lüge. Die International Youth and Students for Social Equality (IYSSE) haben ihre Kritik an Baberowski sowie an Münkler nicht anonym, sondern öffentlich auf Veranstaltungen, in Offenen Briefen und Statements vorgebracht.

Die Folgen waren die gleichen wie bei »Münkler-Watch«. Das Institut für Geschichtswissenschaften hat die Lehrenden und Studierenden auf der offiziellen Website der Universität aufgerufen, den IYSSE »entgegenzutreten« und ihre Kritik an Baberowski »in den Räumen der Humboldt-Universität« nicht mehr zu dulden.[13] Universitätspräsident Jan-Hendrik Olbertz hat eine ähnliche Stellungnahme unterzeichnet, die den IYSSE und der Partei für Soziale Gleichheit »Verleumdung« und eine »Rufmordkampagne« vorwirft.[14]

Es geht nicht um die Frage der Anonymität, sondern um die Unterdrückung jeder Kritik. Genau davor haben die IYSSE gewarnt. In einem Offenen Brief an die Universitätsleitung erklärten wir bereits im Februar 2014: »Baberowskis Angriff auf elementare demokratische Rechte und akademische Freiheiten dient Interessen, die die Humboldt-Universität in ein Zentrum für rechte und militaristische Propaganda verwandeln möchten.«[15] Inzwischen hat sich die Universitätsleitung offen hinter diese Agenda gestellt, während immer mehr Studierende sie ablehnen.

11 Ebd.

12 Adam Soboczynski, »Ressentiments wie 1933«, auf: *Zeit Online Kultur*.

13 Prof. Dr. Peter Burschel, »Stellungnahme zu den Angriffen auf Prof. Dr. Jörg Baberowski«, auf: *Humboldt-Universität zu Berlin*, https://www.geschichte.hu-berlin.de/newseventsglobe/stellungnahme-zu-den-angriffen-auf-prof.-dr.-joerg-baberowski, aufgerufen am 17.6.2015.

14 »Öffentliche Stellungnahme für Jörg Baberowski«, auf: *Humboldt-Universität zu Berlin*, https://www.exzellenz.hu-berlin.de/de/exzellenzinitiative/gremien-1/forum-geisteswissenschaften/oeffentliche-stellungnahme-fuer-joerg-baberowski, aufgerufen am 17.6.2015.

15 »IYSSE protestieren gegen Unterdrückung der Diskussionsfreiheit an der Humboldt-Universität durch Professor Baberowski«, siehe ab S. 171 in diesem Buch.

»Münkler-Watch« und die Diktatur der Eliten[1]

Peter Schwarz

Über eine Woche nachdem der Politikwissenschaftler Herfried Münkler Vertreter der Presse in seine Vorlesung eingeladen hat, um den Blog »Münkler-Watch« zu denunzieren, reißen die Angriffe auf dessen Autoren nicht ab. Dabei wird immer deutlicher, dass es nicht nur um eine Auseinandersetzung an der Berliner Humboldt-Universität geht, sondern um grundlegende Fragen der Demokratie.

Stand Anfang der Woche noch die Anonymität der Blogger, die Münklers Vorlesung öffentlich kritisieren, im Mittelpunkt gehässiger Kommentare, so richten sich die Angriffe nun auch gegen die Freiheit des Internets. Das Recht von Studierenden und Nicht-Akademikern, öffentlich Stellung zu beziehen und sich in den »Diskurs« der politischen, akademischen und medialen Eliten einzumischen, wird grundsätzlich bestritten.

Die »Süddeutsche Zeitung« nutzte am Donnerstag die Auseinandersetzung um »Münkler-Watch« für einen Frontalangriff auf jede Kritik im Netz. Unter der Überschrift »Autopilot für Idioten« schrieb Bernd Graff: »Die viel gerühmten Online-Pranger leisten keine Aufklärung und schon gar keine Machtverteilung. Sie vergiften nur – und betäuben.« »Münkler-Watch« sei dafür ein »aktuelles und zugleich frösteln machendes Beispiel«. Graff beschuldigte den Blog, er bediene »nicht den Diskurs, sondern das Totschlagargument«. Er sei Teil einer »immer übertourig laufenden Erregungsmaschinerie«. Der »Versuch, eine Öffentlichkeit auf die eigene kleine Erregungsbaustelle zu locken«, sei »*das* Konformitätsschema des digitalen Diskursrahmens«. Er warf Münklers Kritikern Unfähigkeit vor, »abweichende Meinungen auch nur auszuhalten«.[2] Dieser Vorwurf richtet sich nicht etwa gegen den

1 Erschienen auf der *World Socialist Web Site* am 23.5.2015.

2 Bernd Graff, »Autopilot für Idioten«, auf: *Süddeutsche Zeitung SZ.de*, 21.5.2015.

Professor, der in seinen Vorlesungen keine kritischen Fragen zulässt und alle Hebel gegen den Blog in Bewegung setzt, sondern gegen die Studierenden, die Münklers militaristische Auffassungen angreifen.

Einen ähnlich hasserfüllten Angriff auf »Münkler-Watch« veröffentlichte am selben Tag die »Stuttgarter Zeitung«. Sie warf den Bloggern vor, einen »geistfreien Formulierungs- und Gesinnungsterror« auszuüben, und warnte, »dass die neue Möglichkeit netzbasierter Anprangerung eine Schmählogik in Gang setzen könnte«.[3]

Der Grundgedanke beider Artikel ist derselbe. Die demokratischen Möglichkeiten des Internets, das es auch jenen erlaubt, ihre Meinung zu verbreiten, die keinen Zugang zu den privaten und öffentlichen Medien haben, führen zu »Gesinnungsterror« und vergiften den offiziellen »Diskurs«. Deutlicher könnte man die Angst der herrschenden Eliten vor einem Eingreifen der Massen in die politische Auseinandersetzung nicht zum Ausdruck bringen.

Bernd Graff, der seit über zwanzig Jahren für das Feuilleton und die Online-Redaktion der »Süddeutschen Zeitung« schreibt, greift das demokratische Potenzial des Internets seit langem an. Vor fünf Jahren veröffentlichte er unter dem Titel »Die neuen Idiotae Web 0.0« einen Artikel, der das »partizipative Web« als »Debattierklub von Anonymen, Ahnungslosen und Denunzianten« schmähte.[4] »Inquisitoren in eigener Sache«, »Querulanten«, »Leute mit seltsamen Präferenzen« und »Freizeitaktivisten mit ein bisschen Schaum vor dem Mund« zerfledderten dort jedes Thema, schrieb Graff. »Sie tun dies aber oft anonym und noch öfter von keiner Sachkenntnis getrübt. Sie zetteln Debattenquickies an, pöbeln nach Gutsherrenart und rauschen dann zeternd weiter. Sie erschaffen wenig und machen vieles runter. Diese Diskutanten des Netzes sind der Diskurstod, getrieben von der Lust an Entrüstung.«

3 Thomas Klingenmaier, »Linke Worthülsen und falsches Selbstlob«, auf: *Stuttgarter Zeitung.de*, 22.5.2015.

4 Bernd Graff, »Die neuen Idiotae Web 0.0«, auf: *Süddeutsche Zeitung SZ.de*, 17.5.2010.

»Haben wir Entrüstung gesagt?«, fügte er hinzu. »Setzen Sie dafür bitte beliebig ein: Sabotage, Verschwörung, Häme, Denunziation, Verächtlichmachung, Hohn, Spott. Ja, wir müssen uns die Kräfte des freien Meinungsmarktes als äußerst destruktiv vorstellen.«[5] Führt man Graffs Gedanken zu Ende, gelangt man zu einer Diktatur der Eliten. Wenn die Wortmeldung der »Ahnungslosen« im Internet derart destruktive Folgen hat, weshalb sollte man sie dann an Wahlen teilnehmen und über Regierungen entscheiden lassen?

Es ist kein Zufall, dass sich Graff nun wieder zu Wort meldet, um Münkler gegen die Kritik seiner Studenten zu verteidigen. Der Humboldt-Professor ist nicht nur ein prominenter Befürworter des deutschen Militarismus und einer aggressiven deutschen Außenpolitik, er preist auch die Vorzüge autoritärer Herrschaftsformen.

Bereits vor fünf Jahren veröffentlichte er in der Zeitschrift »Internationale Politik« einen Beitrag unter dem Titel »Lahme Dame Demokratie«,[6] den wir damals auf der »World Socialist Web Site« kommentierten.[7] Die Demokratie, schrieb er, weise »Ermüdungserscheinungen und Überforderungssymptome auf« und bedürfe einer »Revitalisierungskur«. Sie wirke »wie eine betuliche alte Tante, die zwar alles weiß, aber vieles nicht mehr hinbekommt«. Es gebe »jedoch einen jungen und kraftvollen Neffen, der zur Hilfe bereit ist, aber mitunter diktatorische Neigungen hat. Soll man ihn der Tante zur Seite stellen?«, fragte Münkler.[8]

Auch über die Bedeutung gesellschaftlicher Eliten hat Münkler wiederholt referiert und geschrieben. So veröffentlichte er 2006 im Sammelband »Deutschlands Eliten im Wandel« den Beitrag »Vom gesellschaftlichen Nutzen und Schaden der Eliten«, in dem er sich unter anderem für die Einrichtung von Elite-Universitäten einsetzte. Und im vergangenen Jahr verfasste er für die Zeitschrift »Merkur« einen Artikel über Entscheidungs- und Deutungseliten, die er folgendermaßen definierte: »Eliten sind diejenigen, die sich

5 Ebd.
6 Herfried Münkler, »Lahme Dame Demokratie«, auf: *IP-Die Zeitschrift*, 1.5.2010.
7 Ulrich Rippert, »Mehr Diktatur wagen«, siehe ab S. 83 in diesem Buch.
8 Herfried Münkler, »Lahme Dame Demokratie«.

der Ungewissheit, den Paradoxien und dem Zeitdruck stellen und dies aushalten.«[9]

Man muss die heftigen Angriffe auf die Studierenden, die Münklers militaristischen und autoritären Auffassungen öffentlich entgegentreten, vor dem Hintergrund der wachsenden Krise des Weltkapitalismus und der damit verbundenen sozialen und internationalen Spannungen verstehen. Die »Entscheidungseliten« (die Bundesregierung), beraten von den »Deutungseliten« (Münkler), reagieren darauf mit der Rückkehr zu Großmachtpolitik und Militarismus und mit Angriffen auf demokratische und soziale Rechte. Dagegen regt sich Widerstand, der eingeschüchtert und unterdrückt werden soll.

9 Herfried Münkler, »Politische Urteilskraft. Zum Wandel von Entscheidungs- und Deutungseliten«, in: *Merkur,* Jg. 68, Heft 785, Heft 10, Oktober 2014.

Münkler erhält Schützenhilfe von ganz rechts[1]

Peter Schwarz

Der Politikwissenschaftler Herfried Münkler erhält Unterstützung von ganz rechts. Hinter seine Kampagne gegen kritische Studierende, die jede Woche seine Vorlesung an der Humboldt-Universität kritisieren, hat sich nun auch das Sprachrohr der Neuen Rechten, die Wochenzeitung »Junge Freiheit«, gestellt.

Unter der Überschrift »Ins Blickfeld der Blockwarte gerückt« denunziert Karlheinz Weißmann dort den Blog »Münkler-Watch« als Teil einer »totalitären Bewegung«. Münkler selbst überschüttet die »Junge Freiheit« dagegen mit Lob. Sie preist seine Neigung, »jene Barrieren in Frage zu stellen, die um die Politikwissenschaft in Deutschland aufgestellt sind«.

Die Verantwortung für diese »Barrieren« sieht Weißmann bei der »Siegermacht USA«, die »es von Anfang an darauf abgesehen [hatte], im Rahmen ihres Reeducation-Programms die Schlüsselstellung der Historiographie und der klassischen Staatslehre im Geistesleben zu brechen«. An deren Stelle sei eine »Demokratiewissenschaft« getreten, die »dazu führte, dass sich hier flächendeckend Auffassungen durchsetzen konnten, die nur linke oder bestenfalls linksliberale Positionen als legitim betrachteten«.

Münkler habe seit langem »gegen diese Generaltendenz opponiert«. Sein Wirken sei nur durch Zufall oder als Folge taktischen Geschicks so lange unbeanstandet geblieben. Doch jetzt werde er wie viele konservative Kollegen »linkem Gesinnungsterror ausgesetzt« und rücke »ins Blickfeld der Blockwarte, die daran arbeiten, das Land in eine ›DDR mit menschlichem Antlitz‹« zu verwandeln.

Münklers Kritiker beschuldigt Weißmann des Gesinnungsterrors: »Wie jede totalitäre Bewegung basiert auch die, die sich an der Humboldt-Universität breitmacht, weniger auf der Allmacht

1 Erschienen auf der *World Socialist Web Site* am 28.5.2015.

eines Apparats als vielmehr auf dem guten Gewissen derer, die über die reine Lehre wachen. Hinzu kommt die Bereitschaft, nicht aus Zwang oder auf Kommando, sondern aus tiefer innerer Überzeugung jene ans Messer zu liefern, die sich nicht erst durch ein Handeln verdächtig gemacht haben, sondern durch ein Meinen – oder ein vermutetes Meinen.«[2]

Dass sich die »Junge Freiheit« derart nachdrücklich für Münkler einsetzt, verrät viel über den politischen Inhalt der Auseinandersetzung an der Humboldt-Universität. Das 1986 gegründete Blatt bewegt sich im Dunstkreis zwischen dem rechten Rand der CDU und offen neonazistischen Kreisen. Es versteht sich als intellektuelles Organ der äußersten Rechten. Während es allzu plumpe Neonaziparolen, wie etwa die offene Leugnung des Holocaust, vermeidet, versucht es ideologische Strömungen wieder zu beleben, die den Nazis den Weg geebnet hatten und teilweise in deren Ideologie eingeflossen waren.

Der Soziologe Albert Scherr bescheinigte der »Jungen Freiheit«, sie suche eine »taktisch kluge Balance« zwischen den »Elementen eines anspruchsvollen und seriösen Journalismus einerseits, einer deutlich geschichtsrevisionistischen, völkisch nationalistischen, fremdenfeindlich und kulturrassistisch akzentuierten Positionierung andererseits«.[3] Karlheinz Weißmann, der den Artikel über »Münkler-Watch« verfasst hat, ist ein führender Vertreter dieser Tendenz. Er schreibt seit langem für die »Junge Freiheit« und gründete und leitete von 2000 bis 2014 das eng mit ihr verbundene Institut für Staatspolitik.

Laut Wikipedia gilt Weißmanns 1993 erschienenes Buch »Rückruf in die Geschichte« als eine Art Programmschrift für die deutsche Neue Rechte. Er bezeichne sich »als Schüler Armin Mohlers, über den er eine umfangreiche Biografie verfasste«, und versuche wie dieser, »das Gedankengut von Ernst Jünger, Carl Schmitt, Arthur Moeller van den Bruck und anderen Vertretern

2 Karlheinz Weißmann, »Ins Blickfeld der Blockwarte gerückt«, auf: *Junge Freiheit*, 25.5.2015.

3 Albert Scherr, »Die Junge Freiheit. Eine Herausforderung an die politische Bildung«, 2006, in: Stephan Braun, Ute Voigt (Hrsg.), *Die Wochenzeitung »Junge Freiheit«*, Wiesbaden 2007, S. 292–293.

der ›Konservativen Revolution‹ in der Weimarer Republik zu erneuern«. Weiter heißt es bei Wikipedia, Weißmann wolle »mit der Forderung einer ›selbstbewussten Nation‹ (Buchtitel) … die Vergangenheitsbewältigung der NS-Zeit revidieren«. Er stelle »die Westbindung der Bundesrepublik Deutschland in Frage, um langfristig eine traditionelle deutsche Großmachtpolitik zu erneuern«.[4]

Mit Münkler, der in seinem jüngsten Buch »Macht in der Mitte« dafür eintritt, dass Deutschland in Europa eine Vormachtstellung einnimmt und »die schwierige Rolle eines Zuchtmeisters«[5] spielt, hat Weißmann offenbar politische Gemeinsamkeiten entdeckt. Hätte es eines Beweises bedurft, dass Kritik an Münklers Auffassungen gerechtfertigt und notwendig ist, hat ihn die »Junge Freiheit« geliefert.

Weißmann solidarisiert sich aber nicht nur mit Münkler, sondern auch mit dessen Kollegen Jörg Baberowski. Der Historiker sei wie Münkler Opfer eines Vorgehens geworden, dessen Drahtzieher »in einer trotzkistischen Kleinstgruppe zu suchen sind«, schreibt er.[6] Gemeint sind die Partei für Soziale Gleichheit und ihre Jugend- und Studentenorganisation IYSSE, die Baberowski wegen seines Bekenntnisses zu Ernst Nolte und der Verharmlosung nationalistischer Kriegsverbrechen kritisiert haben.

Nolte, der 1986 mit seiner Beschönigung des Nationalsozialismus den Historikerstreit auslöste und inzwischen zum offenen Hitler-Verteidiger mutiert ist, zählt zu den Helden der »Jungen Freiheit«. Sie verlieh ihm 2008 den von ihr gestifteten Gerhard-Löwenthal-Ehrenpreis. Anlässlich seines 92. Geburtstags im Januar dieses Jahres pries sie ihn als einen der »prägendsten« unter den »politischen und historischen Denkern deutscher Sprache im 20. Jahrhundert«.[7]

2008 hatte die »Junge Freiheit« Noltes Niederlage im Historikerstreit in einem ausführlichen Artikel zu seinem 85. Geburtstag auf die »mangel[nde] Unterstützung im bürgerlichen Lager«

4 »Karlheinz Weißmann«, auf: *Wikipedia*, https://de.wikipedia.org/wiki/Karlheinz_Wei%C3 %9Fmann, aufgerufen am 30.6.2015.

5 Herfried Münkler, *Macht in der Mitte*, Hamburg 2015, S. 179.

6 Karlheinz Weißmann, »Ins Blickfeld der Blockwarte gerückt«.

7 Thorsten Hinz, »Ernst Nolte zum Dank«, auf: *Junge Freiheit*, 11.1.2015.

zurückgeführt und diese mit der »Selbstaufgabe« des Bürgertums gleichgesetzt. »Von nun an war die tradierte bürgerliche Interpretation der deutschen Nationalgeschichte obsolet, ja verdächtig, durchgesetzt hatte sich vielmehr das neue … Geschichtsverständnis, das in seiner Konsequenz darauf abzielte, den bürgerlichen deutschen Nationalstaat als historischen Irrtum und moralisches Vergehen abzuwickeln«, klagte Moritz Schwarz. Er führte dies auf den »Untergang des freien deutschen Nationalstaats 1933 und erneut 1945/49 und dessen Ersetzung durch die geistigen Bürgerkriegsregime des Nationalsozialismus und der westgebundenen Bundesrepublik (statt etwa einer nationalen Bundesrepublik …)« zurück.[8]

Der Artikel endete mit der Voraussage, dass die Stunde der Propheten eines Tages kommen werde. »Von dem Geschichtsdenker Ernst Nolte und seinen kühnen Vorstößen ins Reich der historischen Genese wird noch gesprochen werden, wenn sich an die Namen seiner heute triumphierenden Gegner längst niemand mehr erinnert.«[9]

Es ist also keine Überraschung, wenn die »Junge Freiheit« Jörg Baberowski verteidigt, der sich im Februar letzten Jahres gegenüber dem »Spiegel« ausdrücklich zu Ernst Nolte bekannt hatte. Das Lob der äußersten Rechten für Münkler und Baberowski zeigt, um welche Fragen es bei den Auseinandersetzungen an der Humboldt-Universität geht: Um die Rückkehr Deutschlands zu Großmachtpolitik, Militarismus und Krieg, und um das Umschreiben der Geschichte, um diese Rückkehr zu rechtfertigen. Das verträgt sich nicht mit Kritik. Aus diesem Grund fallen nahezu alle bürgerlichen Medien wütend über die Autoren von »Münkler-Watch« her, die nichts weiter getan haben, als ihr Recht auf freie Meinungsäußerung auszuüben und einen Professor zu kritisieren.

8 Moritz Schwarz, »Der ungeliebte Prophet: Ernst Nolte zum 85. Geburtstag«, in: *Junge Freiheit*, 11.1.2008.

9 Ebd.

Gegen die politische Gleichschaltung der Humboldt-Universität[1]

International Youth and Students for Social Equality

In der »Berliner Zeitung« vom 27. Mai erhebt der Präsident der Humboldt-Universität, Jan-Hendrik Olbertz, schwere Vorwürfe gegen die Autoren des Blogs »Münkler-Watch«, gegen Mitglieder der IYSSE sowie gegen andere Studierende der eigenen Hochschule. Seine Kolumne gipfelt in der Behauptung, »dass die Unterbindung der wissenschaftlichen Meinungs- und Lehrfreiheit nicht mehr durch einen autoritären Staat erfolgt, sondern durch Studierende direkt im Hörsaal«.[2]

Dieser Vorwurf ist unerhört. Er stellt die Dinge auf den Kopf. Olbertz verwechselt die Ausübung des Rechts auf Meinungsfreiheit mit dessen Unterdrückung. Als Präsident der Universität greift er Studierende öffentlich an, weil sie ihr demokratisches Recht wahrnehmen und die Vorlesungen eines politisch voreingenommenen Professors kritisieren, der ständig in den Medien auftritt.

Beobachtern in Ländern, in denen es so etwas wie demokratische Traditionen gibt, fällt es schwer zu verstehen, was an der Humboldt-Universität vor sich geht. In den USA gehört die Beurteilung von Professoren durch ihre Studenten im Internet zum Alltag. Man kann den Namen eines beliebigen Professors googeln und man findet Urteile und Kritik. Es gibt dort Begriffe wie »court of public opinion« und »marketplace of ideas«, nach denen man in der deutschen Sprache vergeblich sucht. Im Zeitalter des Internets hat jeder das Recht und die Möglichkeit, seine Meinung bekannt zu machen. Außer an der Humboldt-Universität; hier gilt das als Majestätsbeleidigung.

1 Erschienen auf der *World Socialist Web Site* am 5.6.2015

2 Jan-Hendrik Olbertz, »Schnelle Urteile in digitalen Zeiten«, auf: *HU-Sonderseite der Berliner Zeitung*, 27.5.2015, https://www.hu-berlin.de/de/pr/medien/publikationen/presse/blz/2015/blz-20150527.pdf, aufgerufen am 30.6.2015.

Die Universität hat gegen die Autoren des Blogs »Münkler-Watch« eine Pressekampagne losgetreten, die den Eindruck erweckt, als planten sie den bewaffneten Aufstand. Sie stellt alles in den Schatten, was man seit der Hetze der Springer-Presse gegen die Studentenrevolte von 1968 erlebt hat. Studierende werden der »Gesinnungsselbstjustiz« bezichtigt (Deutschlandradio), in Verbindung mit »Bombendrohungen und Mordaufrufen« gebracht (»Frankfurter Allgemeine Sonntagszeitung«), mit Pegida verglichen (»Süddeutsche Zeitung«) und in die Nähe von Nazi-Blockwarten und Antisemiten gerückt (Münkler in der »Zeit«).[3]

Herfried Münkler wirbt jede Woche in Vorträgen, Zeitungsartikeln und Büchern für eine aggressivere deutsche Außenpolitik. Unter dem Schlagwort »Macht in der Mitte« (der Titel seines jüngsten Buches) plädiert er dafür, dass Deutschland die Rolle eines »Zuchtmeisters« und »Hegemons« in Europa übernimmt und sich als Handels- und Exportnation weniger an seinen Werten als an seinen Interessen orientiert.[4] Man hört förmlich, wie deutsche Soldaten wieder im Stechschritt durch Europa marschieren, wenn man einige seiner Ergüsse liest. Doch wird Münkler von Studierenden kritisiert, jammert er, die Universität lasse ihn im Stich, und beschuldigt seine Kritiker der »asymmetrischen Kriegsführung«[5], d. h. des Terrorismus.

Olbertz, der als Präsident der Universität eigentlich für die Wahrung der demokratischen Rechte der Studierenden zuständig wäre, setzt diesen Angriffen mit seiner Kolumne die Krone auf. Er hatte einst unter dem stalinistischen Regime der DDR Erziehungswissenschaften studiert, promoviert und sich habilitiert. Nach der Wende amtierte er acht Jahre lang als Minister in der CDU-geführten Landesregierung von Sachsen-Anhalt, bevor er 2010 an die Spitze der Humboldt-Universität wechselte. Nun versteht er sich

3 Vergleiche die drei Kapitel ab S. 203 in diesem Buch.

4 Herfried Münkler, *Macht in der Mitte*, Hamburg 2015. Vergleiche ab. S. 77 in diesem Buch.

5 Adam Soboczynski, »Ressentiments wie 1933«, auf: *Zeit Online Kultur*, 21.5.2015, http://www.zeit.de/2015/21/herfried-muenkler-humboldt-universitaet-watchblog/komplettansicht, aufgerufen am 17.6.2015.

als Vertreter eines autoritären Obrigkeitsstaats und nicht als Repräsentant der Wissenschaft. Er benimmt sich, als wäre er der Herrscher eines autoritären Staats, und missbraucht seine Stellung als Präsident der Universität, um elementare Grundrechte zu unterdrücken. Sein Verhalten bedeutet die völlige Verneinung der Meinungs- und Lehrfreiheit. Es erinnert an die schlimmsten Tage der McCarthy-Ära und des Kalten Kriegs, wobei es selbst damals zahlreiche mutige Professoren und Studenten gab, die sich der Einschüchterung entgegenstellten.

Es sind aber nicht nur Olbertz und Münkler, die die Studierenden angreifen. Bisher hat sich kein einziges Mitglied des Lehrkörpers öffentlich gegen diese empörende Verletzung demokratischer Grundsätze gestellt. Das ist nur in einem Land möglich, in dem es nie eine erfolgreiche demokratische Revolution gab und unter dessen kleinbürgerlichen Intellektuellen es keinen Sinn für demokratische Rechte gibt. Demokratie gilt in Deutschland als etwas, das der Staat dem Volk gewährt, und nicht als ein Recht, das das Volk gegen den Staat erkämpft hat.

Heinrich Mann und Robert Musil haben dem rückgratlosen, unterwürfigen Kleinbürger in ihren Romanen »Der Untertan« und »Der Mann ohne Eigenschaften« ein literarisches Denkmal gesetzt. Er verkörpert offensichtlich auch das Erziehungsideal der Humboldt-Universität. Im Allgemeinen klagen die Professoren zwar gern über initiativlose Studenten und »trübe Tassen« (Münkler) in den unteren Semestern. Doch wagt es ein Studierender, einen aufgeblasenen Professor zu kritisieren, bricht ein Sturm der Entrüstung über ihn herein. Er soll zu jenem fügsamen akademischen Beamten herangezogen werden, der sich – wie die deutschen Professoren 1933 – in vorauseilendem Gehorsam an die jeweiligen neuen Machthaber anpasst, um hinterher zu erklären, er sei ein Opfer gewesen und habe nur Befehlen gehorcht.

Ziel der Hetze gegen kritische Studierende ist die politische Gleichschaltung der Humboldt-Universität. Sie richtet sich gegen alle, die sich der Verwandlung der HU in ein ideologisches Zentrum für Kriegspropaganda widersetzen. Während die herrschenden Eliten das Ende der militärischen Zurückhaltung und die Rückkehr zu einer deutschen Großmachtpolitik verkünden, werden Studierende eingeschüchtert, die es ablehnen, dass die HU wie ihre Vorgängerinnen im Kaiserreich und in der Weimarer Republik in den Dienst dieser Politik gestellt wird.

Es ist bezeichnend, dass Olbertz als Beleg für die angebliche Unterdrückung der Lehrfreiheit durch Studierende einen Vorfall vom April 2013 anführt. Damals wurde Verteidigungsminister Thomas de Maizière durch lauten Protest daran gehindert, an der HU eine Rede zum Thema »Armee der Einheit – Der Beitrag der Bundeswehr zum gesellschaftlichen Zusammenhalt« zu halten. Die Studierenden begründeten ihren Protest damit, dass Rüstungsforschung und Bundeswehrvertreter von den Universitäten ferngehalten werden müssten.

Olbertz leitete damals die Veranstaltung mit de Maizière persönlich. Er hat nie erklärt, was der Auftritt des Verteidigungsministers an der HU mit Lehrfreiheit zu tun hat. Tatsächlich verhält es sich umgekehrt: Zu den wichtigsten Kennzeichen freier Wissenschaft zählt deren Unabhängigkeit vom Staat und seinen Vertretern, insbesondere von jenen des Sicherheitsapparats. Militärische Propaganda hat an Universitäten und Schulen nichts zu suchen.

Die Humboldt-Universität hat von Anfang an eine führende Rolle bei der Neuausrichtung der deutschen Außenpolitik gespielt. Professoren der Universität waren 2013 an der Ausarbeitung des Papiers »Neue Macht – Neue Verantwortung« beteiligt, das die Umrisse einer neuen deutschen »Weltpolitik« skizziert. Das Papier plädiert unter anderem dafür, dass Deutschland als »Handels- und Exportnation« künftig »öfter und entschiedener führen« müsse, um seine geostrategischen und wirtschaftlichen Interessen weltweit zu verfolgen. Herfried Münkler zählt zu den eifrigsten Propagandisten dieses Kurses.

Weil es eine breite Opposition gegen diese aggressive imperialistische Politik gibt, will Münkler die Geschichte umschreiben. »Es lässt sich kaum eine verantwortliche Politik in Europa betreiben, wenn man die Vorstellung hat: Wir sind an allem Schuld gewesen«[6], sagte er Anfang letzten Jahres der »Süddeutschen Zeitung«. Aus diesem Grund führte er eine intensive Kampagne gegen

6 Joachim Käppner und Christian Mayer, »Herfried Münkler über Schuld«, in: *Süddeutsche Zeitung*, 4.1.2014.

Fritz Fischer, dessen Standardwerk »Griff nach der Weltmacht« aus dem Jahr 1961 jahrzehntelang das Verständnis der deutschen Kriegsschuld im Ersten Weltkrieg prägte.

In dieser Frage trifft sich Münkler mit dem Historiker Jörg Baberowski, der sich bemüht, die Geschichte des Zweiten Weltkriegs zu revidieren. Er verteidigt Ernst Nolte, der 1986 mit der Verharmlosung des Nationalsozialismus den Historikerstreit auslöste und inzwischen mit beiden Beinen im neonazistischen Lager steht.

Die IYSSE haben entsprechende Äußerungen Baberowskis nicht aus dem Zusammenhang gerissen, wie Olbertz in der »Berliner Zeitung« behauptet. Der »Spiegel«-Artikel, der Baberowski mit den Worten: »Nolte wurde Unrecht getan. Er hatte historisch recht« und: »Hitler war kein Psychopath, er war nicht grausam«, zitiert, trägt den bezeichnenden Titel »Der Wandel der Vergangenheit«.[7] Er führt Münkler und Baberowski als Kronzeugen für eine »Revision« der Geschichte des Ersten und Zweiten Weltkriegs an. Wenn Baberowski sich falsch interpretiert fühlt, sollte er sich beim »Spiegel« beschweren, der den Artikel in einer Druckauflage von 850 000 Exemplaren verbreitete und bis heute in deutscher und englischer Sprache online zur Verfügung stellt.

Olbertz erhebt seine Vorwürfe gegen die IYSSE und andere Studierende wider besseres Wissen. Er kennt die Hintergründe. Die IYSSE haben ihn mehrmals in Briefen darauf angesprochen und um sein Eingreifen ersucht. Alle diese Briefe blieben unbeantwortet, Olbertz bestätigte nicht einmal ihren Erhalt. Stattdessen verstärkte die Universität ihre Bemühungen, kritische Stimmen zu unterdrücken.

Sie legte den IYSSE Steine in den Weg, wenn sie Veranstaltungen in den Räumen der Universität durchführten. Das Institut für Geschichtswissenschaften veröffentlichte auf seiner Website eine Stellungnahme, die dazu aufrief, Kritik an Baberowskis öffentlichen Äußerungen »in Räumen der Humboldt-Universität« nicht mehr zu dulden, und »Lehrende und Studierende der Hum-

7 Dirk Kurbjuweit, »Der Wandel der Vergangenheit«, in: *Der Spiegel 7/2014*, 10.2.2014, S. 116, http://www.spiegel.de/spiegel/print/d-124956878.html, aufgerufen am 16.6.2015.

boldt-Universität« aufforderte, »der Kampagne gegen Professor Baberowski entgegenzutreten«.[8] Ein Mitglied der IYSSE wurde von einem Professor persönlich zur Rechenschaft gezogen und muss nun befürchten, dass Arbeiten nicht mehr objektiv beurteilt werden.

Als die IYSSE Unterstützung erhielten, ins Studierendenparlament gewählt wurden und andere Studierende begannen, Münklers Vorlesungen zu kritisieren, entfesselten die Medien ihren Sturm der Verleumdung. Kein Vorwurf war zu gemein und zu überzogen, um nicht gegen die Studierenden erhoben zu werden. Anstatt gegen diese Hetzkampagne einzuschreiten, unterzeichnete Olbertz eine Stellungnahme, die den IYSSE »übelste Diffamierungen«, »Verleumdung« und eine »Rufmordkampagne« gegen Jörg Baberowski vorwirft, ohne dafür den geringsten Beweis zu erbringen.

Baberowski forderte laut »Tagesspiegel«, »die Universität müsse solchen ›Spinnern‹ Hausverbot erteilen und Strafanzeige gegen sie stellen«. Auf öffentlichen Veranstaltungen lässt er Unterstützer der IYSSE regelmäßig aus dem Raum verweisen und beschimpft jeden, der eine kritische Frage stellt, als »trotzkistischen Verleumder«. »Halten Sie den Mund«, ist dabei noch das Höflichste, was er ihnen entgegnet.

Baberowskis langjährige Beschäftigung mit stalinistischer Gewalt, die er aus seiner Mitgliedschaft im maoistischen KBW auch aus persönlicher Erfahrung kennt, hat offenbar Spuren hinterlassen. Er scheint entschlossen, jede Kritik an seinen Auffassungen unter Missbrauch seiner Stellung zu unterdrücken.

Die IYSSE werden sich aber nicht einschüchtern lassen. Unsere Vorbilder sind nicht jene schwankenden deutschen Professoren, die sich nach anfänglichem Zögern dem Hitler-Regime anpassten. Und es sind schon gar nicht Carl Schmitt oder Martin Heidegger, die das Nazi-Regime juristisch und philosophisch rechtfertigten. Zu unseren Vorbildern zählen Carl von Ossietzky, Sophie Scholl

8 Prof. Dr. Peter Burschel, »Stellungnahme zu den Angriffen auf Prof. Dr. Jörg Baberowski«, auf: *Humboldt-Universität zu Berlin*, https://www.geschichte.hu-berlin.de/newseventsglobe/stellungnahme-zu-den-angriffen-auf-prof.-dr.-joerg-baberowski, aufgerufen am 17.6.2015.

und viele andere, die auch unter schwierigen Bedingungen für antimilitaristische Grundsätze kämpften. Zu unseren Vorbildern zählt der Trotzkist Abraham Léon, der unter deutschen Soldaten im besetzten Belgien antifaschistische Propaganda betrieb und deshalb 1944 in Auschwitz starb.

Wir sind überzeugt, dass es viele Studierende gibt, die nicht bereit sind, die Militarisierung der deutschen Außenpolitik, die Gleichschaltung der Humboldt-Universität und eine Kultur des Duckmäusertums hinzunehmen. Wir rufen Studierende, Arbeiterinnen und Arbeiter in ganz Deutschland und weltweit auf, unseren Kampf dagegen zu unterstützen.

Humboldt-Universität: Studierendenparlament verteidigt Meinungsfreiheit[1]

Korrespondentenbericht

Am Donnerstagabend hat das Studierendenparlament der Berliner Humboldt-Universität (HU) mit großer Mehrheit eine Resolution verabschiedet, die das Grundrecht auf Meinungsfreiheit an der Universität und das Recht von Studierenden, ihre Professoren zu kritisieren, verteidigt. Nach einer wochenlangen, von der Universitätsleitung unterstützten Kampagne in den Medien ist die gewählte Vertretung der über 33 000 Studierenden an der HU dem Versuch, kritische Studierende einzuschüchtern und zu verleumden, mutig entgegengetreten.

Die Resolution weist die Bemühungen der Universitätsleitung und der Institute für Geschichtswissenschaften und Sozialwissenschaften ausdrücklich zurück, die Kritik von Studierenden und studentischen Gruppen an den wissenschaftlichen und politischen Auffassungen ihrer Professoren zu unterdrücken. So heißt es gleich zu Beginn der Resolution: »Das Studierendenparlament der Humboldt-Universität zu Berlin missbilligt den sogenannten Aufruf ›zu offenem und fairem Dialog‹ der Universitätsleitung vom 11.5.2015, die (undatierte) sogenannte Stellungnahme des Instituts für Geschichtswissenschaften und die sogenannte Stellungnahme der Professor_innen des Instituts für Sozialwissenschaften vom 28.5.2015.«[2]

Die genannten Texte sind ausdrückliche Versuche, kritische Studierende und Hochschulgruppen an der Universität zu zensieren. Die Stellungnahme des Instituts für Sozialwissenschaften ist

1 Erschienen auf der *World Socialist Web Site* am 13.6.2015.

2 »Resolution des StuPa«, auf: *Humboldt-Universität zu Berlin*, 17.6.2015, http://www.refrat.de/article/StuPa_Stellungnahme.html?1434547492, aufgerufen am 17.6.2015.

eine direkte Reaktion auf den Blog »Münkler-Watch«, auf dem Studierende die Vorlesung des Politikwissenschaftlers Herfried Münkler dokumentieren und kritisch kommentieren.

Die Stellungnahme des Instituts für Geschichtswissenschaften, die bereits seit dem vergangenen November auf der offiziellen Website der Universität steht, greift die Partei für Soziale Gleichheit und ihre Jugend- und Studentenorganisation International Youth and Students for Social Equality (IYSSE) an, weil sie rechte politische Auffassungen und geschichtsrevisionistische Standpunkte des Osteuropahistorikers Jörg Baberowski kritisieren. Die Stellungnahme ruft dazu auf, Kritik an dessen öffentlichen Äußerungen »in den Räumen der Universität« nicht mehr zu dulden, und »fordert Lehrende und Studierende ... auf, der Kampagne gegen Professor Baberowski entgegenzutreten«.[3]

Nun ist genau das Gegenteil eingetreten. Das Studierendenparlament weist nicht nur die von der Universitätsleitung unterstützte Kampagne von Münkler und Baberowski zurück, sondern stellt sich hinter die politische und inhaltliche Kritik an den beiden Professoren.

Das Studierendenparlament »stellt klar, dass gerade die jüngsten Darstellungen der Herren* Münkler und Baberowski keine Fairness an den Tag legen, sondern die Herrschaftsverhältnisse und Machtdynamiken im universitären Bereich verfestigen«, heißt es in der Resolution. »Die Situation, dass die Ansichten gerade dieser beiden Lehrenden als die einzig zu betrachtenden dargestellt werden, ist eben nicht der von der Universitätsleitung behauptete angstlose und freie wissenschaftliche Austausch.«

Ausdrücklich fordert das Parlament die Studierenden auf, »sich politisch zu äußern, Herrschaft zu hinterfragen und vor allem in Bezug auf die Lehrinhalte an einer Universität Tendenzen der Verharmlosung der menschenverachtenden deutschen Geschichte entgegenzutreten«.[4]

3 Prof. Dr. Peter Burschel, »Stellungnahme zu den Angriffen auf Prof. Dr. Jörg Baberowski«, auf: *Humboldt-Universität zu Berlin*, https://www.geschichte.hu-berlin.de/newseventsglobe/stellungnahme-zu-den-angriffen-auf-prof.-dr.-joerg-baberowski, aufgerufen am 17.6.2015.

4 »Resolution des StuPa«, 17.6.2015.

Der verabschiedete Text ist ein Änderungsantrag zur Resolution, welche die International Youth and Students for Social Equality (IYSSE) ins Parlament eingebracht hatten. Der Änderungsantrag entspricht der Ausrichtung und Intention des Antrags der IYSSE. Er verteidigt das Recht auf Meinungsfreiheit an der HU und ermutigt gleichzeitig die Studierenden, selbst politisch aktiv zu werden und den militaristischen und geschichtsrevisionistischen Positionen von Münkler und Baberowski entgegenzutreten.

Gegen Ende einer langen und intensiven Debatte wurde der Änderungsantrag von der Liste OLKS (Offene Liste kritischer Studierender) eingebracht und mit großer Mehrheit angenommen. Bei der Abstimmung über die veränderte Resolution stimmten dreißig Studierendenvertreter für den Antrag, neun enthielten sich und nur sechs stimmten dagegen.

Zu Beginn der mit großer Spannung erwarteten Diskussion über die Resolution der IYSSE sprach Sven Wurm, der Vertreter der IYSSE im Studierendenparlament, zur Bedeutung der Verteidigung des Rechts auf studentische Kritik. »Es geht heute um eine sehr grundlegende Frage«, begann Wurm seinen Beitrag: »Es geht um das Recht auf Meinungsfreiheit an der HU und darüber hinaus.«

Er ging auf die heftige Kampagne in den Medien gegen »Münkler-Watch« ein. Als eines der krassesten Beispiele erwähnte er den Hetzartikel von Friederike Haupt in der »Frankfurter Allgemeinen Sonntagszeitung«, die Studierende »in Zusammenhang mit Terroristen und Bombenlegern gebracht« habe. Wurm verwies darauf, dass bereits die Fachschaften für Geschichte, Erziehungswissenschaften und Gender Studies die Angriffe von Haupt »in ihrem Statement zur Verteidigung studentischer Kritik scharf zurückgewiesen haben«.

Dann zitierte er Aussagen von Münkler, Baberowski und Universitätspräsident Jan-Hendrik Olbertz und fasste zusammen: »Wir haben also eine Situation, in der Studierende, die ihre Professoren für deren militaristische Standpunkte kritisieren, als Terroristen bezeichnet und mit Antisemiten verglichen werden. Sie sollen der Uni verwiesen und polizeilich verfolgt werden.«

Um diese »heftigen Reaktionen« zu erklären, müsse »man sich ansehen, was gerade Professoren wie Münkler und Baberowski eigentlich machen«, sagte Wurm. Es gebe »eine direkte Verbindung zwischen ihrer Arbeit an der Uni und ihrer politischen Aktivität«, erklärte er und verwies auf die Verbindungen der beiden Professoren zu Regierung und Militär.

Münkler sitze »beispielsweise im Beirat der Bundesakademie für Sicherheitspolitik« und spreche »sich ganz offen dafür aus, dass man die Geschichte umschreiben muss, um sie den außenpolitischen Erfordernissen anzupassen«. Baberowski sage explizit, »es seien Stalins Generäle gewesen, die der Wehrmacht den Vernichtungskrieg aufgezwungen hätten«, und arbeite gleichzeitig »eng mit der Bundeswehr zusammen«.

In den letzten Monaten sei dabei »zunehmend deutlich geworden, dass diese politische Linie – die Geschichte umzuschreiben, um der neuen Außenpolitik gerecht zu werden – in der Bevölkerung keinen Anklang findet und auch unter Studierenden zunehmend auf Kritik stößt«. Nun werde »klar, dass solche militaristischen Auffassungen mit demokratischen Methoden nicht mehr durchgebracht werden können. Deshalb soll die Kritik daran unterdrückt werden.«

Am Ende seines Beitrags sagte Wurm: »Die zentrale Frage, die sich heute stellt und über die wir hier entscheiden, ist: Soll unsere Uni ein Ort der Wissenschaft und der Kritik bleiben?« Es sei deshalb »absolut wichtig, diese Resolution heute zu verabschieden, um klarzumachen, dass wir die grundlegenden demokratischen Rechte der Studierenden verteidigen«. Er rief alle Studierendenvertreter dazu auf, der Resolution zuzustimmen, und warnte: »Jede ablehnende Haltung in einer solch prinzipiellen Frage hieße letztlich, die Meinungsfreiheit an der HU abzulehnen und die nächsten Angriffe auf die Studierenden einzuleiten.«[5]

Im Vorfeld der Sitzung hatten die IYSSE die Fachschaftsräte und -initiativen der Universität angeschrieben und in einer intensiven Kampagne auf dem Campus die Studierenden über die Entwicklungen an ihrer Universität und die Bedeutung der Fragen informiert. Zu der öffentlichen Sitzung des Parlaments kamen

5 Sven Wurms Rede ist erschienen auf der *World Socialist Web Site* am 13.6.2015, https://www.wsws.org/de/articles/2015/06/13/sven-j13.html, aufgerufen am 1.7.2015.

daraufhin zahlreiche interessierte Studierende. Insgesamt waren nahezu hundert Leute im Raum, fast doppelt so viele wie gewählte Vertreter.

In der teilweise kontrovers geführten Diskussion trug eine Vertreterin der Fachschaftsinitiative Biologie ein Statement vor, das die von den IYSSE eingebrachte Resolution unterstützte. Das Statement werde innerhalb der Fachschaft einheitlich vertreten und spreche im Interesse aller Studierenden des Fachbereichs, sagte sie. Die Fachschaft distanziere sich zwar von der Politik der betroffenen Gruppen, sehe aber ihre Aufgabe darin, die Interessen der Studierenden »nach bestem Wissen und Gewissen« zu vertreten. Und dazu gehöre selbstverständlich auch das grundgesetzlich geschützte Recht auf Meinungsfreiheit.

Ein weiterer Vertreter der Fachschaftsinitiative Biologie antwortete auf einen Beitrag, der den Antrag der IYSSE als »gegenstandslos« abtat. »Ich will erstmal darauf hinweisen, dass ich es ziemlich krass finde, dass hier überhaupt im StuPa debattiert wird, ob es einen Gegenstand für den Antrag gibt«, sagte er. Unabhängig davon, wie man »Münkler-Watch« betrachte, »was die Meinungsfreiheit angeht, ist es erstmal unser gutes Recht, ein klares Statement dazu abzugeben, dass wir unsere Meinungsfreiheit wahren wollen«.

Er berichtete, dass er gestern »auch noch in der Vollversammlung des Thaer-Instituts für Agrar- und Gartenbauwissenschaften war, bei denen genau das gleiche Thema den gleichen Anklang gefunden hat«. Dann schärfte er dem Parlament ein: Wenn rund 4000 Studierende von zwei Instituten die Resolution der IYSSE gut fänden und unterstützten, dann seien »das beinahe zehn Prozent der Studierenden dieser Universität, und das sind schon fast mehr als die, die Euch gewählt haben«.

Sarah, eine Abgeordnete der anti-rassismus-liste, erklärte, die Verfolgung und polizeiliche Bedrohung von Studierenden habe an der HU eine längere Geschichte. Aus ihrer Arbeit in der Antidiskriminierungsberatung berichtete sie, die aufgezeigten Angriffe gegen »Münkler-Watch« und die IYSSE seien nur »die Spitze des Eisbergs«. Es sei »sehr wichtig, das Signal zu senden, dass wir gegen weitere Angriffe der Universität oder der Medien sind«.

Eine Vertreterin von Grünboldt, Ricarda, ging in einem emotionalen Beitrag ausführlicher auf die politischen Fragen ein: »Auch wenn hier schon viel Richtiges und Wichtiges gesagt wurde, fehlt mir so ein bisschen die politische Dimension in dieser Debatte, weil es nicht in erster Linie oder zumindest nicht nur eine Frage der Meinungsfreiheit, sondern auch eine Frage der politischen Einstellung« sei. Die Tatsache, dass die Aussagen der Professoren auch unter die Meinungsfreiheit fielen, ändere nichts dran, »dass wir als StuPa sie falsch finden können«.

Dann erklärte sie: »Wir als StuPa können sagen: Ja, wir solidarisieren uns mit Menschen, die geschichtsklitternde und rassistische Aussagen von Professoren aufdecken, und wir stellen uns gegen Menschen, die genau diese Geschichtsklitterungen und diese rassistischen Aussagen vornehmen.« Das sei ihrer Meinung nach zuerst einmal eine politische Entscheidung; das sei »die Entscheidung, die wir heute treffen müssen«. Das Studierendenparlament solle sich »mit Menschen solidarisieren, die solche geschichtsklitternden rechten politischen Aussagen aufdecken«.

Mit der Verabschiedung der Resolution hat das Studierendenparlament ein wichtiges und mutiges Zeichen gesetzt. Trotz der Hetzkampagne in den Medien und den Einschüchterungsversuchen von Seiten der Universität haben die Studierenden deutlich gemacht, dass sie nicht bereit sind, die Angriffe auf die Meinungsfreiheit und den Missbrauch ihrer Universität für Geschichtsfälschung und Kriegspropaganda widerspruchslos zu akzeptieren.

Die Resolution ist ein Ausdruck des wachsenden politischen Widerstands unter breiteren Schichten der Bevölkerung gegen die Bemühungen der herrschenden Eliten, Deutschland zum »Zuchtmeister« Europas zu machen (Münkler) und nach den schrecklichen Verbrechen in zwei Weltkriegen zu einer aggressiven Außen- und Großmachtpolitik zurückzukehren.

Personenregister